UNIVERSALE
ECONOMICA
FELTRINELLI / CLASSICI

Giorgio Pressburger (Budapest, 1937 - Trieste, 5 ottobre 2017) è stato regista, scrittore e drammaturgo. Di origine ungherese, si trasferì in Italia nel 1956, a seguito dell'invasione sovietica. Nel 2010 gli è stato assegnato il premio Alabarda d'oro alla carriera. È autore di diversi libri, tra cui: *Storie dell'Ottavo Distretto*, scritto con il fratello Nicola (1986, Einaudi, 2001), *La legge degli spazi bianchi* (1989, Rizzoli, 1999), *L'elefante verde* (1987, Einaudi, 2002), *I due gemelli* (Rizzoli, 1996), *La neve e la colpa* (Einaudi, 1998, premio Viareggio 1998), *L'orologio di Monaco* (Einaudi, 2003, premio Mondello), *Sulla fede* (Einaudi, 2004), *Nel regno oscuro* (Bompiani, 2008), *Storia umana e inumana* (Bompiani, 2013), *Racconti triestini* (Marsili,o 2015) e *Don Ponzio Capodoglio* (Marsilio, 2017).

Mario Ajazzi Mancini, psicologo, psicoterapeuta e traduttore, si occupa di psicanalisi, di teoria della letteratura e di traduzione con riguardo all'opera di Freud e alla lirica tedesca. Svolge attività clinica e didattica presso la Società di psicoterapia comparata. Ha curato *Allegorie della critica* (Liguori, 1987), *Il verbario dell'Uomo dei lupi di Nicolas Abraham e Maria Torok* (Liguori, 1992) e *Sonetti a Orfeo* di Rilke (Newton Compton, 1997), è autore di *Tra Jung e Freud* (assieme a Paolo Orvieto, Le Lettere, 1991) e di *A Nord del futuro. Scritture attorno a Paul Celan* (Clinamen, 2009). Per i "Classici" Feltrinelli ha curato di Sigmund Freud anche *Il piccolo Hans* (1994).

Michela Marcacci è laureata in filosofia teoretica a Firenze. Tra le sue pubblicazioni: *Dalla fenomenologia al panlinguismo: Wittgenstein. fra* Tractatus *e* Grammatica filosofica (1992). Per i "Classici" Feltrinelli ha tradotto di Sigmund Freud anche *Il piccolo Hans* (1994).

SIGMUND FREUD
L'Uomo dei lupi

Introduzione di Giorgio Pressburger
Cura di Mario Ajazzi Mancini
Traduzione di Michela Marcacci
Testo originale a fronte

Titolo dell'opera originale
AUS DER GESCHICHTE EINER INFANTILEN NEUROSE

Traduzione dal tedesco di
MICHELA MARCACCI

Prima edizione nell'"Universale Economica" – I CLASSICI
giugno 1994
Terza edizione aprile 2021

Stampa Elcograf S.p.a. – Stabilimento di Cles (TN)

ISBN 978-88-07-90390-8

Introduzione

di Giorgio Pressburger

La pubblicazione del saggio di Sigmund Freud intitolato *L'Uomo dei lupi* risale al 1918, alla fine cioè della Prima Guerra Mondiale, forse la più sanguinosa, fino ad allora, della storia dell'Umanità. In quel "tragico conflitto" si impiegarono per la prima volta i carri armati, gli aeroplani, le bombe, il gas nervino, dando inizio a una lunga serie di spaventosi eccidi che oggi sono parte della vita quotidiana del nostro Pianeta, in forma ancora più terribile. Quella relazione "buttata giù" subito dopo il termine dell'"analisi" fatta con "l'uomo dei lupi" risale al 1914-15, all'inizio cioè della guerra. È noto l'atteggiamento di Freud nei riguardi di quell'evento: la sua approvazione fu a lungo tema di discussione tra i suoi avversari ma anche tra i seguaci. Qual è il vero Freud di quegli anni? Colui che vuole una crisi di portata mondiale, oppure il medico, che dedica tutta la propria esperienza umana e clinica alla soluzione di problemi individuali, alla pacificazione e al livellamento delle "deviazioni" psicologiche?

Il caso dell'uomo dei lupi, insieme a quello del piccolo Hans e a quello del Presidente Schreber, fa ormai parte della cultura ma anche della Storia della civiltà occidentale, ne costituisce una mitologia che ha influenzato in modo determinante il pensiero e il costume del nostro secolo. È entrato in tutte le case borghesi, in tutti i palazzi, divenendo modello conoscitivo e strumento di terapia per coloro che

nella realtà trovano soprattutto motivi di conflitto e sconforto. Qual è il fascino maggiore di quella vera e propria opera narrativa in cui Freud espone le sue teorie a quel tempo ancora in fase di elaborazione? È forse il lavoro da detective privato che il professore compie negli oscuri vicoli dell'inconscio di quel giovanotto arrivato nel suo studio dalla Russia una mattina di primavera del 1910? Questo "lavoro" sicuramente contribuisce a invogliare il lettore a intraprendere il viaggio insieme al paziente e al suo terapeuta, ne desta la curiosità e anche, in qualche modo, lo coinvolge. Il lettore viene ammesso nel gabinetto del professor Freud e di volta in volta è invitato a partecipare alle sedute, ora identificandosi con il paziente, ora con l'analista, vagliando contemporaneamente le rispettive posizioni, la rispettiva sofferenza e il rispettivo piacere. A quell'epoca Freud non pubblicava certo le sue opere contando su lettori "laici", cioè non appartenenti alla cerchia degli scienziati, i quali erano con ogni probabilità i primi destinatari di quei volumi, eppure la chiarezza dell'esposizione, lo stile semplice, l'uso limitato di termini scientifici fanno presentire una forte consapevolezza da parte dell'autore, di una futura "popolarità" di quegli scritti. Forse il sogno del professore di Vienna era quello di trasformare tutti gli abitanti del mondo occidentale in psicanalisti e pazienti virtuali. In realtà il linguaggio scientifico di Freud, così largamente accessibile, ha molto di quello del romanzo poliziesco inglese, proprio in quegli anni assunto come vero linguaggio conoscitivo, al posto di quello filosofico e tecnico di origine germanica o francese. È il linguaggio del "positivismo" di stampo britannico, dove i fatti sono l'unica realtà da dire, e in questo caso da narrare. Buona parte della letteratura scientifica della Gran Bretagna, in quegli anni, incomincia con elementi narrativi. "Era una sera di fine giugno, la signorina Smith, mia collaboratrice, e io, stavamo passeggiando lungo il lago X., quando la nostra attenzione fu attratta da un piccolo gruppo di piante acquatiche galleggianti non lontano dalla riva." Così inizia uno studio sul paramecio di un celebre zoologo scozzese.

Ma l'emergere dei fatti "strani" in un quieto quadro di vita borghese, il susseguirsi degli eventi, la loro ricostruzione più o meno precisa è soltanto il primo passo nei romanzi polizieschi, come nei trattati scientifici, e soprattutto in quelli di Freud. Quando il lettore si è fatto un'idea approssimativa dell'ambiente in cui è collocato il racconto, quando ha preso in esame la situazione economica, sociale e culturale dei protagonisti, improvvisamente arriva la tragedia. E questa tragedia prende dapprima connotati ancora legati alla contingenza, poi, a un tratto, se ne rivela la portata universale, eterna. La famiglia descritta in questo saggio dall'inventore della psicoanalisi potrebbe essere quella di chiunque di noi, salvo forse per l'eccezionale ricchezza. Padre, madre, sorella, fratello. Quest'ultimo è il paziente, colui che dalla famiglia ha preso tutto il male. La descrizione dell'orrore pare essere legata al celebre sogno del protagonista, quello al quale si richiama il titolo stesso del lavoro. Il giovanotto russo, dopo un lungo periodo di sedute di "analisi", un bel giorno si ricorda di un sogno fatto a quattro anni di età. Nel sogno lui è nel suo lettino, quando, improvvisamente, si spalanca la finestra della stanza, e fuori, su un albero cresciuto lì davanti, appaiono sette lupi, seduti sui rami. Questi lupi guardano il piccolo, terrorizzato dalla loro vista. I lupi hanno il pelo bianco.

"Ecco il nocciolo della vicenda" potrebbe dire chiunque. Il lupo altro non è che il Grande Castratore, tanto più che quell'animale è stato introdotto nella famiglia dalla cattiva "nurse" inglese, severa e ubriacona, da un commerciante, da una vecchia favola sentita in casa della "nanja" (la nostra "tata"). Ma la tragedia non è ancora al suo culmine, il buon investigatore non si ferma a questo primo indizio. Continuando il suo lavoro, dopo altre faticose sedute, ecco un giorno lo svelarsi della verità. Il bambino dei lupi, altri due anni e mezzo prima, quando aveva poco più di un anno, aveva avuto un'altra visione, nel suo lettino, una visione questa volta reale: aveva visto ciò che oggi chiamiamo "la scena originaria", cioè la congiunzione carnale tra madre e padre.

La descrizione di questa "scena" è uno dei pezzi di letteratura più appassionanti di tutto il Novecento. D.H. Lawrence o Moravia o Nabokov non sono mai riusciti ad andarci nemmeno vicino. L'apparente totale assenza di partecipazione emotiva da parte dell'autore, la mancanza di qualunque connotazione dei personaggi, la ripetuta, meticolosa osservazione dei più piccoli dettagli conferiscono una potenza inaudita alla descrizione di questo "pomeriggio di un fauno". La casa di campagna avvolta dal silenzio, i coniugi distesi sul letto, tra lini candidi e candida biancheria, l'improvviso ergersi del padre, la sua presa "da dietro" nei riguardi della moglie, la posizione del bambino che vede tutto, non soltanto i due corpi, ma gli organi stessi dei genitori, apparsi tra le pieghe delle camicie, il triplice ripetersi dell'atto a brevi intervalli di tempo, sono adombrati con una maestria di toni e una sapienza descrittiva irreperibili nella narrativa di quegli anni, e anche in quella dei decenni successivi. Tutto è basato sulla precisione ma nello stesso tempo sulla discrezione del linguaggio, tutto è raccontato con un controllo invidiabile del reale eppure con un vago sentimento panico, da classicità greca. C'è quindi semmai, una sorta di partecipazione "sacrale" solenne ma distaccata, a questa descrizione. Gli autori di *Emmanuelle* o di *Histoire d'O* impallidiscono di fronte a tanta potenza evocativa nel descrivere l'eros. Questa forza fino ad allora sconosciuta, sta nel linguaggio scientifico, divenuto il mezzo più adatto per narrare la realtà. L'approdo di molta letteratura americana è proprio questo: i "romanzi" del dottor Sacks, divenuti dei bestseller, o i vari libri di pseudo-scienza, provengono in realtà dal grande, impareggiabile romanzo borghese composto da Freud, più potente forse, della celebre "comédie humaine" di Balzac. Al di là dello scacco del linguaggio narrativo già denunciato dal concittadino di Freud, Hugo von Hofmannstahl nel suo celebre articolo del 1901, intitolato "Lettera di Lord Chandos", al di là dell'esperimento di James Joyce, c'è la proposta del professore di riporre tutta la creatività non già nell'invenzione linguistica, ma nell'approccio scientifi-

co alla realtà. È il sogno della Grande Vienna, è il sogno di Mach, di Carnap.

Per Freud naturalmente si trattava non di atto creativo, ma di veri scritti scientifici. In realtà la narrazione in forma di investigazione, il dispiegarsi dei dati invece delle emozioni, la graduale scoperta della realtà, hanno ancora a che fare con la tecnica narrativa di sempre, da quando è nato il racconto: cioè con la seduzione. In questo, Freud è un vero maestro, tanto più che proprio nel presente saggio egli voleva, a tutti i costi, dispiegare la sua capacità di seduzione. Doveva "sedurre" la schiera degli psicoanalisti di tutto il mondo alla sua idea, insidiata dalla presenza di potentissimi rivali: Jung, Ferenczi, Abraham e altri. E quindi su questo doppio registro punta il racconto. Tende a rendere viva la materia, a mostrare la profondità del proprio potere di osservazione, da un lato, e attraverso la seduzione ad affermare l'esclusiva giustezza delle proprie idee, dall'altro. Non è quindi tanto la "suspense" del racconto poliziesco a costituire il fascino della narrazione, ma soprattutto questo tentativo di seduzione.

Da quel punto di vista il vero quadro familiare non è soltanto quello del bambino che vede i genitori nell'atto del coito, condizionando in seguito tutta la propria esistenza al desiderio di essere posseduto e soddisfatto dal padre, ma anche quello del "padre" della psicoanalisi che vuole "sedurre" i propri figli, cioè i suoi seguaci. Sotto questo aspetto, il racconto di Freud è un labirinto, è di una misteriosa complessità che lo rende davvero "eccitante".

Come spesso accade agli scrittori, e anche agli scienziati, là dove si vogliono cercare i valori eterni, si trova invece il contatto con la contingenza, con tutto ciò che è legato al momento. La storia dell'uomo dei lupi, come quella del piccolo Hans, è, alla stregua delle tragedie greche, portatrice di grandi vicende interiori comuni a tutti gli uomini, eppure resta intimamente legata a quell'inizio secolo che è stato tanto fortemente caratterizzato dal proprio "costume". La storia dell'analisi dell'uomo dei lupi si conclude con la guarigione del paziente che riesce a trasformare,

grazie alla terapia, il proprio potente impulso omosessuale in "meravigliosi sentimenti per l'umanità", come si esprime Freud nel suo saggio. Ma questo uomo dei lupi non è un contadino o un pastore, oppure un operaio delle *Wiener Werkstätte*, è un ricco possidente russo, che ha avuto in eredità, alla morte del padre e dopo il suicidio della sorella, un patrimonio enorme, amministrato momentaneamente dalla madre. Il racconto di Freud, per quanto voglia celare dietro il silenzio del professionista il tentativo di rendere "eterne" le vicende interiori del protagonista, arriva soprattutto a dare un'immagine precisa di tutta l'eziologia della malattia, cioè dell'ambiente in cui quel male è sorto. Il grande scienziato viennese intuiva con precisione la portata storica di certi fenomeni psichici, del nucleo costituente dell'io, e intuiva anche la presenza di certe costanti legate al nocciolo primordiale della personalità, alla chimica della materia vivente. Ma il suo racconto resta legato all'epoca, ai destini condizionati dalla società, alle camicie da notte con i pizzi, alla siesta pomeridiana, alla nurse inglese e alla "nanja" russa, al commerciante ebreo, alle favole popolari pubblicate in un vecchio libro. L'uomo dei lupi, dei sette lupi, abita in case di legno, si apparta con la sorella nelle sterminate campagne lungo la Neva, fa gite in calesse e in slitta. Dopo Tolstoj e Turgeniev, dopo il grande Dostoevskij dagli irresistibili impeti religiosi, ecco la Russia raccontata a Vienna, nella penombra di uno studio medico, la Russia delle bambine seduttrici e dei padri sodomizzatori dei figli (nel desiderio di questi), dei coiti repentini, dei lupi seduti alle finestre di neonati spaventati a morte. Il lettore, malgrado l'onestà scientifica della narrazione, diventa un voyeur, un cultore di tutte le stranezze di cui è intessuta la vita segreta dei ceti più abbienti di quella sterminata nazione.

A questo punto però sono spontanee e doverose altre due considerazioni. La prima riguarda la cultura dalla quale nasce la psicoanalisi freudiana, la seconda gli esiti scientifici di questa pratica.

Le due matrici più evidenti del mondo della psicoanali-

si sono la civiltà dell'antica Grecia e la religione ebraica. Per la prima volta questi due elementi determinanti della nostra civiltà sono combinati insieme, dando corpo a una mistura davvero rivoluzionaria. Dal primo, Freud prende i grandi archetipi e soprattutto la figura di Edipo, al secondo attinge per spiegare a se stesso certe regole del mondo. L'amore per l'archeologia del professor Freud è un fatto risaputo, ne esistono numerose testimonianze, la stessa psicoanalisi è stata a lungo paragonata al lavoro di scavo degli archeologi. Ma questo atteggiamento nei riguardi delle malattie della psiche è davvero uno scavo tra le macerie dell'infanzia, o addirittura della vita intrauterina? Non si tratta piuttosto di un romanzo d'avventure? Questo errare nell'inconscio, è forse un viaggio nel regno degli inferi o piuttosto non ci troviamo nel deserto, dove sotto la sabbia sono seppelliti i corpi e gli oggetti dei viaggiatori che ci hanno preceduti, i nostri genitori, i nostri avi? Il concetto di errare presso i greci e presso gli ebrei fa parte dei miti fondamentali. Freud sogna di unificare queste due grandi civiltà che si sono impossessate dell'Europa, cerca di fondere il viaggio per mare di Ulisse, il cieco peregrinare di Edipo, la discesa agli inferi di Enea, con l'errare nel deserto degli ebrei, con il peregrinare di quattro decenni sotto il sole cocente, per trovare se stessi, soli, privi di ogni aiuto, davanti all'Eterno.

L'inconscio, l'oceano di tutto l'ignoto di noi stessi, per il laico Freud non ha alcun aspetto trascendentale. Eppure ciò a cui Freud pare mirare, diffondendo i propri scritti, è sì l'inconscio, ma anche la coscienza di un'intera generazione, e di tutte le future generazioni. Narrando la vicenda interiore dell'"uomo dei lupi" il professore ci invita a intraprendere lo stesso lungo viaggio, un lustro intero, che ha fatto fare al suo giovane paziente. Ci invita a errare nel deserto, usciti dalla schiavitù, per non pensare ad altro che a noi e alla nostra relazione con...

Qual è quell'entità a cui l'agnostico Freud ci consegna dopo il lungo errare nel labirinto dell'inconscio? (Anche il deserto è un labirinto, come ci ha dimostrato Borges.) Qual

è la Terra Promessa? La normale vita sociale, piena delle contraddizioni, dei compromessi e degli orrori di ogni società? Qui torniamo al discorso iniziale sul Freud guerrafondaio e il Freud pacifista.

Attraverso il racconto del "caso" dell'"uomo dei lupi" si può comprendere come il professore cercasse la deflagrazione della guerra e non la sua elusione. Anzi, in qualche modo la provocava, provocava la crisi. Per ciò che ci è dato capire attraverso questo scritto, a quello stadio della tecnica analitica egli non si comportava affatto con la neutralità degli adepti odierni: trapela dal racconto una sorta di atteggiamento dialettico, un'assunzione di responsabilità. Non di rado tale atteggiamento ha a che fare con quello dell'"agent provocateur" sempre sul punto di sospingere l'interlocutore verso l'abisso, anziché verso la salvezza. Ma solo con la caduta, dopo il lungo errare, si arriva in qualche modo alla meta, alla Terra Promessa, cioè alla pace con se stessi. Il romanzo dell'uomo dei lupi nasce sull'orlo dell'abisso, nei mesi, forse nei giorni dell'attentato di Sarajevo. Come risuona lontano e terribilmente vicino questo nome di città! Come se la Storia improvvisamente si rivelasse una penosa nevrosi infantile, una *Zwangneurose*, una coazione a ripetere senza fine. Il desiderio della guerra e la volontà di pace parlano di questa stessa neurosi in chi ha elaborato il grande macchinario dell'analisi, ma anche della sua chiaroveggenza. Occorre errare nel deserto, sull'orlo dell'abisso, per raggiungere sempre, dopo ogni caduta, la pace. Freud partecipa a questo pellegrinaggio, non lascia soli i suoi pazienti nel viaggio: è disposto a cadere con tutti nell'abisso, è disposto a risalire la china. Quel "meraviglioso sentimento d'amore per l'umanità" che vede sbocciare dal desiderio omosessuale del giovane russo pare essere lo scopo di ogni analisi. Questo sentimento dell'umanità deve fare i conti con l'eccidio, con la strage, con la violenza, anzi li deve evocare, per trasformarli in energia benefica. Questa pare essere la conclusione di quei quattro anni di guerra sanguinosa e di maturazione durante i quali il romanzo dell'uomo dei lupi attende di essere pubblicato. Ma

anche se la storia scritta da Freud finisce con lo scoppio della guerra e la "guarigione" del protagonista, c'è un seguito che non fa parte dell'opera ma in qualche misura vi appartiene. Si tratta del destino dell'uomo dei lupi.

Secondo i criteri della moderna scienza dell'interpretazione occorre lasciar parlare soltanto il testo e nessun altro dato esterno a questo. Nel caso dell'opera di Freud il testo letterario (scientifico) ha una sua immediata continuazione nella realtà. Per ciò che riguarda l'uomo dei lupi, questa continuazione è la sua storia ulteriore. A vent'anni malato senza forze, sorretto da un servo e da un medico, si presenta nel gabinetto del professor Freud, a venticinque anni, dopo il lungo viaggio interiore, guarito, pronto alla vita del grande possidente, si laurea in giurisprudenza e si avvia alla vita... Come finisce il giovanotto dai sogni inquieti? Per Freud egli scompare dalla scena nel momento della soluzione del caso. Come sono scomparsi il piccolo Hans, e poi il Presidente, poi altri e altri ancora. Tutti costoro ci mostrano i loro penosi drammi e abbandonano infine il palcoscenico completamente guariti. Ma che cosa avviene fuori scena? Questa è la domanda di sempre di ogni spettatore che si rispetti.

Fuori scena l'uomo dei lupi, dopo aver sposato la propria infermiera tedesca, nel giro di pochi mesi perde tutti i suoi averi (che vengono espropriati dal nuovo stato sovietico), fugge dalla Russia, si stabilisce a Vienna e vive una modestissima vita da impiegato di una società di assicurazione. A questo punto pare che nemmeno da fuori scena giungano più novità, nella commedia dell'uomo dei lupi. Egli è stato guarito, la guerra è stata perduta dalla Russia, una rivoluzione ha spazzato via ricchezze e fasti, la pace dell'onesto borghese, quella auspicata da Kirkegaard, quella in cui morale, virtù e fede fioriscono, è arrivata dopo il conflitto. Le luci si spengono nel teatro.

Invece nel buio inciampiamo in un nuovo cadavere: quello della moglie Therese, suicida con il gas, quando l'uomo dei lupi ha superato una nuova, più blanda crisi, stavolta non di nevrosi ma di depressione. La sorella si è tolta

la vita poco più che ventenne, il padre è morto in circostanze misteriose e sospette (forse anche lui suicida), la moglie ha aperto il gas appendendo un biglietto sulla porta di casa per avvertire chi dovesse entrare di non girare l'interruttore della luce. Attorno all'uomo dei lupi c'è una piccola strage, ma la coppia classica, Edipo e Giocasta, cioè madre e figlio, si salva. E continua a errare nel deserto dell'esistenza andando a concerti, spettacoli, teatri di quartiere nella Vienna collassata da capitale di un grande impero a quella di una piccola nazione, presto inghiottita dalla Germania nazista. L'uomo dei lupi sopravvive anche alla seconda ancora più sanguinosa, più orrenda, più sciagurata guerra. Sopravvive alla fame, alla borsa nera, all'occupazione. Muore la madre, la governante che per trent'anni lo ha accudito, ma lui, nel suo modesto appartamento, continua la sua quieta esistenza costellata di morti violente, di sofferenze. Forse è quel "meraviglioso sentimento dell'umanità" che lo tiene in vita e gli fa scrivere, negli ultimi mesi, la propria autobiografia puntigliosa e piena di tenerezza verso tutti. L'uomo dei lupi è morto nel 1979, abbiamo visto gli stessi giorni, le stesse notti che ha visto lui, è come se fosse ancora qui, perché è stato qui insieme con noi, portato fino ai nostri giorni da quell'eternità che Freud ha cercato nel suo scritto. L'esito più chiaro del procedimento di Freud è stato questo: far arrivare alla vecchiaia un ventenne che non si reggeva in piedi, perseguitato com'era dai fantasmi della sua mente. Si ha l'impressione che quel "meraviglioso sentimento dell'umanità" fosse non soltanto un risultato della terapia, ma anche un preciso insegnamento del professore. Tra le due guerre, quando l'uomo dei lupi per qualche tempo si trovò senza lavoro, Freud gli pagò una sorta di vitalizio per il suo contributo al progresso della scienza. Il vero insegnamento di questo caso è proprio qui, nella grandezza d'animo e nell'integrità dei suoi protagonisti.

Ma "fuori scena" avvengono tante altre cose. La grande famiglia dei primi cultori della psicoanalisi si dissolve, ci sono scismi e conflitti, il professor Freud si trova con più

nemici e contestatori che veri amici. Il futuro genero, Ferenczi, si allontana (o viene allontanato) da lui, Jung, Adler e altri prendono ciascuno la propria strada. Di fronte alle leggi razziali il professore non trova difensori, deve fuggire da Vienna: le sue tre sorelle verranno prese dalle "SS", cioè dai nazisti più crudeli e sadici. Moriranno tutte e tre nelle camere a gas.

Possiamo, di fronte a questo destino, dire che i testi devono parlare da soli? È possibile dimenticare l'orrore che ha finito con l'essere lo scenario degli ultimi anni di vita di colui che ha scritto il "romanzo" dell'uomo dei lupi? Di fronte a quegli avvenimenti l'ermeneutica moderna dovrebbe ammutolire. Ma questa moderna scienza dell'interpretazione aspetta la parola dal testo, soltanto dal testo.

Fuori scena accade anche che l'organismo del professore gli interdice la parola, ammalandosi proprio lì dove la parola dovrebbe nascere: nel palato, nella gola. Con questa malattia termina in esilio la vita di Freud. Influisce questa fine, in qualche modo, sulla sua opera? No. Ma nemmeno può rimanere indifferente il fatto che scienziato e paziente abbiano attraversato gli eventi sanguinosi di cui si compone la storia del nostro secolo, ne sia rimasto in qualche modo vittima il primo, li abbia scampati in qualche modo il secondo. Tutto ciò che il grande scienziato viennese ha fatto, è servito in una maniera o nell'altra alla salvezza degli uomini venuti a contatto con lui come pazienti e come collaboratori, contro le terribili vicissitudini di quella parte del secolo. Addossandosi la responsabilità di quelle vite – penso che nel suo atteggiamento di scienziato vi fosse più partecipazione di quanto si possa immaginare – Freud le ha traghettate oltre le tremende sciagure che si sono abbattute in quegli anni sull'umanità. Per quanto lo stile del racconto dell'"uomo dei lupi" possa essere piano, obiettivo, per quanto ne traspaia il piglio scientifico tra osservazioni cliniche e continue autodifese contro gli allievi-avversari, ciò che in quel racconto colpisce di più è proprio questa assoluta serietà con cui il caso viene trattato, la responsabilità di agire nei riguardi

dell'uomo dei lupi con la consapevolezza di lavorare per tutti gli uomini sofferenti.

In tutta la storia successiva della psicoanalisi sarà difficile reperire tanta grandezza e tanta partecipazione. A questo riguardo tra l'opera scritta di Freud e l'esistenza dell'uomo vi è una stretta connessione, e purtroppo l'ermeneutica proposta da Gadamer, che esclude qualunque informazione proveniente dall'esterno del testo, di fronte a eventi come la Seconda guerra mondiale, l'olocausto, gli esili ecc. risulta difficilmente praticabile. Si può pensare che il limite scientifico delle opere di Freud possa consistere in questo, ma che in questo stia anche la grandezza profetica del professore.

Per ciò che riguarda il valore letterario degli scritti di Freud le cose stanno diversamente. La totalità della sua opera ci fornisce una collezione di casi umani davvero senza paragoni nella letteratura a lui contemporanea. Vi si legge una vera e propria epopea dell'umanità sofferente in lotta per la propria vita e, in qualche modo, in quelle storie è adombrato ogni aspetto – politico, economico, morale, culturale ecc. –, dei primi decenni del nostro secolo. Né Proust né Joyce, né Celine, né altri sono giunti ad avere uno sguardo così ampio e profondo sulla vita; forse l'unico artista paragonabile – anche qui, nella totalità della sua opera – al professore di Vienna, è stato il praghese Kafka. Freud ci fulminerebbe sapendo che lo consideriamo un artista e non uno scienziato, ma gli ambiti nel frattempo si sono mescolati, e oggi appare difficile distinguere quanta parte di creatività vi sia nella scienza e quanta parte di scienza nell'arte. Sono questioni oziose e anche un po' banali, eppure proprio di fronte all'immenso "corpus" degli scritti "fondanti" di Freud ci pare di avere a che fare con una nuova *Odissea*, una nuova *Iliade*. È davvero sorprendente che un editore tenti di pubblicare la "comédie humaine" di Freud, in quanto tale. È sorprendente che nessuno ci abbia mai pensato, giacché al di là delle questioni scientifiche che possono anche lasciare indifferenti i lettori, i casi presentati sono dei veri e propri "romanzi", con tanto di intreccio, di conflitto, sorprese e soluzioni.

È interessante osservare anche la relazione di opere narrative, poetiche e teatrali che si rifanno direttamente ai lavori del grande scienziato viennese, con la loro fonte d'ispirazione. Per quanto vi sia a volte lo stesso sforzo di Freud di descrivere la portata universale dei "casi" presi in esame, tranne forse per *La coscienza di Zeno*, assistiamo a un sostanziale fallimento. Quando poi si tenta di riportare a nuova vita, in teatro, la dignità dell'antica tragedia greca attraverso l'opera di Freud, come accadde per esempio in una celebre *Orestiade* moderna (O'Neill), si vede quanto meccanica e vuota sia l'applicazione forzata delle elaborazioni freudiane senza la temperie culturale che le ha generate.

L'uomo dei lupi si lascia dietro tutte le trasposizioni letterarie successive alla sua apparizione, diventa l'emblema, riassume in sé tutta la storia, anche letteraria, del nostro secolo. Anche noi, come Freud, ci sentiamo debitori verso di lui, per il contributo da lui portato al sapere e al sentire di questi sette/otto decenni così complicati e sciagurati e, non in ultimo, per essere uscito vittorioso, in nome di tutti gli uomini, dalla sua lotta contro la malattia.

maggio 1994

Il caso clinico dell'Uomo dei lupi

di Mario Ajazzi Mancini

> Si dà un completo cambiamento di scena, come quando uno spettacolo è interrotto dall'improvviso sopraggiungere di una realtà, press'a poco come quando durante una rappresentazione teatrale si leva l'allarme per un incendio.
>
> SIGMUND FREUD

1. *Dietro la porta dell'analisi*

1.1. La storia della psicoanalisi sembra essere intimamente legata al "mito" del proprio eroe fondatore. Differentemente da altre discipline, l'eredità analitica si tramanda, nel rispetto del dettato freudiano, attraverso un'esperienza personale, garantita dall'istituzione e legittimata, nella sua continuità, da una solida discendenza, teorica e pratica, che, nella relazione didattica, assicura il controllo e promuove la fedeltà all'ortodossia. I "dottori" dell'anima, per consentire che il "mito" sopravvivesse al tempo della critica, hanno gelosamente conservato i documenti degli inizi, e non solo, nei famosi *Sigmund Freud Archives* di New York, che soltanto di recente hanno parzialmente aperto le porte alla curiosità degli storici.

L'attuale discrezione degli *Archives* richiama alla memoria la fondazione, proposta da Jones nel 1912, del "comitato segreto" per la difesa dei principi fondamentali della psicoanalisi, i cui membri (Abraham, Jones, Ferenczi, Sachs e von Freund, sostituito, dopo la sua morte, da Eitington), stretti in alleanza da un anello ricevuto dalle stesse mani di Freud, avevano il compito di tutelare dal pericolo delle defezioni, delle deviazioni eterodosse come quelle ben note di Stekel e Adler, e soprattutto di Carl Gustav Jung. Solo nel 1927 il "comitato" venne assorbito dall'Ipa (Associazione Internazionale di

Psicoanalisi), che era ormai in grado di dar vita a un'organizzazione istituzionalizzata, fondata su una precisa gerarchia e sostenuta da un prestigio economico-sociale che sembra perdurare anche ai nostri giorni, benché ancora avvolto da una sorta di aura di mistero.

Talvolta, sulla scena pubblica si riflettono gli eventi più eclatanti della "politica interna" dell'Associazione, e assumono la forma di quelle sconfessioni o scomuniche che hanno caratterizzato la nascita delle scuole di dissidenza. Ma, al di là di simili congiunture evidenti, gli "affari esteri" dell'Ipa sembrano tuttora improntati alla riservatezza. Che dietro a tutto questo si celi qualcosa che riguarda la validità stessa delle procedure analitiche? Dubbi o questioni mai risolte che il segreto mette al riparo da una valutazione critica? Pena, forse, il declassamento o addirittura la scomparsa della medesima disciplina.

1.2. Nella continuità storica del movimento si sono tuttavia sviluppate correnti di pensiero che hanno dato luogo a profonde revisioni delle teorie freudiane, orientate verso una sistemazione epistemologica che potesse conferir loro quello specifico statuto che ne garantisce la presenza nel campo delle scienze. A partire dagli anni cinquanta, la metapsicologia freudiana è stata riconsiderata sia rispetto alla propria origine "criptobiologica" – per usare la nota espressione di Sulloway[1] –, sia rispetto alla sua natura astratta, troppo lontana dalla realtà soggettiva del paziente, e pertanto di difficile acquisizione. Il mancato riconoscimento dell'operatività di un paradigma ottocentesco, che legittimava empiricamente l'adozione di termini come *Es, pulsione, libido* ecc., e la perseveranza con cui questi stessi termini sono stati riproposti, non hanno però impedito che, sotto la spinta di esigenze sempre più pressanti, venisse intrapresa una trasformazione della medesima terminologia psicoanalitica, tesa alla sostituzione di nozioni,

[1] Cfr. a questo proposito, F. SULLOWAY, *Freud biologo della psiche*, Feltrinelli, Milano 1982 e P.L. ASSOUN, *Introduzione all'epistemologia freudiana*, Theoria, Roma 1988.

ormai obsolete, con altre consone alle moderne ricerche scientifiche (la neurobiologia insieme alla teoria dei sistemi e dell'informazione), e alla comunicazione quotidiana che si svolge nell'analisi con i pazienti. Così, accanto a una metapsicologia ristretta, che privilegia la conoscenza delle strutture cerebrali come contesto di riferimento per i fenomeni psichici, si è aperta una via *ermeneutica* della psicoanalisi, che si fonda sullo stesso apparato concettuale – metafore, antropomorfismi, racconti – che costituisce il campo di attività della narratologia o della semiotica letteraria.

Al posto della freudiana "ricostruzione storica" sono comparsi i termini di "azione narrativa" e di "narrazione compiuta" che sembrano essere maggiormente confacenti all'istanza terapeutica dell'analisi come progetto di trasformazione e maturazione esistenziale. Infatti, nello studio dell'analista, la narrazione presente non trasforma soltanto il passato (secondo la ben nota *Nachträglichkeit* freudiana), ma s'incontra anche con la comprensione dell'altro, con l'interpretazione che egli dà delle enunciazioni del paziente, e che, riproposta, permette un'articolazione sempre più complessa di storie, che finisce per approdare a un disegno, narrativamente compiuto, che raccoglie in sé i significati della vita trascorsa insieme a quelli della relazione attuale. Si apre quindi un nuovo scenario che sposta la nozione di verità dalla prova dei fatti alla messa in intreccio di un'esperienza soggettiva, che viene a configurarsi all'interno di un orizzonte di senso in cui trova luogo non solo quanto è accaduto, ma anche ciò che sarebbe potuto accadere, che potrebbe accadere ancora.[2]

La risposta ermeneutica si smarca pertanto dalle pretese di una scientificità ancorata a solide basi biologiche, e

[2] Sul problema della narrazione in psicoanalisi, cfr. il recente volume a cura di M. AMMANITI e D. STERN, AA.VV. *Rappresentazioni e narrazioni*, Laterza, Bari 1991; nonché gli ormai classici contributi di R. SHAFER, *L'atteggiamento analitico*, Feltrinelli, Milano 1984 e D. SPENCE, *Verità narrativa e verità storica*, Martinelli, Firenze 1987; per un commento sull'ermeneutica psicoanalitica, cfr. G. JERVIS, *Fondamenti di psicologia dinamica*, Feltrinelli, Milano 1993, pp. 108 sgg.

propone come criterio di validità soltanto la propria narrazione. L'esito felice di una soluzione, strettamente connesso alla storia di un caso, dipende allora dalla capacità di articolazione che ha un racconto coerente e ben strutturato. Tuttavia, in questa prospettiva, la psicoanalisi freudiana, sempre meno interessata a formulare ipotesi metapsicologiche intorno al funzionamento della psiche, potrebbe divenire la semplice occasione di un racconto. Letteratura?

La questione era già stata sollevata da Freud. Negli ultimi anni della sua vita, interrogandosi sulle "costruzioni" in analisi, si chiedeva quale poteva essere l'elemento che ne decidesse la validità. Non certo l'assenso o il diniego; il sì e il no del paziente sono *vieldeutig*, ambigui, polivalenti, molteplici. Neppure la reintegrazione dell'esperienza attraverso il ricordo, ma l'innesco di un ulteriore processo: associazioni, atti mancati, lapsus. Come leggere allora i *casi clinici*, se Freud stesso sembra delegittimare l'autorità del soggetto e del ricordo? Senza la conferma dell'approvazione e della memoria, la costruzione – che presenta al paziente un frammento della sua vita passata e *dimenticata* – rimane una pura finzione, e il progetto scientifico decade.

Probabilmente, quei testi, così problematici da aver generato le interpretazioni più contrastanti, possono essere intesi come parte attiva di un programma che concerne un genere di costruzione ben diversa da quella storica. Se, infatti, all'esame critico, essi si mostrano frammentari e lacunosi, risultato dell'applicazione di una tecnica, talvolta artificiosa, la loro pubblicazione, da parte di Freud, deve avere un senso che va al di là della pretesa di una fondazione empirica – di quella "base reale" della psicoanalisi, cui accennava Jones – e riguarda lo stesso istituto psicoanalitico nei suoi rapporti con la *Kultur*. Com'è stato recentemente ipotizzato,[3] l'obiettivo freudiano sembra essere

[3] F. SULLOWAY, *Rivalutando i casi clinici di Freud: la costruzione sociale della psicoanalisi*, in "Psicoterapia e Scienze Umane", XXVI, 1, pp. 7-37 e 2, 5-39, 1992; su quest'aspetto dei casi clinici, cfr. anche R. HOLT, *Una perestrojka per la psicoanalisi: crisi e rinnovamento*, in "Psicoterapia e Scienze Umane", XXIV, 3, pp. 37-65, 1990.

quello di conferire una "organizzazione sociale" alla propria disciplina, operando un convincimento a largo spettro che possa servire da legittimazione alla sua stessa esistenza nel panorama culturale e psicoterapeutico. Il significato di quelle pubblicazioni appare allora chiaro. Si tratta innanzitutto di convincere il lettore, utilizzando tecnologie letterarie, ad abbandonare le proprie resistenze nei confronti della teoria analitica, e di avvertirlo che, comunque sia, l'apprendimento della psicoanalisi passa per la via "privata" della formazione in seno all'Associazione, la quale si riserva il diritto di ammissione, supervisione e controllo, in una parola l'ortodossia.

1.3. La strada pare quindi senza sbocco. Di fronte alla riservatezza degli *Archives* e, sul piano personale, di certi analisti freudiani, sembra davvero difficile distinguere la leggenda di Freud dalle stesse censure e omissioni che la costituiscono e l'alimentano. A meno di non interpretarla, a sua volta, come un caso clinico e riconoscerla determinata dai medesimi meccanismi – deformazione, condensazione, spostamento – che ne celano la "verità storica".

Tuttavia, questa lettura, talvolta tentata, potrebbe cadere nella stessa circolarità retorica che Freud sembra aver reso operativa nella redazione dei suoi casi. Infatti, se l'analista conosce i modi in cui l'inconscio si manifesta, si riferisce a questo attraverso quelli e scopre quanto la sua teorizzazione gli ha reso disponibile. Il sintomo, o il simbolo, come significazione indiretta di un contenuto inconscio, è sempre recuperabile per l'interprete che è in grado di tradurre il nascondimento nella manifestazione. In questi termini, la ricostruzione clinica di una biografia freudiana – che egli stesso riconosceva di scarso interesse e di nessun insegnamento – si distinguerebbe appena da quella di *Un ricordo d'infanzia di Leonardo da Vinci*, riproponendo la figura di un "uomo di coraggio", un *conquistador* nel campo del sapere, che diviene tale in rapporto all'affrancamento dall'autorità paterna – secondo quel consolidato schema

edipico che attraversa gli scritti di Freud da *L'interpretazione dei sogni* al grande saggio su *Mosè*.[4]

L'oscurità sarebbe dissipata se, attraverso la pubblicazione di qualche documento ancora segreto, si giungesse a conoscere, in modo più accurato, i particolari della vita di Freud, delle sue relazioni personali, e soprattutto dei suoi rapporti con i pazienti. Solo allora la storia potrebbe sollevare il velo della scrittura e mostrare, grazie a dati obiettivi, come sono andate effettivamente le cose rispetto a tale o talaltro episodio.

Tuttavia, quando la psicoanalisi è in gioco, la conoscenza degli avvenimenti può anche non render conto di quel complesso di vicende che, nell'intreccio di realtà e fantasia, ha dato vita a una delle più straordinarie creazioni del nostro secolo. Come a dire che l'operato di Freud, in particolare quello relativo ai casi clinici, non può essere valutato, in prospettiva, soltanto relativamente alla corretta formulazione di diagnosi, né ricondotto all'essenzialità di un archivio storico che permetta di comprendere correttamente quei fenomeni, o meglio quegli eventi psichici che Freud ha voluto rubricare come isteria o nevrosi ossessiva.

In fondo, si potrebbe affermare che la storia di questa disciplina – come forse la biografia di Freud e dei suoi pazienti, se è lecito un accostamento del genere – non può essere scritta al di là della situazione analitica, di quella strana "realtà" che vi si configura e che finisce per rendere "banale" quella dei fatti. Seguendo dappresso le vicende dell'Uomo dei lupi, probabilmente il più famoso caso di Freud, tuttora considerato un classico per la formazione e la didattica, tenteremo di accostarci a tale situazione, construendone lo scenario, con la stessa discrezione e lo stes-

[4] Su questi aspetti della biografia psicoanalitica mi permetto di rinviare al mio *Figlio del padre. Note per uno studio dell'eroe freudiano*, in "Paradigma", 10, 1992, pp. 49 sgg. Rispetto ai grandi lavori biografici su Freud è opportuno riferirsi agli studi di M. Schur, *Il caso di Freud*, Boringhieri, Torino 1976, E. Jones, *Vita e opere di Sigmund Freud*, Garzanti, Milano 1977, 3 voll., R. Clark, *Freud*, Rizzoli, Milano 1983, P. Gay, *Freud*, Bompiani, Milano 1988, con un importante saggio bibliografico.

so timore di chi varca, per la prima volta, la porta chiusa dell'analisi.

2. *"Un pezzo di psicoanalisi"*

2.1. È il febbraio del 1910 quando il signor Sergej Costantinovič Pankëev, ricco possidente russo, varca la soglia della Berggasse per consultare il professor Sigmund Freud, dopo aver fatto disastrose esperienze mediche. Dal 1907, infatti, era passato da una clinica psichiatrica all'altra (Kraepelin a Monaco, Ziehen a Berlino) nella speranza di poter risolvere i propri gravi problemi di depressione. Disperato ed esausto accetta con entusiasmo il consiglio di un amico di famiglia che gli indica Vienna come centro di sviluppo di una nuova tecnica terapeutica – la psicoanalisi. L'incontro è felice. Pankëev decide di fermarsi e intraprendere la cura. Inizia così la prima analisi dell'Uomo dei lupi, che si protrarrà fino all'estate del 1914.

Il suo rapporto con Freud coincide con un momento particolarmente importante per la storia del movimento psicoanalitico. Conclusasi la riflessione intorno alla sessualità infantile, con la pubblicazione dei *Tre saggi* nel 1905, l'analista è alla ricerca di una prova che garantisca, all'interno dell'esperienza clinica, l'efficacia della teorizzazione sviluppata. L'obiettivo è quindi quello di dimostrare come una nevrosi dell'età infantile possa condurre a una psicopatologia adulta. I disturbi del paziente russo, ormai ventiquattrenne, non sono altro che la risultante delle vicissitudini di quella sessualità infantile che Freud elaborerà attraverso il transfert, al fine di individuarne le modalità nel contesto della terapia attuale.

La malattia presente è la riedizione di una nevrosi infantile, di quella nevrosi fobica che aveva afflitto il piccolo Sergej fino al decimo anno di età e che Freud è riuscito faticosamente a ricostruire. Si comprende così come il caso dell'Uomo dei lupi non sia l'accurato resoconto di quei quattro anni di terapia, ma l'esposizione dettagliata di quel

lavoro che s'incentrava sull'importanza del fattore infantile nella formazione delle nevrosi – oggetto di un'accesa controversia che la pubblicazione del lavoro intende risolvere positivamente:

> Il disaccordo riguarda dunque l'importanza del fattore infantile. Il problema sta nel trovare un caso che possa dimostrare questa importanza senza ombra di dubbio. Mi sembra che questa condizione sia soddisfatta dal caso clinico che qui stiamo trattando così dettagliatamente, e che è caratterizzato dal fatto che una nevrosi dei primi anni dell'infanzia precede quella dell'età adulta. L'ho scelto e ne ho parlato proprio per questo.[5]

Il caso di Pankëev viene così ad assumere un preciso significato all'interno dell'istituzione psicoanalitica. Modello, o paradigma per la conduzione della cura, esemplifica i termini teorici che Freud ha elaborato nel corso degli anni: dalla famosa "scena originaria" (il bambino avrebbe assistito, a diciotto mesi, a un coito *a tergo* tra i propri genitori) alla sua trasformazione nel "sogno dei lupi", da cui il paziente prende il nome analitico – *Wolfmann* – (sei o sette lupi bianchi su un vecchio noce che guardano attraverso una finestra che si apre da sola), fino alle nozioni di "fantasma", "realtà psichica", "posteriorità" (*Nachträglichkeit*).[6]

Legato da riconoscenza e profonda stima nei confronti di Freud, l'Uomo dei lupi sarà sempre ben felice di testimoniare a favore del proprio analista, contribuendo personalmente, con lettere e scritti, al riconoscimento scientifico e alla "difesa" della disciplina freudiana, fino al punto di parlare di sé come di un "pezzo di psicoanalisi".

Tuttavia, almeno ufficialmente, i conti con Sergej

[5] S. Freud, *Aus der Geschichte einer infantilen Neurose*, in *Gesammelte Werke*, bd. XII, Fischer Verlag, Frankfurt am Main (1952-91), tr. it. *L'Uomo dei lupi*, in questo volume pp. 47 sgg.; d'ora in avanti si farà riferimento alla presente traduzione di M. Marcacci, attraverso la sigla UL seguita dal numero di pagina.

[6] Per una discussione storico-critica in merito alla proposizione di questi termini freudiani, cfr. J. Laplanche- J.B. Pontalis, *Enciclopedia della psicanalisi*, Laterza, Bari 1984[3].

Pankëev sembrano chiudersi in modo definitivo con la pubblicazione del suo caso nel 1918 e la revisione del 1923. Eppure, l'immagine dell'Uomo dei lupi non abbandonerà mai lo studio di Freud. Tracce, segnali del *Wolfmann* sono presenti in molti dei suoi scritti: *Il perturbante* (1919), *Sogno e occultismo* (1923), *Feticismo* (1927), *Analisi terminabile e interminabile* (1937), *La scissione dell'Io* (1938). Pochi titoli, sufficienti a insinuare il sospetto che, nell'estate del 1914, l'analisi dell'Uomo dei lupi non sia effettivamente terminata.

2.2 Molti anni dopo, lo stesso Freud riconoscerà il carattere eccezionale di questo caso, descrivendo le fatiche e gli accorgimenti cui era dovuto ricorrere per porvi termine:

> In quella situazione feci ricorso all'eroico espediente di fissare un termine. All'inizio di una stagione di lavoro rivelai al paziente che il prossimo anno sarebbe stato l'ultimo del trattamento, indifferentemente da quanto avrebbe prodotto nel tempo che gli era ancora concesso. Inizialmente non mi prestò fede, ma quando si persuase della incrollabile serietà della mia intenzione, subentrò in lui la trasformazione desiderata. Si ridussero le sue resistenze e, in quegli ultimi mesi, fu in grado di riprodurre tutti i ricordi e di rintracciare tutte le connessioni che apparivano necessarie per la comprensione della sua precedente nevrosi e per il superamento di quella presente.[7]

Ma l'espediente si rivelò efficace solo in quel particolare contesto. Infatti, subito dopo la conclusione della guerra, Pankëev tornò a Vienna, afflitto da sintomi analoghi a quelli che avevano dato inizio al trattamento, e privato, per le avversità di quegli anni, dell'enorme ricchezza familiare.

[7] S. FREUD, *Die endliche und unendliche Analyse*, in *Gesammelte Werke*, bd. XIV, Fischer Verlag, Frankfurt am Main (1952-91), p. 61, tr. it. *Analisi terminabile e interminabile*, in *Opere*, 11, Boringhieri, Torino 1967-1980. D'ora in avanti si farà riferimento all'edizione tedesca attraverso la sigla G.W., seguita dal numero romano a indicare il volume e dal numero arabo relativo alla pagina, per l'edizione Boringhieri useremo la sigla O, seguita dal numero del volume.

Freud intraprese quindi una seconda terapia, gratuita, date le circostanze, mosso certo dalla comprensione nei confronti del paziente, ma anche dall'esigenza di sottoporre a verifica gli stessi assunti che ne avevano sancito la guarigione. Nella revisione del 1923 scrive:

> Lo dimisi, a mio avviso guarito, poche settimane prima dell'inatteso scoppio della guerra mondiale e lo rividi solo quando le vicende della guerra ebbero aperto alle Potenze Centrali il sud della Russia. Allora venne a Vienna e riferì di essersi sforzato, immediatamente dopo la fine della cura, di liberarsi dell'influsso del medico. In pochi mesi di lavoro, venimmo a capo di una parte di transfert che ancora rimaneva; da allora il paziente [...] si sentì normale e si comportò irreprensibilmente.[8]

La *tranche* del 1919 e l'aiuto della Società psicoanalitica di Vienna – che, grazie a Freud, gli versava annualmente del denaro, per il suo stesso sostentamento – permettono a Pankëev di vivere con una certa serenità gli anni successivi. Trova lavoro in una compagnia di assicurazioni, dove rimarrà fino all'età della pensione. Tuttavia, nel 1924, la sua "normalità" è nuovamente minacciata. Sotto la spinta di timori ipocondriaci e idee persecutorie si fa pressante l'esigenza di un altro trattamento. Se ne prenderà cura Ruth Mack Brunswick, allieva di Freud, che lo seguirà dall'ottobre 1925 al febbraio 1927. L'analisi ha buon esito e non se ne ripresenterà la necessità fino al 1938. Gli eventi della seconda guerra e, soprattutto, il suicidio della moglie gettano l'Uomo dei lupi "nella più nera disperazione". Grazie ai buoni uffici dell'analista americana Muriel Gardiner, con la quale stringerà un rapporto d'amicizia per il resto dei suoi giorni, riesce nuovamente a incontrare la Brunswick che si era trasferita a Londra. La situazione pare ristabilirsi. A giovarsene è la relazione con la Gardiner, che da quel momento in poi verrà ogni anno a Vienna a far visita a Sergej Pankëev. Nel 1951, l'americana pubblica il

[8] UL, p. 287.

suo primo resoconto degli incontri con l'Uomo dei lupi; nel 1971 dà alle stampe un volume che raccoglie tutto il materiale disponibile su Pankëev, comprese le sue *Memorie*, che firmerà con lo pseudonimo analitico: *Wolfmann*.[9]

Gli ultimi anni della vita dell'Uomo dei lupi sembrano trascorrere all'ombra dell'anonimato, spinto in questa direzione dai consigli della Gardiner e di Eissler – il responsabile degli *Archives* –, la cui preoccupazione è quella di fare in modo che sia impossibile riconoscere, nell'ex impiegato delle assicurazioni, il famoso caso di Freud. Tuttavia, la giornalista austriaca Karin Obholzer riesce a convincere Pankëev a concederle una serie di interviste, in cui ricorderà, con toni ambigui, le proprie esperienze analitiche. Le *Conversazioni* con l'Uomo dei lupi usciranno postume nel 1982, dopo la morte di Sergej Pankëev avvenuta il 7 maggio 1979.

3. *Una nevrosi infantile*

3.1. Il caso dell'Uomo dei lupi è il resoconto di una nevrosi infantile che è stata sottoposta ad analisi quindici anni dopo la sua conclusione. Simili analisi, afferma Freud, hanno uno straordinario interesse teorico non solo perché permettono una corretta comprensione della patologia adulta, ma soprattutto perché in esse l'essenza stessa della nevrosi si mostra in modo evidente. Ciò rende comprensibile anche la proposizione tematica di alcuni concetti che erano solo operativi nei precedenti lavori clinici. Castrazione, masochismo, omosessualità delimitano il campo d'indagine, insieme a una "nuova" forma di ripudio, la *Verwerfung*, che si distingue dalla rimozione.[10]

[9] Cfr. AA.VV., *Il caso dell'uomo dei lupi*, a cura di M. GARDINER, Newton Compton, Roma 1974, che contiene, oltre alle *Memorie* di Pankëev, anche il *Supplemento* a *"Dalla storia di una nevrosi infantile"* di RUTH MACK BRUNSWICK.

[10] Per una discussione intorno al meccanismo della *Verwerfung* si veda oltre, al § 6 della presente introduzione.

La ricostruzione del caso si basa su un preciso assunto. Fin dall'infanzia è presente nel soggetto un'istanza libidica che ne impronta le vicende e costituisce il motivo dell'angoscia nonché della manifestazione nevrotica. La storia della malattia del piccolo Sergej acquista così il proprio significato. Sedotto dalla sorella maggiore, all'età di tre anni, il bambino l'avverte come rivale, rifiutandola come "oggetto", ma accettando quella "cosa" che il gesto aveva risvegliato. Rivolge pertando la propria attenzione all'amata bambinaia, che cerca a sua volta di sedurre, esibendosi e masturbandosi al suo cospetto. La donna coglie il senso di tale atteggiamento e lo rimprovera, dicendogli che i bambini che fanno certe cose subiranno una "ferita" in quel posto. La castrazione fa quindi la sua comparsa sulla scena infantile, e Sergej comincia a preoccuparsene dopo aver osservato la sorella e un'amica che orinavano. La minaccia diviene consistente e nel piccolo si verifica una regressione a una fase precedente dello sviluppo sessuale. Il suo carattere subisce un brusco cambiamento. Diviene crudele e tortura piccoli animali non meno di se stesso. Lo scopo di simili azioni è quello di ricevere una punizione da parte del padre, che è diventato l'oggetto sessuale privilegiato: farsi punire per godere.

Alla vigilia del quarto compleanno, si ha il famoso sogno dei lupi, che costituisce la svolta verso l'angoscia. Sei mesi dopo si produce la nevrosi, corredata da una zoofobia, che costringe Sergej a tormentarsi con problemi religiosi e rituali coatti, e lo accompagna fino al decimo anno di età. Gradualmente il bambino riesce a liberarsi dai propri sintomi ossessivi. Ma la risoluzione provoca un danno permanente nel suo sviluppo. L'attività intellettuale resta inibita e l'impulso omosessuale, legato all'oggetto privilegiato, viene conservato nell'inconscio, in forza di un processo di rimozione che gli sottrae ogni possibilità di sublimare:

> Perciò al paziente vennero a mancare tutti gli interessi sociali che danno contenuto alla vita. Soltanto quando, nella cura

analitica, si riuscì a risolvere questo incatenamento dell'omosessualità, lo stato di cose poté cambiare in meglio e fu molto sorprendente constatare come – senza diretta sollecitazione del medico – ogni parte liberata della libido omosessuale cercasse un'applicazione nella vita e un aggancio alle grandi occupazioni che accomunano l'umanità.[11]

Tali parole devono essere intese non solo come espressione della fiducia dell'analista rispetto al trattamento condotto nel caso, ma anche come asserzioni polemiche contro quelle "reinterpretazioni che C.G. Jung e A. Adler volevano dare delle scoperte psicoanalitiche".[12]

Infatti, già dalla prima pagina, Freud sostiene che questo scritto è da leggersi come *supplemento* al suo lavoro intorno alla *Storia del movimento psicoanalitico*, redatto nel 1914, lo stesso anno della stesura del caso dell'Uomo dei lupi: "Nella letteratura psicoanalitica odierna le confutazioni vengono prodotte secondo il principio della *pars pro toto* [...]. È così per l'attualità e la regressione in Jung e per i motivi egoistici in Adler". Come a dire che per Jung la sessualità infantile non è altro che una fantasia adulta che il soggetto proietta a ritroso e per Adler una manifestazione dell'aggressività. Così, sostiene Freud, "alla scomoda psicoanalisi vengono preclusi, con estrema facilità, i suoi tentativi rivoluzionari".[13]

3.2. Probabilmente, in queste affermazioni è possibile ricercare la ragione per cui Freud ha incentrato la propria analisi sulla nevrosi infantile, piuttosto che sulla situazione psicotica di quel paziente russo cui, in precedenza, era stato diagnosticato uno stato "maniaco-depressivo". Su questo punto, l'analista è chiaro sin dall'inizio:

[Il malato] fu classificato dall'autorità più competente come un caso di "alienazione mentale maniaco-depressiva". Questa diagnosi era sicuramente appropriata per il padre del pazien-

[11] UL, p. 183.
[12] UL, p. 49n.
[13] UL, pp. 145-47.

te, la cui vita [...] era stata disturbata da ripetute crisi di depressione grave. Ma nel figlio [...] non ho potuto rilevare alcun mutamento di stato d'animo che [...] si situasse fuori della situazione psichica visibile. Mi sono fatto l'idea che questo caso, come molti altri che dalla psichiatria clinica vengono documentati con diagnosi molteplici e variabili, sia da considerare come stato conseguente a una nevrosi ossessiva a decorso spontaneo, e non perfettamente guarita.[14]

Simile diagnosi, nonostante gli sconvolgimenti della vita di Pankëev, verrà confermata in *Inibizione, sintomo e angoscia* (1925) e in *Analisi terminabile e interminabile* (1937). In quest'ultimo testo, tuttavia, compare un sospetto. Riferendosi agli anni successivi al primo trattamento dell'Uomo dei lupi, Freud annota:

Il suo benessere è stato interrotto da attacchi di malattia che potevano essere compresi solo come propaggini della sua nevrosi di vita. L'abilità di una delle mie allieve, la dottoressa Ruth Mack Brunswick, ha posto ogni volta fine a queste situazioni con un breve trattamento [...]. In alcuni di questi attacchi erano ancora sempre operative scorte residue di transfert; nonostante la loro fugacità, mostravano chiaramente un carattere paranoico.[15]

Una valutazione che, seppur tardiva, richiama espressamente la diagnosi formulata da Ruth Mack Brunswick – "paranoia a carattere ipocondriaco" – e permette di valutare in prospettiva la medesima descrizione che Freud aveva fatto della personalità psichica di Pankëev:

La tenacia della fissazione [...]; lo straordinario sviluppo della tendenza all'ambivalenza; e, come terzo tratto di una costituzione che può definirsi arcaica, la capacità di mantenere in funzione gli uni accanto agli altri i più svariati e contraddittori investimenti libidici.[16]

[14] UL, p. 51.
[15] S. FREUD, *Die endliche und enendliche Analyse*, cit., pp. 61-62.
[16] UL, p. 281.

Sebbene il trattamento analitico non abbia determinato con chiarezza l'influenza di tali elementi sulla vita del paziente, la loro stessa considerazione, quasi in chiusura del lavoro, può far pensare che Freud disponesse, fin da quegli anni, degli strumenti diagnostici per una diversa comprensione del caso. Il fatto che abbia atteso il 1937 per sollevare un dubbio indica allora che la polemica con i dissidenti e gli interessi teorici erano talmente predominanti da indurlo a una sorta di non volerne sapere rispetto alle proprie intuizioni cliniche. Distorsioni e omissioni acquistano senso; in particolare, il velo di silenzio che Freud ha steso su quanto accadde durante la prima seduta con l'Uomo dei lupi: "[perché] ebreo e imbroglione", confessa a Ferenczi, in una lettera pubblicata di recente, "vorrebbe prendermi da dietro e cacarmi in testa".[17]

Il drammatico inizio del trattamento scompare sintomaticamente dalla redazione freudiana e offre l'occasione per una riconsiderazione critica del suo operato. Nevrosi o psicosi, o piuttosto una patologia *borderline*?

Sulla base delle informazioni disponibili, numerosi autori hanno fornito svariate interpretazioni dei cosiddetti "errori" di Freud. Non solo la diagnosi poteva essere formulata con più attenzione, ma anche la tecnica mostra delle pecche, e gli esiti terapeutici della conduzione della cura lasciano alquanto a desiderare... se il paziente non è effettivamente guarito.[18]

[17] Nella lettera a Ferenczi del 13 febbraio 1910, Freud scrive: "Un giovane russo, molto ricco, che ho preso in cura per una passione amorosa ossessiva, mi ha confessato dopo la prima seduta i seguenti transfert: quell'ebreo imbroglione vorrebbe prendermi da dietro e cacarmi in testa" (S. Freud - S. Ferenczi, *Lettere [1908-1914]*, vol. 1, Raffaello Cortina Editore, Milano 1993, p. 145); in merito ai materiali relativi alla prima seduta con il futuro *Wolfmann*, cfr. E. Jones, *Vita e opere di Sigmund Freud*, cit., vol. 2, p. 337 e P. Gay, *Freud*, cit., p. 259.

[18] Un esauriente resoconto delle questioni cliniche inerenti al caso dell'Uomo dei lupi è fornito da F. Bassi, *Note sul caso clinico dell'Uomo dei lupi*, in "Psicoterapia e Scienze Umane", XXVI, 1, pp. 42 sgg., 1992, che presenta anche un'aggiornata bibliografia sull'argomento. Merita tuttavia segnalare a questo proposito le testimonianze degli analizzati da Freud, riferite in AA.VV., *Il divano di Freud*, Pratiche, a cura di L. Albano, Parma 1987, e le osservazioni sulla conduzione freudiana della cura di J. Cremerius, *Il mestiere dell'analista*, Boringhieri, Torino 1985.

Ma basta questo per autorizzare gli analisti ad ascoltare personalmente l'Uomo dei lupi? E a farlo proprio a partire dal quadro clinico lasciato da Freud? Probabilmente si tratta di una forma di misconoscimento che, in nome di una presunta "correttezza", fraintende l'autentica portata del caso, quella che concerne la realtà stessa della situazione analitica e chiama in causa un Edipo mai del tutto analizzato.

4. *Il sogno e la scena originaria*

4.1. Alla base del sogno dei lupi,[19] vi sono alcuni elementi contingenti che Freud richiama subito prima di dar corso alla propria lettura:

> Tengo a sottolineare che questa interpretazione è stata un compito per la cui soluzione ci sono voluti diversi anni. Il paziente aveva riferito il sogno molto presto e quasi subito accettato la mia convinzione che vi si nascondesse la causa della sua nevrosi infantile.[20]

La malattia infantile si è originata a partire da una causa che l'analista sarà capace di individuare. Pankëev ne è certo. Collabora e sottolinea tutto quello che gli è rimasto impresso nella memoria. Soprattutto il senso di realtà che il sogno ha conservato nei suoi ricordi. Tale impressione permette a Freud di concludere:

> Le esperienze di interpretazione dei sogni ci insegnano che a questo senso di realtà spetta un significato ben preciso. Ci as-

[19] "Ho sognato che è notte e sono nel mio letto (i piedi del letto erano dalla parte della finestra; davanti alla finestra c'era un filare di vecchi noci. So di aver fatto questo sogno una notte d'inverno). Improvvisamente la finestra si apre da sola e con grande spavento vedo che sul grosso noce davanti alla finestra sono seduti alcuni lupi bianchi. Erano sei o sette esemplari. I lupi erano completamente bianchi e sembravano piuttosto volpi o cani da pastore, perché avevano la coda grossa come le volpi e le orecchie ritte come fanno i cani quando prestano attenzione a qualcosa. Preso dall'angoscia, evidentemente, di esser divorato dai lupi, urlai e mi svegliai" (UL, p. 95).

[20] UL, p. 103

sicura che nel materiale latente del sogno qualche elemento ricordato eleva pretese sulla realtà, quindi che il sogno si riferisce non a un evento fantasticato, ma a un evento accaduto realmente. Si tratta, ovviamente, della realtà di qualcosa di ignoto [...]. Se bisognava supporre che il contenuto del sogno nascondesse l'esistenza di una scena sconosciuta, cioè già dimenticata all'epoca in cui è avvenuto il sogno, allora doveva essere accaduta in un'epoca remota.[21]

Il compito dell'interpretazione consiste quindi nella determinazione del momento in cui tale evento si sarebbe verificato e nella successiva articolazione dello scarto temporale tra quest'ultimo e la data del sogno. L'Uomo dei lupi sostiene che esso è da collocarsi intorno al suo quarto compleanno, allora la scena sconosciuta deve essere fatta risalire a un'epoca assai più lontana, quella delle fasi primordiali della vita psichica verso cui la psicoanalisi, in questo stesso caso, cerca di avventurarsi. Rispetto a simili distanze, non è possibile attendersi ricordi o altri atteggiamenti che ne comprovino l'esistenza. Eppure Freud ne parla come qualcosa di reale, effettivamente accaduto, sebbene dimenticato e ancora sconosciuto. Lo sostiene la convinzione che l'interpretazione del sogno, se correttamente eseguita, non può che giungere all'individuazione di quell'episodio da cui trae senso l'intera storia della malattia infantile, fornendone una precisa testimonianza storica. Sostiene infatti:

> Supponiamo per ipotesi che una simile scena originaria sia stata sviluppata in modo tecnicamente corretto, che sia indispensabile per la soluzione riassuntiva di tutti gli enigmi posti dalla sintomatologia della malattia infantile, che da essa si irradino tutte le conseguenze così come tutti i fili dell'analisi che hanno condotto a essa, allora, tenendo conto del suo contenuto, è impossibile che sia qualcosa di diverso dalla riproduzione di una realtà vissuta dal bambino.[22]

[21] UL, pp. 103-105.
[22] UL, pp. 149-151.

4.2. La tecnica analitica è chiamata a garantire l'elaborazione metapsicologica che aveva già tracciato le linee di sviluppo della nevrosi infantile; non solo, ma riferendosi a *L'interpretazione dei sogni*, Freud stabilisce anche un'equazione tra "sognare" e "ricordare" che gli consente di approdare a una base certa come sostegno per la tesi della realtà di simili scene originarie.

> Io però non penso che queste scene, siccome non ritornano sotto forma di ricordo, debbano per forza essere delle fantasie. Se, come avviene nel nostro caso, sono sostituite da sogni che, analizzati, riconducono inesorabilmente alla stessa scena e ne riproducono ogni parte del contenuto, rielaborandola instancabilmente, questo mi pare che possa equivalere al ricordo. *Comunque anche sognare è un ricordare*, per quanto condizionato dall'ora notturna e dalla forma onirica. Che queste scene originarie si ripresentino nei sogni lo spiego con il fatto che nel paziente stesso si forma gradualmente una ferma convinzione della loro realtà, una convinzione in nulla inferiore a quella che si fonda sul ricordo.[23]

Conoscendo le regole che presiedono alla formazione onirica, l'analista è in grado di cogliere quanto si cela dietro al sogno dei lupi e di recuperare un "ricordo" altrimenti inattingibile. Diviene così possibile mostrare la scena deformata e stabilire la precisa datazione dell'evento:

> In quella notte era emersa [...] l'immagine di un coito tra i genitori avvenuto in circostanze non del tutto usuali e particolarmente favorevoli all'osservazione [...]. Fu accertata l'età del bambino all'epoca dell'osservazione: aveva circa un anno e mezzo [...]. Dunque il bambino aveva dormito nel suo lettino in camera dei genitori, svegliandosi [...] nel pomeriggio [...]. Poteva essere una calda giornata estiva e non è così fuori luogo supporre che i genitori, semisvestiti, si fossero ritirati per un sonnellino pomeridiano. Quando si svegliò, divenne testimone di un *coitus a tergo* ripetuto tre volte, poté vedere sia

[23] UL, pp. 141-143 (corsivi miei).

l'organo genitale della madre sia il membro del padre, comprendendo l'atto e il suo significato.[24]

Come accennato, al momento del sogno subentra l'angoscia quale trasformazione successiva di una simile comprensione precoce; e ciò, secondo Freud, è da intendersi in relazione alle esplorazioni infantili, a quelle indagini che il bambino compie nel tentativo di trovare una risposta agli enigmi che gli propone la castrazione, in quanto discriminante rispetto al suo desiderio sessuale.

Vengono così richiamati alcuni episodi dell'infanzia di Sergej che permettono di configurare il processo di trasformazione avvenuto nel sogno. All'età di due anni e mezzo il piccolo osserva una giovane donna inginocchiata a lavare il pavimento; la sua posizione riproduce quella della madre nella scena originaria. Segue la seduzione da parte della sorella e il cambiamento di carattere. Dai tre anni e mezzo ai quattro, per l'Uomo dei lupi viene a costituirsi un mondo simbolico, particolarmente allusivo, che prepara l'avvento del sogno; le fiabe raccontate dal nonno, insieme ad alcune esperienze dirette, chiamano in causa il lupo come oggetto fobico[25] nonché una serie di particolari che sembrano rappresentare la base stessa della costruzione onirica: code mozzate, bastoni, animali, ecc..

Tuttavia, pur trattandosi di episodi contingenti, questi dati assumono significato solo in relazione alla scena del coito, e ne producono l'attivazione, deformata, nel sogno dei lupi:

> L'attivazione di questa scena (evito di proposito il termine "rammemorazione") ha prodotto lo stesso effetto che avrebbe prodotto se fosse stata un'esperienza recente. La scena agisce in un secondo tempo, e intanto, nell'intervallo tra l'anno e mezzo e i quattro, non ha perso niente della propria fre-

[24] UL, pp. 111-113.

[25] Per una discussione in merito alle teorie sessuali infantili e alla costituzione dell'oggetto fobico, mi permetto di rinviare alla mia *Introduzione* al caso de *Il piccolo Hans*, Feltrinelli, Milano 1994.

schezza [...]. [Ha] esercitato determinati effetti già dal momento in cui è stata osservata, cioè dall'anno e mezzo in poi.[26]

4.3. Il modello dell'analisi sembra quindi articolarsi secondo una serie casuale. La scena originaria, dimenticata, ne è il primo momento, presente comunque nell'inconscio del soggetto, che rende necessario il casuale e dà luogo alla formazione onirica in cui si attua la comprensione, differita, di un evento realmente accaduto che acquista così una nuova efficacia psichica e un ben diverso significato. Ma lo schema tiene fino a un certo punto. Infatti – e non si può non sottolinearlo – se non si fossero verificati gli episodi accennati in precedenza, forse, non avrebbe neanche potuto innescarsi attraverso il sogno il ricordo di un'immagine precedente, che sarebbe rimasta esclusa da ogni ulteriore elaborazione. Certo, la scena è da considerarsi come la causa del sogno, ma è anche un effetto, qualcosa che emerge e diviene individuabile in forza di dati meramente circostanziali, che avrebbero anche potuto non accadere. Il prima è, così, anche il dopo, e la questione dell'origine reale lascia il posto alla retorica del desiderio e del fantasma.

Forse – aggiunge Freud nel 1918 – quello che il bambino osservò non era un coito fra i genitori ma un coito tra animali, poi spostato sui genitori, come se avesse dedotto che anche i genitori non lo facevano diversamente [...]. Il trasferimento sui genitori [...] non si compì attraverso un procedimento argomentativo di tipo verbale, bensì ricercando nel ricordo una scena reale, in cui i genitori si trovassero insieme, che fosse possibile fondere con la situazione del coito. Tutti i particolari della scena riferiti nell'analisi del sogno possono essere riprodotti minuziosamente [...] ma... la scena era innocente. Il resto l'aveva aggiunto più tardi il desiderio, dettato dalla curiosità, di spiare anche il rapporto sessuale dei genitori [...] e la scena fantasticata sviluppò ora tutti gli effetti, che noi sulla sua base abbiamo riportato, come se fosse stata del tutto autentica [...].[27]

[26] UL, pp. 125-127.
[27] UL, pp. 155-157.

Grazie all'esperienza percettiva, il desiderio dispiega le proprie figure e giunge a trasformare una scena innocente in una fantasia traumatica. Le scene infantili possono essere acquisite in forza di dinamiche personali, ma sono anche, indubitabilmente, patrimonio filogenetico:

> Schemi filogenetici innati che, come le categorie filosofiche, presiedono alla classificazione delle impressioni empiriche. Sono propenso a credere che si tratti di precipitati della storia della civiltà umana [...]. Se le esperienze individuali non si adattano a questo schema viene compiuta una loro rielaborazione fantastica.[28]

La fantasia, al di là della storia effettiva, seleziona e rielabora i dati, per approdare a quelle scene che costituiscono la soluzione rappresentativa dei grandi enigmi della vita: la nascita, il sorgere della sessualità, la differenza tra i sessi.

Comunque sia, la scena originaria si situa al principio. La questione che solleva è come lasciata in sospeso; e così, la sentenza finale di Freud recita: "Ho l'intenzione di concludere la discussione sul valore reale delle scene originarie con un *non liquet*".[29]

5. *"La cosa non riveste una grande importanza"*

5.1. Fantasia o realtà, le cose non cambiano. Qual è allora il senso del grande sforzo dimostrativo dell'intera stesura del caso?

L'ipotesi più probabile, sottoscritta da diversi autori, sostiene che il vero scopo di Freud era quello di ottenere il convincimento del lettore riguardo alla validità delle proprie tesi, affidandosi a strumenti di persuasione di tipo re-

[28] UL, p. 283.
[29] UL, p. 159.

torico.[30] Piuttosto che ricostruire, Freud inventerebbe, dando vita a dei racconti che prendono campo grazie all'utilizzazione di specifiche tecniche letterarie – la suspense, il colpo di scena, l'epilogo ecc.

Le psicoanalisi freudiane sarebbero così fondate sul terreno instabile di una fantasia narrativa che si rivela irregimentabile da parte dei medesimi criteri che definiscono la scientificità di una disciplina: verificabilità o falsificabilità a partire dalla sperimentazione e dal valore di previsione delle conclusioni... L'analisi, nel momento stesso in cui si rivolge al proprio oggetto clinico, diviene letteratura, e abbandona lo studio professionale per sedurre critici e filologi.

Tuttavia, anche una seduzione di questo tipo può aiutare a comprendere qualcosa di quanto accade all'interno della situazione psicoanalitica. Analizzare il testo di Freud con gli strumenti della critica letteraria non significa, infatti, fornirne soltanto una valutazione estetica in rapporto alle proprie capacità persuasive, ma operare anche una sorta di discriminazione che concerne il rapporto problematico tra elementi narrativi e non narrativi; ovvero, in termini narratologici, tra *fabula* (l'insieme degli avvenimenti nella loro cronologia) e *sujet* (l'intreccio degli stessi nel discorso narrativo). Si tratta cioè di interrogare la relazione che intercorre tra i fatti accertati, accaduti nella vita del soggetto, e la loro manifestazione narrativa nel resoconto analitico.[31]

Dopo aver esposto la tesi della "fantasia originaria", Freud si chiede:

> Se disponevo di argomenti tali da consentire questa interpretazione della "scena originaria", come ho potuto difen-

[30] Su quest'aspetto della elaborazione freudiana cfr., oltre al già menzionato articolo di F. SULLOWAY (1992), i lavori di P. MAHONY, *Lo scrittore Sigmund Freud*, Marietti, Genova 1992 e di S. FISH, *Doing what comes naturally*, Duke University Press, Durham 1989.

[31] In merito alla distinzione tra *fabula* e *sujet* cfr. C. SEGRE, *Le strutture e il tempo*, Einaudi, Torino 1974, pp. 14 sgg. L'analisi narratologica della scena dell'Uomo dei lupi è stata condotta da P. BROOKS, *The reading of the plot*, Knopf, New York 1984 e da J. CULLER, *The pursuit of signs*, Cornell University Press, Ithaca 1981.

derne la iniziale sostituzione con un'altra, all'apparenza così assurda?[32]

Il lettore dovrebbe sospettare, non solo per l'ammissione dell'analista, ma soprattutto perché, in questa domanda, sembra risiedere l'intera posta del caso. Freud è davvero riuscito a individuare l'evento decisivo nella storia della nevrosi? O, comunque vadano le cose, la fantasia sarà sempre capace di trasformare gli avvenimenti secondo la retorica che le è propria?

La psicoanalisi non vuole essere semplicemente finzione letteraria, e richiede una comprensione che la chiama in causa nel suo stesso rapporto con la realtà, all'interno di quella dimensione, innanzitutto etica, che ne definisce la portata operativa. Ed è in tal senso che l'istanza referenziale promuove un accertamento che può fungere da paradigma. Se l'evento è reale, se cioè il piccolo Sergej è stato testimone precoce di un coito tra i propri genitori, ciò può servire da monito nei confronti di atteggiamenti poco convenienti, da evitare in presenza dei bambini; ovvero, qualunque sia il comportamento degli adulti, le precauzioni che possono prendere, la fantasia finirà in ogni caso per dar luogo a un trauma – secondo una scansione che sembra richiamare, a distanza di anni, i problemi relativi a quella "teoria della seduzione" che Freud aveva abbandonato intorno al 1897, sotto la spinta delle nuove idee in merito alla sessualità infantile.

È possibile allora pronunciarsi riguardo alla consistenza di quell'evento che viene nominato come "scena originaria"?

5.2. L'esame narratologico si muove sulla partizione critica precedentemente delineata e distingue, rispetto a un'unica sequenza, due logiche narrative opposte: la priorità degli eventi Vs. la produzione degli stessi da parte delle strutture della significazione.

[32] UL, p. 159.

> Se, per un verso, si opta per la produzione dell'evento da parte delle forze della significazione, diviene evidente che la fantasia originaria [...] diviene efficace soltanto se l'evento immaginato funziona, per il bambino di quattro anni, come un evento reale del suo passato. Se, per altro verso, si opta per la realtà della scena originaria, si può osservare che l'evento non avrebbe avuto le disastrose conseguenze che ebbe, se le strutture della significazione (che l'hanno trasformato in trauma) [...] non si fossero mostrate assolutamente confacenti alla sua stessa struttura, e tali da renderlo [...] necessario [...]. Per quanto prossimi possano essere questi due resoconti [...], la differenza tra un evento del *plot* e un evento immaginario è *irriducibile*.[33]

Dal punto di vista della narratologia, il testo di Freud, pur giocando su un'alternativa, approda a due narrazioni affatto simili; e, si potrebbe concludere, non è in grado di decidere rispetto a ciò che ha effettivamente dato origine alla nevrosi. Ma, "la cosa non riveste una grande importanza"...

Infatti, l'evento è indecidibile se, muovendo dal sogno come dato esperienziale, si riscontra che le modalità significative della sua produzione sono contraddittorie; ma sembrano esserlo, sostiene Freud, in forza della logica dei "processi secondari" che è sempre opportuno distinguere da quella dei "processi primari", pena un profondo disorientamento. In tal senso, la mancata determinazione freudiana pare far cenno verso un'altra modalità del significare, irriducibile a quelle procedure, che concerne il rapporto tra gli stessi sistemi psichici come ordini distinti. Così, se la grande costruzione analitica indica che all'origine c'è una scena, fedelmente conservata nell'inconscio, che è a un tempo condizione e prodotto di strutture significative, allude anche a qualcosa che ha la consistenza "ambigua" di una realtà che può dirsi tale solo in relazione alla fantasia,

[33] J. CULLER, *The pursuit of signs*, cit., p. 180. Per un commento, in prospettiva psicoanalitica, dell'analisi narratologica mi permetto di rinviare a P. ORVIETO - M. AJAZZI MANCINI, *Tra Jung e Freud. Psicoanalisi, letteratura e fantasia*, Le Lettere, Firenze 1991, pp. 258 sgg.

e cioè, come afferma Freud, di un "evento la cui realtà risaltasse proprio in contrasto con l'irrealtà".[34]

Che all'evento della scena originaria si debba allora dare il nome di "realtà psichica"? Di quella realtà che concerne desideri, fantasmi, pulsioni nella loro espressione "ultima e più vera"? – come sostiene *L'interpretazione dei sogni*.[35] Qualcosa che ha a che fare con l'inconscio, e che, mostrandosi all'interno della situazione analitica, fa saltare ogni punto di ancoraggio, per cui è davvero difficile parlarne, narrarne, ovvero serbarne memoria, benché al suo mostrarsi possa sembrare indimenticabile.

6. *"Ho sempre ritenuto che il ricordo potesse giungermi. Ma non accadde mai"*

6.1. "Nella mia storia," dice Sergej Pankëev alla Obholzer, "cos'è spiegato dai sogni? Niente, per quanto ne so. Freud riporta ogni cosa alla scena originaria che ha dedotto dal sogno. Ma la scena non è nel sogno [...]. Tra la scena del sogno e la sua interpretazione c'è una distanza enorme. Non so, ma mi sembra un po' tirato per i capelli."

L'uomo dei lupi non ricorda. Probabilmente, fin dal 1914 è stato turbato dal fatto che la scena di Freud non comparisse nel suo sogno. "Ho sempre ritenuto che il ricordo potesse giungermi. Ma non accadde mai." Meglio quindi attenersi alla "seduzione" da parte della sorella, la cui scena non è certo una fantasia. "Qui c'è del ricordo. Non è una finzione, un'inferenza, una costruzione."[36]

A distanza di molti anni, Sergej Pankëev sembra riba-

[34] UL, p. 105.

[35] "Quando si ha a che fare con i desideri inconsci, portati alla loro espressione ultima e più vera, si deve dire che la *realtà psichica* è una specifica forma di esistenza che non deve essere confusa con la realtà *materiale*" (S. FREUD, *Die Traumdeutung*, in G.W., II-III, p. 265, tr. it. *L'interpretazione dei sogni*, in *Opere*, 3).

[36] K. OBHOLZER, *The Wolf-Man: conversations with Freud's patient - Sixty years later*, Continuum Book, New York 1982, pp. 35-36.

dire quanto era accaduto nel corso dell'analisi con Freud. Non è in grado, come non lo sarà in seguito, di ricordare la "sua" scena originaria. Ma l'analista, già dalla prima redazione del caso, s'impegna a fare in modo che questa "resistenza" venga superata.

Infatti, se, come accennato, sognare è ricordare, non può sussistere differenza alcuna tra convinzioni prodotte dal ricordo e costruite durante il trattamento. Freud punta a una chiusura tematica e ritiene che, attraverso la propria elaborazione, possano prodursi effetti terapeutici validi e duraturi. Il suo compito è così quello di individuare un particolare meccanismo di repressione che sia tale da spiegare il fallimento del ricordo, da parte del paziente, rispetto alla reintegrazione soggettiva della scena originaria.

Dalla scena originaria non è scaturita "un'unica tendenza sessuale, ma un'intera serie di tendenze, precisamente una frantumazione della libido",[37] che ha improntato il corso dell'esistenza di Pankëev secondo un "modello" di identificazioni sessuali multiple. Che sia realtà o fantasia, testimonianza o costruzione, nella scena sembra essere contenuta una gamma di possibilità che permangono attive anche quando è stata riconosciuta la "realtà" della castrazione. Pertanto ciò che può apparire, inizialmente, come una "contraddizione" (la coesistenza dell'angoscia di castrazione accanto all'identificazione con la donna in forza di un complesso anale), lo è solo "logicamente", in quanto rappresenta una modalità specifica di quel lavoro inconscio, così caratteristico di questo paziente, che opera a impedire l'articolazione relazionale della differenza. Il "rigetto" (*Verwerfung*)[38] è il meccanismo che presiede a tale ope-

[37] UL, p. 125.

[38] Laplanche e Pontalis scrivono che il termine *Verwerfung*, espresso nella traduzione italiana dell'*Enciclopedia* con *preclusione* (dal francese *forclusion*), è utilizzato da Freud con accezioni abbastanza diverse: "a) nel senso generico di un rifiuto [...]; b) nel senso di un rigetto sotto forma di giudizio cosciente di condanna", e infine, nel senso di una sorta di non volerne sapere rispetto a una rappresentazione intollerabile che l'Io rigetta, assieme all'affetto, e si comporta come se essa non fosse mai giunta alla coscienza. In quest'ultima accezione, la *Verwerfung* è stata tematizzata da

razione e sbarra l'accesso alla scena in cui è avvenuta la frammentazione della libido. L'intero processo del sogno è mantenuto nella rimozione e sottratto a ogni eventuale elaborazione da parte della coscienza:

> La presa di posizione iniziale del nostro paziente sul problema della castrazione ci è già nota. La rigettò, attenendosi al punto di vista del rapporto anale. Ho usato intenzionalmente la parola rigetto, perché non ne volle saper niente nel senso che ne operò la rimozione. Non espresse alcun giudizio sulla sua esistenza, ma fece semplicemente come se non esistesse.

Per questo, prosegue Freud, è così difficile spiegare il suo caso e cogliere le dinamiche psichiche che lo caratterizzano:

> Inizialmente aveva opposto resistenza, poi aveva ceduto, ma l'una reazione non aveva abolito l'altra. Alla fine coesistevano in lui due correnti opposte, una delle quali aborriva la castrazione, l'altra era disposta ad accettarla, consolandosi con la femminilità come surrogato. La terza, più antica e profonda, che aveva semplicemente respinto la castrazione senza nemmeno prendere in considerazione il problema della sua realtà, di sicuro restava ancora potenzialmente attiva.[39]

Il passo mostra che Freud sta cercando di razionalizzare l'incapacità dell'Uomo dei lupi a determinarsi rispetto a

J. Lacan nel tentativo di definire un meccanismo di difesa specifico della psicosi: "Esso consisterebbe in un rigetto primordiale di un 'significante' fondamentale [...] fuori dall'universo simbolico del soggetto. La preclusione si distinguerebbe dalla rimozione per due aspetti: 1) i significanti preclusi non sono integrati nell'inconscio del soggetto; 2) essi non ritornano 'dall'interno' ma in seno al reale, specialmente nel fenomeno allucinatorio" (*Enciclopedia della psicanalisi*, cit., pp. 293-95). Per l'elaborazione di J. Lacan si vedano i lavori: *Una questione preliminare a ogni possibile trattamento della psicosi* e *Commento parlato sulla "Verneigung" di Freud di Jean Hyppolite*, in *Scritti*, Einaudi, Torino 1974, rispettivamente pp. 527 sgg. e 885 sgg. In merito all'operatività di questo meccanismo nel caso dell'Uomo dei lupi, cfr. l'interessante articolo di E. PERRELLA, *Nevrosi e psicosi. L'Uomo dei lupi*, in "La Psicoanalisi", 7, 1990, pp. 121-145.

[39] UL, pp. 211-213.

una precisa identificazione sessuale, o meglio a pronunciarsi in merito alla consistenza di un evento significativo che gli avrebbe consentito di risolvere positivamente quel conflitto che dà luogo all'ambivalenza. Il processo che gli permetterebbe di comprendere è come bloccato nell'inconscio, e non c'è possibilità, a causa del "rigetto", di attingere al ricordo dello stesso. Il fallimento della memoria viene così interpretato in funzione di un meccanismo – affatto diverso dalla rimozione dinamica[40] – che crea, all'origine, una sorta di scarto, di scollatura, e dà conto, clinicamente, sia della molteplicità delle identificazioni sessuali sia della impossibilità di ricordare quanto e che cosa è avvenuto all'interno della scena originaria.

6.2. Tuttavia, proprio a partire da questa razionalizzazione sembra possibile affermare che simile scena non sia da collocarsi effettivamente nel passato, ma all'interno delle sue stesse ripetizioni, non tanto nella trasformazione successiva dei modelli genitoriali, rispetto all'angoscia e al desiderio, quanto piuttosto in una modalità dell'accadere che, nella ripetizione stessa, pare concernere la "prima volta". Si tratta, infatti, dell'agire del paziente, del suo mettere in atto, che dà luogo a quanto non ha potuto trovar luogo nel corso della cura. Freud l'aveva colto fin dal caso di Dora, quando, a proposito del transfert, afferma che la nevrosi, bloccata dalla terapia nella produzione dei sintomi, non ha perso niente della propria produttività, anzi si esercita creando un particolare tipo di formazioni mentali "inconsce" che possono trasferirsi sull'analista.[41] Sono esperienze psichiche rimaste fuori circuito che irrompono nello spazio dell'analisi, invadendone e delimitandone realmente il campo, in una maniera che si rivela irregimenta-

[40] Per Freud la rimozione è dinamica in quanto concerne il rapporto tra desiderio e interdetto, e suppone una sorta di comunicazione tra inconscio e coscienza, nella misura del ritorno del rimosso come "formazione di compromesso": sogni, sintomi, lapsus ecc..

[41] Cfr. S. Freud, *Bruchstück einer Hysterie-Analyse*, in G.W., v, p. 279, tr. it. *Frammento di un'analisi di isteria (Caso clinico di Dora)*, in O, 4.

bile anche per la scansione regolata delle sedute. È qui che la ripetizione insiste come "un modo di ricordare"[42] qualcosa di cui non c'è propriamente memoria, perché si mostra al presente in tutta la sua estraneità di comportamenti, passioni, simbolizzazioni. La scena di questo accadere è, in tal senso, davvero originaria. E di fronte a essa l'analista non ha risposte o domande da fare. Per scendere a patti dispone soltanto della possibilità di lasciarsi incontrare, perché l'altro, nell'estraneità della sua realtà psichica, possa abitarlo come qualcosa che gli appartiene. Solo se l'analista è là assicura con la sua presenza quel legame che permette il trasferimento, questo transfert straordinario che non gli concede di sapere o anticipare alcunché e che, al di là dell'odio o dell'amore, definisce il campo di un avvenimento che non poteva darsi altrove.

7. *Un incontro mancato avvenuto*

Fin dal 1910 il destino di Sergej Pankëev è legato a quello della storia del movimento psicoanalitico. Ma il suo rapporto con Freud, e probabilmente anche con gli altri analisti, sembra non essere stato risolutivo. C'è come una sorta di chiusura reciproca che punta a mantenere una posizione di autorità soggettiva: l'interpretazione del sogno dei lupi fa cenno verso una scena chiave che il paziente non riesce a ricordare. La differenza tra convincimento e rammemorazione non può essere soppressa e lascia aperto lo spazio per una lettura critica. Freud ha commesso degli errori. La sua storia di una nevrosi infantile non rende del tutto comprensibile il comportamento attuale di quella persona che continua a presentare tracce di atteggiamenti psicotici, anche dopo la fine del trattamento. Eppure in quell'analisi sembra essere accaduto anche qualcos'altro, qualcosa che il testo della redazione non riporta perché non se

[42] Cfr. S. FREUD, *Erinneren, wiederholen, durcharbeiten*, in G.W., X, p. 130, tr. it. *Ricordare, ripetere, rielaborare*, in O, 7.

ne dà ricordo come reintegrazione. L'incontro avvenuto nel transfert – scena originaria tra Freud e l'Uomo dei lupi – non si trasferisce all'interno della narrazione del caso, ma pare depositarsi altrove, nel luogo di una memoria inaccessibile. I ricordi di tali avvenimenti ci sono – dirà Freud in *Inibizione, sintomo e angoscia* – solo che sono stati sottoposti al processo dell'"isolamento" e al procedimento del "rendere non avvenuto".[43] L'evento prodotto dalla situazione analitica resta come isolato. Non passa puntualmente da una rappresentazione all'altra, perché la sua scena è quella di un completo cambiamento "come quando uno spettacolo è interrotto dall'improvviso sopraggiungere di una realtà, press'a poco come quando durante una rappresentazione teatrale si leva l'allarme per un incendio".[44]

Così, se l'incontro "reale" con la realtà psichica dell'altro resta inaccessibile al ricordo è forse perché – suggerisce Freud – in esso viene a giocarsi una diversa partita con la memoria che la chiama in causa come fedeltà; la memoria fedele è allora quella che non assume in sé, non interiorizza nell'elaborazione, ma lascia all'altro la propria alterità, riconoscendosi incapace di farlo proprio. Un corpo estraneo abita da sempre lo spazio dell'analisi. Freud lo aveva chiamato inizialmente transfert. Ma il suo nome può essere anche quello di Sergej Costantinovič Pankëev – *Wolfmann* – la cui presenza è attestata in più di un luogo della riflessione freudiana.[45] Così, si potrebbe affermare che proprio perché i conti con l'Uomo dei lupi sembrano non tornare,

[43] S. FREUD, *Hemmung, Symptom und Angst*, in G.W., XIV, p. 179, tr. it. *Inibizione, sintomo e angoscia*, in O, 10.

[44] S. FREUD, *Bemerkungen über Übertragungsliebe*, in G.W., X, p. 310, tr. it. *Osservazioni sull'amore di traslazione*, in O, 7. Su quest'aspetto di *realtà* dell'evento transferale, cfr. J.B. PONTALIS, *La forza di attrazione*, Laterza, Bari 1992, pp. 45 sgg.

[45] In merito alla presenza dell'Uomo dei lupi come "corpo estraneo" all'interno dello spazio storico e teorico della psicoanalisi freudiana, si vedano le riflessioni di N. ABRAHAM e M. TOROK, *Il Verbario dell'Uomo dei lupi*, preceduto da *F(u)ori*, di J. DERRIDA, a cura di M. AJAZZI MANCINI, Liguori, Napoli 1992. Su questo punto, mi permetto di rimandare al mio *La psicoanalisi, un libro e l'amicizia*, in "Simposio", 1, 1994, pp. 69-81.

l'opera di Freud ne serba fedelmente memoria, narra fedelmente la storia della sua relazione analitica, aprendo a una differente condizione di ricordo; quella per cui la rammemorazione non è più autopossesso, ritorno a sé nella presenza, ma una sorta di spossessamento, di perdita che indica al soggetto il proprio oltre. Questa memoria non sarà più rivolta al passato, a un passato che la narrazione può recuperare nelle sue linee essenziali, ma verso un avvenire in cui ciò che è più intimo all'esistenza di ognuno, ciò che costituisce l'esperienza stessa della realtà del suo desiderio, viene affidato al ricordo dell'altro che, fallendo, ne diviene testimonianza fedele.[46] Freud, e gli analisti dopo di lui, sembrano quindi essere depositari di un lascito che i pazienti offrono alla loro memoria, una sorta di testamento dall'esecuzione ineseguibile, in quanto assume la forma di un debito che non può essere saldato, né oblio né restaurazione, pena la scomparsa degli stessi contraenti.

[46] Sulla fedeltà della memoria come fallimento del ricordo che interiorizza si leggano le straordinarie pagine di J. DERRIDA nei suoi *Mémoires pour Paul de Man*, Galilée, Paris 1988.

Elenco delle opere citate nell'introduzione

AA.VV., *Freud and his patients*, a cura di M. Kanzer e J. Glenn, Aronson, New York 1980.

A.A VV., *Il divano di Freud*, a cura di L. Albano, Pratiche, Parma 1987.

AA.VV., *Il caso dell'uomo dei lupi*, a cura di M. Gardiner, Newton Campton, Roma 1974.

AA.VV., *Rappresentazioni e narrazioni*, a cura di M. Ammaniti e D. Stern, Laterza, Bari 1991.

N. ABRAHAM - M. TOROK, *Il Verbario dell'Uomo dei lupi*, preceduto da *F(u)ori* di J. Derrida, a cura di M. Ajazzi Mancini, Liguori, Napoli 1992.

M. AJAZZI MANCINI, *Figlio del padre. Note per uno studio dell'eroe freudiano*, in "Paradigma", 10, 1992, pp. 49-63.

M. AJAZZI MANCINI, *La psicoanalisi, un libro e l'amicizia*, in "Simposio", 1, 1994, pp. 69-81.

P.L. ASSOUN, *Introduzione all'epistemologia freudiana*, Theoria, Roma 1988.

F. BASSI, *Note sul caso clinico dell'Uomo dei lupi*, in "Psicoterapia e Scienze Umane", XXVI, 1, 1992, pp. 38-63.

P. BROOKS, *The reading of the plot*, Knopf, New York 1984.

R. CLARK, *Freud*, Rizzoli, Milano 1983.

J. CREMERIUS, *Il mestiere dell'analista*, Boringhieri, Torino 1985.

J. CULLER, *The pursuit of signs*, Cornell University Press, Ithaca 1981.

J. DERRIDA, *Mémoires pour Paul de Man*, Galilée, Paris 1988.

S. FISH, *Doing what comes naturally*, Duke University Press, Durham 1989.

S. FREUD - S. FERENCZI, *Lettere (1908-1914)*, vol. 1, Raffaello Cortina Editore, Milano 1993.

P. Gay, *Freud*, Bompiani, Milano 1988.
R. Holt, *Una perestrojka per la psicoanalisi: crisi e rinnovamento*, in "Psicoterapia e Scienze Umane", xxiv, 3, 1990, pp. 37-65.
G. Jervis, *Fondamenti di psicologia dinamica*, Feltrinelli, Milano 1993.
E. Jones, *Vita e opere di Sigmund Freud*, Garzanti, Milano 1977, 3 voll.
J. Lacan, *Scritti*, Einaudi, Torino 1974.
J. Laplanche - J.B. Pontalis, *Enciclopedia della psicanalisi*, Laterza, Bari 1984[3].
P. Mahony, *Lo scrittore Sigmund Freud*, Marietti, Genova 1992.
K. Obholzer, *The Wolf-Man: conversations with Freud's patient - Sixty years later*, Continuum Book, New York 1982.
P. Orvieto - M. Ajazzi Mancini, *Tra Jung e Freud. Psicoanalisi, letteratura e fantasia*, Le Lettere, Firenze 1991.
E. Perrella, *Nevrosi e psicosi. L'Uomo dei lupi*, in "La Psicoanalisi", 7, 1990, pp. 121-45.
J.B. Pontalis, *La forza di attrazione*, Laterza, Bari 1992.
M. Schur, *Il caso Freud*, Boringhieri, Torino 1976.
C. Segre, *Le strutture e il tempo*, Einaudi, Torino 1974.
P. Shafer, *L'atteggiamento analitico*, Feltrinelli, Milano 1984.
D. Spence, *Verità narrativa e verità storica*, Martinelli, Firenze 1987.
F. Sulloway, *Freud biologo della psiche*, Feltrinelli, Milano 1982. *Rivalutando i casi clinici di Freud: la costruzione sociale della psicoanalisi*, in "Psicoterapia e Scienze Umane", xxvi, 1, pp. 7-37, e 2, pp. 5-39, 1992.

Tradurre Freud

Nota alla seconda edizione dei casi clinici di Mario Ajazzi Mancini

> Sembra che dalla psicologia non si esigano progressi nel sapere, piuttosto qualche altra soddisfazione; le si fa rimproveri per ogni problema irrisolto, ogni incertezza confessata. Chi ama la scienza della vita dell'anima, dovrà accettare anche queste ingiustizie.
>
> SIGMUND FREUD

Nel 1931 Edoardo Weiss, medico triestino di formazione viennese, e membro dell'Associazione psicoanalitica internazionale dal 1913, diede luogo alla rifondazione della Società italiana di psicoanalisi, già nominalmente costituitasi nel 1925, per opera di Marco Levi Bianchini. Si trattava, tuttavia, soltanto di un gruppo di persone, semplicemente interessate alla disciplina freudiana, senza un'adeguata preparazione tecnica e scientifica. Weiss individuò una lista di nomi – tra cui corre l'obbligo ricordare Perotti, Servadio e Musatti – e propose a Freud la loro candidatura quali membri effettivi della Società, al fine di dar corso a un'organizzazione strutturata che ottenesse l'affiliazione da parte dell'Associazione internazionale.[1]

La nuova Società, ben presto formatasi, si trovò ad affrontare una serie di problemi, non solo di tipo organizzativo; primo tra tutti quello che riguardava lo statuto del linguaggio psicoanalitico, la costituzione di un lessico, legittimato dall'Associazione, che mettesse ordine nel caos terminologico che si era ingenerato a partire dalle prime traduzioni dei pionieri. Vennero così definite "scientificamente" quelle nozioni della dottrina freudiana che forniranno l'assunto di base al grande progetto editoriale com-

[1] Cfr. M. DAVID, *La psicoanalisi nella cultura italiana*, Boringhieri, Torino 1990, pp. 144-242, e C. MUSATTI, *Introduzione*, in S. FREUD, *Opere*, 12, Boringhieri, Torino 1967, pp. 7-15. Sulla figura e l'opera di Marco Levi Bianchini, cfr. AA.VV., *La psicoanalisi tra scienze umane e neuroscienze*, a cura di Rosario Conforti, Rubbettino, Catanzaro 2006, pp. 19-285, atti del convegno dal medesimo titolo svoltosi tra Salerno e Nocera Inferiore, dal 18 al 20 ottobre del 2001.

piuto da Boringhieri, adesso Bollati Boringhieri, per i tipi della propria casa editrice: la pubblicazione dei dodici volumi delle *Opere di Freud* (1967-1980), a cura di Cesare Musatti, con il corredo critico di James Strachey, l'editore della *Standard Edition* (1953-1974).[2]

La traduzione italiana delle *Opere di Sigmund Freud*,[3] com-

[2] Il riferimento a questa edizione, e al suo curatore, è inevitabile ogni qual volta è in gioco la traduzione del testo psicoanalitico. La *Standard Edition*, infatti, nonostante le molte critiche di cui stata oggetto, ha rappresentato l'edizione principe di Freud, non solo perché accreditata dall'approvazione del Professore, ma anche perché ha supplito alla mancanza di una edizione definitiva in lingua tedesca, impraticabile almeno fino al 2009, anno di scadenza dei diritti. Così, benché siano stati riconosciuti molti degli arbitri di Strachey, la completezza e l'apparato critico del suo lavoro continuano a essere un punto di riferimento per studiosi e traduttori, il canale principale per la trasmissione e l'insegnamento. Per comprendere la portata della *Standard Edition*, si potrebbe ricordare che gli analisti di madre lingua tedesca, emigrati negli Stati Uniti, fecero proprio il testo di Strachey, adottandolo nel loro lavoro di ricerca e didattica. Solo nei primi anni ottanta, B. Bettelheim si è interrogato sul significato di questa adozione che lo aveva personalmente coinvolto per decenni, giungendo a formulare giudizi e ipotesi di traduzione che aprono a un profondo ripensamento dell'edizione di Strachey (cfr. B. BETTELHEIM, *Freud e l'anima dell'uomo*, Feltrinelli, Milano 1983). Certo queste proposte, come hanno sostenuto alcuni autori che hanno trattato analiticamente il problema della traduzione, potrebbero, per il fatto stesso di essere "rivoluzionarie", generare "confusione", costringere il testo freudiano a una risignificazione al di là degli argini consolidati dell'abituale ricezione psicoanalitica (cfr. J. AMATI MEHLER, S. ARGENTIERI, J. CANESTRI, *La Babele dell'inconscio*, Raffaello Cortina Editore, Milano 2003[2], pp. 287-318). Ciò nonostante, in ambito anglosassone si è continuato a discutere in merito alla *Standard Edition*; ne è testimonianza il lavoro di D.G. Ornston, autore in proprio di numerosi saggi sulla traduzione e curatore di un ormai classico contributo, cfr. *Translating Freud*, Yale University Press, New Haven 1992. Per quanto concerne la Francia, è solo dal 1984 che A. Bourguignon, J. Laplanche e P. Cotet si sono adoperati in proprio ad approntare un'edizione completa delle opere di Freud, presso Presses Universitaires de France (PUF). Se i francesi si sono risolti piuttosto tardi a una pubblicazione di tal genere, gli spagnoli possono invece vantare una traduzione integrale di Freud fin dal 1948, per opera di Lòpez-Ballestreros (Biblioteca Nuova, Madrid). Ma la *Standard Edition* ha esercitato il proprio influsso anche in lingua castigliana; dal 1975 al 1981, in Argentina è stata pubblicata una nuova traduzione delle opere complete (Amorrortu, Buenos Aires), che si serve dell'apparato critico di Strachey.

[3] Nel 2005, sempre per i tipi di Bollati Boringhieri, sono comparsi due volumi – dei dieci annunciati – di un'integrale intitolata *Sigmund Freud. Testi e Contesti*, a cura di M. RANCHETTI, la cui specificità risiedeva nel proporre, accanto ai testi freudiani (in nuova e/o aggiornata traduzione), lavori dei collaboratori più stretti del Professore, lettere scelte, resoconti delle riunioni della società analitica, verbali delle relazioni di Freud ai congressi. Un tentativo, in

piuta sull'originale tedesco, segna una tappa importante rispetto all'impatto del pensiero freudiano nel nostro paese. Includendo una serie di inediti, scoperti dopo la pubblicazione della *Standard Edition*, si propone come un corpo unitario di scritti, ordinati cronologicamente, commentati e annotati, nonché successivamente integrati da complementi ed epistolari. Una sorta di "vocabolario", di "dizionario enciclopedico",[4] che consente la circolazione, il trasferimento di termini e concetti analitici dal campo strettamente psicologico ad altre aree quali la letteratura e la critica letteraria, la sociologia, il cinema, l'antropologia ecc. Si tratta di un passaggio culturale di grande portata, che indica come l'Associazione si sia fatta garante della trasmissione del sapere, assicurando pure identità al messaggio.

E allora, tradurre Freud? Quale necessità?

Da un lato, considerandolo un classico, ci si potrebbe appellare a Benjamin e sostenere che è proprio la traducibilità continua a essere il tratto preminente della consistenza e del valore di un'opera, tanto in ambito artistico quanto scientifico. Dall'altro, per non sostare sul banale aggiornamento al passo con i tempi, alle moderne scienze della traduzione, che la individuano come

breve, di ricostruire storicamente un'impresa culturale inedita, di testimoniare di una rivoluzione epistemica. In seguito a un "furiosa" polemica – simile a quella che ha accompagnato la prima edizione di questi casi clinici – in merito alla titolarità della traduzione e della legittimità degli aggiornamenti, l'editore ha ritirato i due volumi comparsi, vol. 3: *Scritti di metapsicologia (1915-1917)*, e vol. 5: *Sulla storia della psicoanalisi* – di cui l'attuale mercato non reca traccia.

[4] L'esigenza di regolazione e uniformità del vocabolario psicoanalitico è stata avvertita anche dalla Federazione europea di psicoanalisi, che ha approntato un *Glossario*, nelle quattro lingue ufficiali – tedesco, inglese, francese, spagnolo – sul modello della storica *Enciclopedia della psicoanalisi* di Laplanche e Pontalis (edizione originale PUF, Paris 1967, tr. it. Laterza, Bari, vol. I 2005[3], vol. II 2006[3]). Anche rispetto a quest'opera, la traduzione italiana compie un passo che sembra indicativo dello spirito che ha animato l'edizione delle *Opere di Sigmund Freud.* In origine si trattava di un *Vocabulaire de la psychanalyse*, di un lavoro destinato a repertoriare e a "chiarire la terminologia analitica", attraverso un commento che supera il semplice ambito della definizione, secondo il modello storico-critico inaugurato in Francia dal *Vocabulaire de la philosophie* di Lalande. Commento, citazione ed esperienza analitica degli autori non significano tuttavia esposizione sistematica di quella disciplina che si chiama psicoanalisi. Scopo del vocabolario è infatti la raccolta dei concetti, il loro ordinamento e la loro spiegazione in vista della costituzione di un corpo unitario, soggetto, come la lingua, a modificazioni; e non la delimitazione di un campo del sapere già amministrato da norme proprie, cui è sempre possibile far riferimento per governare i singoli casi.

strumento privilegiato per l'analisi dei testi – modalità di costituzione e tropologia.[5] Ripartendo quindi dall'originale – qui e per la prima volta riportato a fronte – per analizzarne funzionamento e struttura, al fine, sperabilmente, di rinvigorire quella "lettura freudiana" che, nella svolta istituzionale, pare essersi sedimentata in cliché e/o stereotipi, volgarizzati pure e con una certa sollecitudine da una manualistica pronta cassa.

Chiedersi come funziona un testo, per procedere poi a un "messa a dimora" in un'altra lingua, è operazione epistemica ed etica a un tempo. Equivale a indagare i modi in cui si è prodotto il passaggio dall'osservazione all'astrazione, dalla clinica alla metapsicologia. Freud ha più volte ribadito che le vicende di cui scrive hanno da leggersi come racconti o novelle, in quanto il fantasticare vi gioca una parte preminente, costituendone l'autentico potenziale "speculativo". La sua opera, pertanto, e nelle sue stesse intenzioni, presenta un duplicità affatto caratteristica: da un lato, "scienza della vita dell'anima", dall'altro, finzione teorica che utilizza modelli propri della letteratura, metafore, analogie, paragoni... Il motivo risiede probabilmente in una domanda: come organizzare un sapere – per non dire, come poterlo trasmettere? – intorno a un oggetto pressoché invisibile? Ovvero, com'è fatta questa "scienza della vita dell'anima"?

La risposta è nota. Prima della psicoanalisi, sogni, lapsus, arguzie, non meno dei sintomi, apparivano soltanto come curiose conformazioni senza senso; dopo Freud, dimorano nell'altra scena di un pensiero che sostiene e rappresenta un soggetto, che per lo più lo ignora. È spesso un inciampo, una svista o una distrazio-

[5] Sull'argomento, la bibliografia è pressoché sterminata. Si ricordano, tra gli altri, i lavori ormai classici di R. JAKOBSON, *Studi di linguistica generale*, Feltrinelli, Milano 1966; G. STEINER, *Dopo Babele*, Sansoni, Firenze 1984, e *Errata*, Garzanti, Milano 1998; F. APEL, *Il movimento del linguaggio. Una ricerca sul problema del tradurre*, Marcos y Marcos, Milano 1997; C. HAUGE, *L'uomo di parole*, Einaudi, Torino 1983; e, relativamente alla traduzione poetica, Y. BONNEFOY, *La comunità dei traduttori*, Sellerio, Palermo 2000, la cui pratica del "leggere scrivente" ha fatto scuola. In ambito psicoanalitico nostrano, dove ha prevalso per lo più l'orientamento anglosassone, manca una trattazione specifica del problema; si può fare riferimento, oltre che al giù menzionato *La Babele dell'inconscio*, ai lavori, in certo qual modo pionieristici rispetto a una "psicoanalisi in lingua italiana", di M. FOCCHI, *La lingua indiscreta*, Franco Angeli, Milano 1985, e *L'oggetto immemore*, Franco Angeli, Milano 1987, nonché allo straordinario contributo di teoria della traduzione, presente all'interno stesso del testo freudiano, fornito da N. ABRAHAM e M. TOROK, *Il Verbario dell'Uomo dei lupi*, preceduto da *F(u)ori* di J. DERRIDA, a cura di M. Ajazzi Mancini, Liguori, Napoli 1992 (edizione originale, Aubier Flammarion, Paris 1976).

ne, a rivelargli quanto sa di sé, nella forma di una teoria di cui fruisce senza sapere. Teoria sovente enigmatica che l'anticipa – che fa problema – pur essendo elaborata al fine di venire a capo di questioni tanto micidiali da decidere della sua sorte, del suo rapporto con gli altri, della sua gioia come del suo dolore. Perché, per risolvere il mistero della propria posizione nel mondo, questo soggetto – che potremmo chiamare freudiano – opera con il linguaggio, monta frammenti di parole, di rappresentazioni, produce modelli e schemi di comportamento, di cui talvolta è vittima.

Per ricostruire i tratti di tale montaggio, il Professore, sin dagli esordi, ha fatto ricorso a una "strega". Dinanzi a ciò che sfugge di continuo, e che tiene desti la notte, non c'è che un'opzione: *phantasieren, übersetzen, erraten*[6] – non tanto interpretare e congetturare, ma letteralmente fantasticare, tradurre, indovinare. Questa affermazione che è suonata come una sfida alla scienza positiva, non è che la faticosa constatazione che dello psichico[7] si può dire solo se siamo in grado di fare conti differenti, servendosi nondimeno di quegli arnesi che sono rimasti all'incirca gli stessi nel lungo corso della ricerca. Speculare, teorizzare, fantasticare metapsicologico – quando i responsi non soddisfano, bisogna ricorrere alla *Hexe*[8] – scrive Freud nel '37; alla strega goethiana, riconoscendo alla fantasia quel ruolo che in questo testo sembra celarsi dietro a un lapsus da correggere.

Il tema della fantasia aveva ricevuto attenzione analitica già dal 1907. Freud le dedica un breve saggio – *Der Dichter und das Phantasieren*[9] – in cui, rapportando il gioco infantile alla creazio-

[6] Il 25 maggio 1895 Freud scrive all'amico berlinese Fliess: "Nelle ultime settimane [...] ho impiegato le ore notturne [...] intento a fantasticare, interpretare e congetturare, interrompendomi solo quando arrivavo a qualche assurdità o quando non ne potevo proprio più, con la conseguenza che poi perdevo interesse per il mio lavoro quotidiano" (S. FREUD, *Lettere a Wilhelm Fliess (1887-1904)*, Boringhieri, Torino 1986, p. 155).

[7] Per Freud, psichico e vita dell'anima si equivalgono, e lo ribadisce sia nelle *Nuove Lezioni* che nel *Compendio*, cfr. S. FREUD, *Neue Folge der Vorlesungen zur Einführung in der Psychoanalyse*, in G.W., XV, pp. 5, 15 e 62-87; cfr. ID., *Abriss der Psychoanalyse*, in G.W., XVII, p. 65.

[8] Cfr. S. FREUD, *Die endliche und unendliche Analyse*, in G.W., XVI, p. 69: "'Largo alla strega, allora' (come legge F. FORTINI nella splendida traduzione del *Faust*, Mondadori, Milano 1970, p. 195). La strega metapsicologica, quindi. Senza speculare e teorizzare metapsicologico – stavo per dire fantasticare – non si avanza di un passo".

[9] Cfr. S. FREUD, *Der Dichter und das Phantasieren*, in G.W., VII, pp. 213-225.

ne poetica, sostiene che quest'ultima è il risultato di un processo di distacco, una sorta di lutto rispetto all'abbandono dell'appoggio che il mondo circostante fornisce all'immaginazione del bambino. Invece di giocare, il poeta fantastica, ma solo sullo sfondo di una insoddisfazione. Come il sogno, il *Phantasieren* è l'appagamento di un desiderio, la costruzione di una scena in cui prende forma qualcosa che non è realmente a disposizione: non tanto l'oggetto perduto, quanto l'oggetto davvero mancante, quell'oggetto che non c'è e che, tenuto presente dalla fantasia, consente al soggetto di compiere una serie di operazioni simboliche che l'ancorano alla realtà.

In tale ancoraggio si dà la specificità di ciascuna lingua – il suo modo d'intendere, per dirla ancora con Benjamin –, ciò che la differenzia da un'altra e rende continuamente necessaria la traduzione. Non tanto quale ripetizione o riproduzione dello stesso, quanto del modo, ogni volta singolare e proprio, in cui lo stesso è ripetuto o riprodotto: della diversa produzione del significato di quanto permane medesimo.[10]

Il ricorso freudiano al *Phantasieren* testimonia la difficoltà che la *Standard Edition* ha cercato di risolvere, optando per una sorta di lingua psicoanalitica immediatamente esportabile: trasmettere un senso unitario, un messaggio riconoscibile, facendolo transitare in un discorso, la metapsicologia, che, per procedere, pare ogni volta dover ripartire dall'inizio. Il lavoro psicoanalitico del lutto assomiglia davvero a un compito infinito... Ma il fantasticare metapsicologico può fornire anche un'indicazione alla traduzione, a un ritorno alla fonte. L'oggetto che la fantasia intrattiene indica infatti che la lingua, per avere da dire, abbia da poggiare su una scansione appena percettibile, quel passaggio che consente la *Wiederholung*, la ripetizione nell'accezione freudiana dell'andare a prendere di nuovo ciò che è venuto meno, e ottenere un guadagno inatteso. La clinica lo coglie per lo più come un lapsus, un *Witz*, fraintendimento o errore – condizione di quel transito, di quella traduzione che il Professore ha chiamato *Übertragung*, transfert. Materia di poeti come di analisti – che è

[10] "In *Brot* e *pain* l'inteso è senza dubbio identico, ma il modo d'intenderlo non lo è. Dipende, cioè, dal modo d'intendere che le due parole significano qualcosa di diverso per il francese e per il tedesco, che non sono intercambiabili per l'uno e per l'altro, e che anzi, in ultima istanza, tendono a escludersi; mentre dipende dall'inteso che esse, prese assolutamente, significano una sola e medesima cosa" (W. Benjamin, *Il compito del traduttore*, in *Angelus Novus*, Einaudi, Torino 1976, p. 49).

tanto legame musaico quanto condizione autentica di accesso, senza tema di smentita... Tradurre Freud costituirebbe allora la fantasia di una "psicoanalisi in lingua italiana". Occasione per riguardare in essa, non tanto la conformità dei riferimenti a un testo divenuto canone, quanto la loro efficacia nella bottega della clinica, là dove si costruisce la teoria; perché anche questa si fa *nachträglich*, non solo successivamente, ma anche in ritardo, "a cose fatte": correttezza o scorrettezza, conformità o meno, potremo venirne a conoscenza solo a partire dagli esiti.

Proporre un "modello" di una traduzione che proceda senza criterio stabilito, senza la garanzia di un riferimento certo per la trasmissione del sapere, e farlo rispetto a una disciplina come la psicoanalisi freudiana, potrebbe far pensare a una vaghezza di idee, a un'improvvisazione destinata al silenzio o al naufragio. Ha nondimeno un precedente illustre nella storia delle lettere, che merita interesse.

Tema del più noto idillio leopardiano è il frangersi di un'abitudine – il *sempre* – che tiene insieme una pluralità di accadimenti e ne assicura la ripetizione. Condizione di un'esperienza che è tanto teoretica quanto è in grado di mettere alla prova della comparazione l'evento cui quella rottura dà adito. Affiora così un altro luogo nel luogo dell'abitudine stessa – presente e vivo – in cui il pensiero trova infine la propria condizione di "dolcezza": è qualcosa che si può avere quando se ne sono estinte le ipoteche, quando, dopo l'estenuante giro dei raffronti, se ne intravede la figura spensierata. Dono o ricavo ulteriore che vincola a una fedeltà del tutto originale – quella che concerne la dimensione per cui una lingua è lingua, tale da non poterne sapere in anticipo.

Leopardi le ha dato il nome dell'infinito, Hölderlin, indugiando sulla traduzione ai margini della follia, quello dello smisurato: *das Ungeheuere* che, sotto la specie del tradimento, di una "sacra" infedeltà, marca nella *Sprache* il luogo di un incontro, tra le lingue non meno che tra uomini e dei. Ma è stato Celan, riprendendo le note di quest'ultimo, a rivelarne lo statuto "segreto" – tra suono e significato (*Deut/Bedeutung*) – in un gesto che è conviviale perché si compie e si celebra nell'interruzione, su quel *Königszäsur* cui la pratica della traduzione ha dato l'agio di mostrare la "rappresentazione stessa"[11]:

[11] "Nella successione ritmica delle rappresentazioni [...] diviene necessario ciò che in metrica si chiama cesura, la parola pura, l'interruzione antiritmica al fine cioè di affrontare il trascinante alternarsi delle rappresentazioni

ICH TRINK WEIN aus zwei Gläsern
und zackere an
der Königszäsur
wie Jener
am Pindar,

Gott gibt die Stimmgabel ab
als einer der kleinen
Gerechten,

aus der Lostrommel fällt
unser Deut.

BEVO VINO da due bicchieri
e zappetto alla
cesura reale
come quello
con Pindaro,

Dio cede il diapason
come uno dei piccoli
giusti,

dall'urna della sorte cade
la nostra monetina.[12]

Un soldino di poco conto. Eppure il pegno e l'impegno che la lingua richiede. Come la traduzione di Freud, nella nuova epoca libera dai diritti d'autore e, si auspica, da sterili polemiche.

nel suo culmine, in modo tale che non appaia più l'alternarsi della rappresentazione, bensì la rappresentazione stessa" (F. Hölderlin, *Edipo il tiranno*, Feltrinelli, Milano 1991, p. 194).

[12] P. Celan, *Ich trink Wein*, in *Gesammelte Werke in sieben Banden*, Suhrkamp, Frankfurt am Main 2000, III, p. 108.

Tracce bibliografiche

L'incidenza dell'opera freudiana nel nostro secolo è così preponderante da rendere impossibile la redazione di una nota bibliografica esaustiva. Ci limiteremo pertanto alla segnalazione di alcuni titoli che, raggruppati secondo criteri tematici, permetteranno al lettore di contornare l'area problematica dei casi clinici. Sulla psicoanalisi esiste infatti una letteratura sterminata, non riassumibile, che ne rende difficile la classificazione, essendo distribuita sui vari assi che delineano lo sviluppo del pensiero freudiano e postfreudiano. Così, rispetto alla presente edizione, preferiamo suggerire un orientamento generale, costituito da opere di carattere sistematico sulla tecnica e la clinica analitica, da lavori storico-biografici, da monografie, e dalle testimonianze di coloro che hanno avuto un rapporto psicoanalitico col Professore.

L'opera di Freud, secondo un vecchio adagio, è come una taverna spagnola, in cui ciascuno trova quello che vi porta. Così, non solo gli analisti, di formazione diversa, ma anche i filosofi, i linguisti, gli storici, gli antropologi, i critici letterari vi cercano e trovano temi inerenti alle proprie singole discipline, proponendo letture e confronti con la ricerca più strettamente psicologica. Quest'apertura è certamente proficua, e indica, nel pluralismo, la strada da percorrere per sormontare gli irrigidimenti di scuola, i conflitti tra le varie istituzioni che si professano fedeli al dettato del Maestro. Ciò non significa che ogni prospettiva sia di per sé legittima, ma che da ogni lettura, rilettura del testo freudiano possono continuamente generarsi nuovi vertici, nuovi punti di vista – tutte quelle ombreggiature che appaiono necessarie affinché cia-

scuno possa cogliere, nel ritratto freudiano, la propria immagine, e farlo nel momento stesso in cui si dissolve. Immagine d'orrore, talvolta, che Freud ha insegnato a superare attraverso quella forma d'amore che ha chiamato transfert, in cui, per ognuno, viene a giocarsi la partita con l'altro, anche con l'altro in sé, che è indispensabile per diventare un Io.

Perché tale partita, tale incontro avvengano è necessario delimitarne il terreno, disegnarne la cornice. Per questo, sulla soglia di questa breve nota bibliografica, vogliamo menzionare, dopo le opere di Freud, alcuni grandi saggi di bibliografia:

1. *Opere di Sigmund Freud*

S. Freud, *Gesammelte Werke*, a cura di A. Freud, E. Bibring, W. Hoffer, E. Kriss, in collaborazione con M. Bonaparte, in 18 voll., 1ª edizione Imago, London 1940-1952. Questa edizione è adesso disponibile presso la Fischer Verlag, Frankfurt a.M. 1952-1991.

S. Freud, *Standard Edition of the Complete Psychological Works of Sigmund Freud*, tradotta sotto la direzione di J. Strachey, in collaborazione con A. Freud, A. Strachey e A. Tyson, in 24 voll., Hogarth Press, London 1953-1974.

S. Freud, *Opere*, a cura di C. Musatti, col corredo critico di J. Strachey, in 12 voll., Boringhieri, Torino 1967-1980.

Per le edizioni francesi e spagnole si rinvia a *Tradurre Freud* (n. 2., pp. 36-37).

2. *Saggi di bibliografia freudiana*

Aa.Vv., *La critica freudiana*, a cura di F. Rella, Feltrinelli, Milano 1977, pp. 265-279.

F. Barale, *Nota bibliografica su Freud*, in *Trattato di psicoanalisi*, vol. 1, a cura di A.A. Semi, Raffaello Cortina Editore, Milano 1988, pp. 131-144.

S. Ferrari, *Psicoanalisi, arte e letteratura*, Pratiche, Parma 1985.

P. Gay, *Freud*, Bompiani, Milano 1988, pp. 673-712.

F. Sulloway, *Rivalutando i casi clinici di Freud: la costruzione sociale della psicoanalisi*, in "Psicoterapia e Scienze Umane", XXVI, 2, 1992, pp. 25-30.

3. *Opere di carattere sistematico sulla tecnica analitica*

AA.VV., *Trattato di psicoanalisi*, a cura di A.A. Semi Raffaello Cortina Editore, Milano 1988.
R.H. ETCHEGOYEN, *Fondamenti della tecnica psicoanalitica*, Astrolabio, Roma 1990.
O. FENICHEL, *Trattato di psicoanalisi delle nevrosi e delle psicosi*, Astrolabio, Roma 1951.
E. GLOVER, *La tecnica della psicoanalisi*, Astrolabio, Roma 1971.
A. GREEN, *Il discorso vivente*, Astrolabio, Roma 1974.
R.R. GREENSON, *Tecnica e pratica psicoanalitica*, Feltrinelli, Milano 1974.
J. LAPLANCHE - J.B. PONTALIS, *Enciclopedia della psicanalisi*, Laterza, Bari 1984[3].
C. MUSATTI, *Trattato di psicoanalisi*, Boringhieri, Torino 1977.
H. NAGERA, *I concetti fondamentali della psicoanalisi*, Boringhieri, Torino 1972-74, 3 voll.
R. SCHAFER, *L'atteggiamento analitico*, Feltrinelli, Milano 1984.
H. THOMÄ - H. KÄCHELE, *Trattato di terapia psicoanalitica*, vol. 1, Boringhieri, Torino 1990.
E. WEISS, *Elementi di psicoanalisi*, Studio Tesi, Pordenone 1985.

4. *Opere di carattere storico-biografico e monografie su Freud*

D. ANZIEU, *L'autoanalisi di Freud e la scoperta della psicoanalisi*, Astrolabio, Roma 1976, 2 voll.
R. CLARK, *Freud*, Rizzoli, Milano 1983.
H.F. ELLENBERGER, *La scoperta dell'inconscio*, Boringhieri, Torino 1972.
L. FLEM, *La vita quotidiana di Freud e dei suoi pazienti*, Rizzoli, Milano 1987.
P. GAY, *Freud*, Bompiani, Milano 1988.
M. KRÜLL, *Padre e figlio. Vita familiare di Freud*, Boringhieri, Torino 1982.
E. JONES, *Vita e opere di Sigmund Freud*, Garzanti, Milano 1977, 3 voll.
O. MANNONI, *Freud*, Spirali, Milano 1992.
M. ROBERT, *La rivoluzione psicoanalitica*, Boringhieri, Torino 1967.
H. SACHS, *Freud maestro e amico*, Astrolabio, Roma 1971.

M. Schur, *Il caso Freud*, Boringhieri, Torino 1976.
S. Vegetti Finzi, *Storia della psicoanalisi*, Mondadori, Milano 1986.
R. Wollheim, *Guida a Freud*, Rizzoli, Milano 1977.

5. *Testimonianze dei pazienti di Freud*

S. Blanton, *La mia analisi con Freud*, Feltrinelli, Milano 1974.
M. Bonaparte, *"Memorie di Sigmund Freud"*, in C. Bertin, *L'ultima Bonaparte*, Centro Scientifico Torinese, Torino 1984.
H. Deutsch, *A confronto con me stessa*, Astrolabio, Roma 1976.
H. Doolittle, *I segni sul muro*, Astrolabio, Roma 1973.
A. Kardiner, *Una piccola nevrosi. Reminiscenze di un'analisi con Freud*, Sesamo, Roma 1977.
J. Wortis, *Frammenti di un'analisi con Freud,* Liguori, Napoli 1978.

6. *La tecnica di Freud*

Aa.Vv., *Freud and his patients*, a cura di M. Kanzer e J. Glenn, Aronson, New York 1980.
Aa.Vv., *Il divano di Freud*, a cura di L. Albano, Pratiche, Parma 1987.
J. Cremerius, *Il mestiere dell'analista*, Boringhieri, Torino 1985.
M.M. Gill, *Teoria e tecnica dell'analisi del transfert*, Astrolabio, Roma 1985.
A. Merini, *I primi pazienti della psicoanalisi*, Clueb, Bologna 1985.
D.P. Spence, *Verità narrativa e verità storica*, Mertinelli, Firenze 1987.
F. Sulloway, *Rivalutando i casi clinici di Freud: la costruzione sociale della psicoanalisi*, in "Psicoterapia e Scienze Umane", xxvi, 1, 1992, pp. 7-37 e 2, cit., pp. 5-39.

L'UOMO DEI LUPI

Storia di una nevrosi infantile

I
VORBEMERKUNGEN

Der Krankheitsfall, über welchen ich hier — wiederum nur in fragmentarischer Weise — berichten werde,[1] ist durch eine Anzahl von Eigentümlichkeiten ausgezeichnet, welche zu ihrer Hervorhebung vor der Darstellung auffordern. Er betrifft einen jungen Mann, welcher in seinem achtzehnten Jahr nach einer gonorrhoischen Infektion als krank zusammenbrach und gänzlich abhängig und existenzunfähig war, als er mehrere Jahre später in psychoanalytische Behandlung trat. Das Jahrzehnt seiner Jugend vor dem Zeitpunkt der Erkrankung hatte er in annähernd normaler Weise durchlebt und seine Mittelschulstudien ohne viel Störung erledigt. Aber seine früheren Jahre waren von einer

1 Diese Krankengeschichte ist kurz nach Abschluß der Behandlung im Winter 1914/1915 niedergeschrieben worden unter dem damals frischen Eindruck der Umdeutungen, welche C. G. Jung und Alf. Adler an den psychoanalytischen Ergebnissen vornehmen wollten. Sie knüpft also an den im „Jahrbuch der Psychoanalyse" VI, 1914 veröffentlichten Aufsatz: „Zur Geschichte der psychoanalytischen Bewegung" [Bd. X. dieser Gesamtausgabe.] an und ergänzt die dort enthaltene, im wesentlichen persönliche Polemik durch objektive Würdigung des analytischen Materials. Sie war ursprünglich für den nächsten Band des Jahrbuches bestimmt, aber da sich das Erscheinen desselben durch die Hemmungen des großen Krieges ins Unbestimmbare verzögerte, entschloß ich mich, sie dieser von einem neuen Verleger veranstalteten Sammlung anzuschließen. Manches, was in ihr zum erstenmal hätte ausgesprochen werden sollen, hatte ich unterdes in meinen 1916/1917 gehaltenen „Vorlesungen zur Einführung in die Psychoanalyse" behandeln müssen. Der Text der ersten Niederschrift hat keine Abänderungen von irgend welchem Belang erfahren; Zusätze sind durch eckige Klammern kenntlich gemacht.

I

OSSERVAZIONI PRELIMINARI

Il caso clinico su cui riferirò[1] – ancora una volta solo in modo frammentario – è contrassegnato da alcune particolarità che è opportuno evidenziare prima di descriverlo. Riguarda un giovane che a diciotto anni, in seguito a un'infezione blenorragica, era piombato in uno stato di malessere e quando, diversi anni dopo, iniziò il trattamento psicoanalitico, era completamente dipendente e incapace di vivere. Il decennio della giovinezza che aveva preceduto l'insorgere della malattia lo aveva trascorso in modo tutto sommato normale, portando a termine senza troppi problemi gli studi medi. Ma i suoi primi anni di vita erano sta-

[1] Questo caso clinico è stato redatto poco dopo la conclusione della cura, nell'inverno 1914-1915, mentre in me era ancora viva l'impressione delle reinterpretazioni che C.G. Jung e A. Adler volevano dare delle scoperte psicoanalitiche. Perciò questo lavoro si riallaccia al saggio *Zur Geschichte der psychoanalytischen Bewegung* (Storia del movimento psicoanalitico), pubblicato nello "Jahrbuch der Psychoanalyse", VI, 1914, e attraverso una valutazione obiettiva del materiale analitico, completa la polemica di carattere sostanzialmente personale contenuta in quello scritto. Originariamente il lavoro era destinato al volume successivo dello "Jahrbuch", ma dato che questa pubblicazione aveva dovuto essere rinviata per le restrizioni imposte dalla guerra, decisi di aggiungerlo a una raccolta di miei scritti in preparazione presso un altro editore. Nel frattempo, nelle *Vorlesungen zur Einführung in die Psychoanalyse* (Lezioni di introduzione alla psicoanalisi) da me tenute nel 1916-1917, avevo avuto occasione di trattare diversi punti che avrebbero dovuto apparire per la prima volta in questo lavoro. Il testo primitivo non ha subìto alcuna modifica importante; le aggiunte sono riportate in parentesi quadra.

schweren neurotischen Störung beherrscht gewesen, welche knapp vor seinem vierten Geburtstag als Angsthysterie (Tierphobie) begann, sich dann in eine Zwangsneurose mit religiösem Inhalt umsetzte und mit ihren Ausläufern bis in sein zehntes Jahr hineinreichte.

Nur diese infantile Neurose wird der Gegenstand meiner Mitteilungen sein. Trotz der direkten Aufforderung des Patienten habe ich es abgelehnt, die vollständige Geschichte seiner Erkrankung, Behandlung und Herstellung zu schreiben, weil ich diese Aufgabe als technisch undurchführbar und sozial unzulässig erkannte. Damit fällt auch die Möglichkeit weg, den Zusammenhang zwischen seiner infantilen und seiner späteren definitiven Erkrankung aufzuzeigen. Ich kann von dieser letzteren nur angeben, daß der Kranke ihretwegen lange Zeit in deutschen Sanatorien zugebracht hat und damals von der zuständigsten Stelle als ein Fall von „manisch-depressivem Irresein" klassifiziert worden ist. Diese Diagnose traf sicherlich für den Vater des Patienten zu, dessen an Tätigkeit und Interessen reiches Leben durch wiederholte Anfälle von schwerer Depression gestört worden war. An dem Sohne selbst habe ich bei mehrjähriger Beobachtung keinen Stimmungswandel beobachten können, der an Intensität und nach den Bedingungen seines Auftretens über die ersichtliche psychische Situation hinausgegangen wäre. Ich habe mir die Vorstellung gebildet, daß dieser Fall sowie viele andere, die von der klinischen Psychiatrie mit mannigfaltigen und wechselnden Diagnosen belegt werden, als Folgezustand nach einer spontan abgelaufenen, mit Defekt ausgeheilten Zwangsneurose aufzufassen ist.

Meine Beschreibung wird also von einer infantilen Neurose handeln, die nicht während ihres Bestandes, sondern erst fünfzehn Jahre nach ihrem Ablauf analysiert worden ist. Diese Situation hat ihre Vorzüge ebensowohl wie ihre Nachteile im Vergleiche mit der anderen. Die Analyse, die man am neurotischen Kind selbst vollzieht, wird von vornherein vertrauenswürdiger erscheinen, aber sie kann nicht sehr inhaltsreich sein; man muß dem Kind zuviel Worte und Gedanken leihen und wird vielleicht doch die tiefsten Schichten undurchdringlich für das Bewußtsein finden. Die Analyse der Kindheitserkrankung durch das

ti dominati da un grave disturbo nevrotico, che iniziò poco prima del compimento del quarto anno sotto forma di isteria d'angoscia (zoofobia) e poi si trasformò in una nevrosi ossessiva a contenuto religioso, con i cui postumi si protrasse fino ai dieci anni.

Oggetto della mie comunicazioni sarà solo la nevrosi infantile. Nonostante l'invito diretto del paziente, mi sono rifiutato di scrivere la storia completa della malattia, del trattamento e della guarigione perché l'ho ritenuto un compito tecnicamente inattuabile e socialmente inammissibile. In questo modo, certo, ci precludiamo la possibilità di mostrare il legame tra la sua malattia infantile e quella più tarda, definitiva. A proposito di quest'ultima dirò solo che gli causò una prolungata degenza in case di cura tedesche, dove in quell'occasione fu classificato dall'autorità più competente come un caso di "alienazione mentale maniaco-depressiva". Questa diagnosi era sicuramente appropriata per il padre del paziente, la cui vita, ricca di attività e interessi, era stata disturbata da ripetute crisi di depressione grave. Ma nel figlio, in parecchi anni di osservazione, non ho potuto rilevare alcun mutamento di stato d'animo che, per intensità e condizioni di insorgenza, si situasse fuori della situazione psichica visibile. Mi sono fatto l'idea che questo caso, come molti altri che dalla psichiatria clinica vengono documentati con diagnosi molteplici e variabili, sia da considerare come uno stato conseguente a una nevrosi ossessiva decorsa spontaneamente, e non perfettamente guarita.

La mia descrizione tratterà perciò di una nevrosi infantile che non è stata analizzata mentre si manifestava ma soltanto quindici anni dopo la sua conclusione. Questa situazione ha i suoi vantaggi e i suoi svantaggi, rispetto all'altra. Infatti, se l'analisi eseguita direttamente sul bambino nevrotico potrà sembrare più affidabile, non può essere contenutisticamente molto ricca. Al bambino si devono suggerire troppe parole e troppi pensieri e anche così, forse, gli strati più profondi resteranno impenetrabili alla coscienza. Questi limiti non si presentano nell'analisi della

Medium der Erinnerung bei dem Erwachsenen und geistig Gereiften ist von diesen Einschränkungen frei; aber man wird die Verzerrung und Zurichtung in Rechnung bringen, welcher die eigene Vergangenheit beim Rückblick aus späterer Zeit unterworfen ist. Der erste Fall gibt vielleicht die überzeugenderen Resultate, der zweite ist der bei weitem lehrreichere.

Auf alle Fälle darf man aber behaupten, daß Analysen von kindlichen Neurosen ein besonders hohes theoretisches Interesse beanspruchen können. Sie leisten für das richtige Verständnis der Neurosen Erwachsener ungefähr soviel wie die Kinderträume für die Träume der Erwachsenen. Nicht etwa, daß sie leichter zu durchschauen oder ärmer an Elementen wären; die Schwierigkeit der Einfühlung ins kindliche Seelenleben macht sie sogar zu einem besonders harten Stück Arbeit für den Arzt. Aber es sind doch in ihnen so viele der späteren Auflagerungen weggefallen, daß das Wesentliche der Neurose unverkennbar hervortritt. Der Widerstand gegen die Ergebnisse der Psychoanalyse hat bekanntlich in der gegenwärtigen Phase des Kampfes um die Psychoanalyse eine neue Form angenommen. Man begnügte sich früher damit, den von der Analyse behaupteten Tatsachen die Wirklichkeit zu bestreiten, wozu eine Vermeidung der Nachprüfung die beste Technik schien. Dies Verfahren scheint sich nun langsam zu erschöpfen; man schlägt jetzt den anderen Weg ein, die Tatsachen anzuerkennen, aber die Folgerungen, die sich aus ihnen ergeben, durch Umdeutungen zu beseitigen, so daß man sich der anstößigen Neuheiten doch wieder erwehrt hat. Das Studium der kindlichen Neurosen erweist die volle Unzulänglichkeit dieser seichten oder gewaltsamen Umdeutungsversuche. Es zeigt den überragenden Anteil der so gern verleugneten libidinösen Triebkräfte an der Gestaltung der Neurose auf und läßt die Abwesenheit fernliegender kultureller Zielstrebungen erkennen, von denen das Kind noch nichts weiß, und die ihm darum nichts bedeuten können.

Ein anderer Zug, welcher die hier mitzuteilende Analyse der Aufmerksamkeit empfiehlt, hängt mit der Schwere der Erkrankung und der Dauer ihrer Behandlung zusammen. Die in kurzer Zeit zu einem günstigen Ausgang führenden Analysen werden für das Selbstgefühl des Therapeuten wertvoll sein und

malattia infantile mediata dal ricordo dell'adulto, la cui intelligenza è matura; ma in questo caso si dovranno mettere in conto il travisamento e l'opera di rifinitura a cui sottostà il passato quando lo si guarda retrospettivamente da un'epoca successiva. Il primo caso dà forse i risultati più convincenti, il secondo è quello di gran lunga più istruttivo.

A ogni modo si può asserire che le analisi di nevrosi infantili rivendicano un interesse teorico particolarmente elevato. Per comprendere correttamente le nevrosi degli adulti hanno la stessa utilità che i sogni dei bambini hanno per quelli degli adulti. Non che siano più facili da capire o più povere di elementi; anzi, la difficoltà di immedesimarsi nella vita dell'anima del bambino le rende, per il medico, un settore di lavoro particolarmente gravoso. È che l'assenza di tutte le stratificazioni posteriori fa risaltare in modo lampante l'essenziale della nevrosi. Nella fase attuale della disputa sulla psicoanalisi, l'opposizione verso i suoi risultati ha notoriamente assunto una nuova forma. Se prima ci si accontentava di contestare la realtà dei fatti sostenuti dall'analisi, e la miglior tecnica a questo scopo sembrava quella di evitarne qualsiasi verificazione, adesso questa condotta sembra lentamente esaurirsi. Ora si batte l'altra strada, e cioè quella di riconoscere i fatti ma di rimuovere, con interpretazioni diverse, le conclusioni che se ne traggono, difendendosi così, ancora una volta, dalle novità che fanno scandalo. Lo studio delle nevrosi infantili dimostra la totale insufficienza di questi tentativi di reinterpretazione, superficiali o forzosi. Mostra che nella formazione della nevrosi il concorso delle forze pulsionali libidiche, così volentieri negate, è invece rilevante, e permette di riconoscere l'assenza di obiettivi culturali, che sono ben lontani, perché il bambino non ne sa ancora niente e quindi non possono avere alcun significato per lui.

Un altro elemento che rende considerevole l'analisi della quale parleremo è legato alla gravità della malattia e alla durata del suo trattamento. Le analisi che si risolvono favorevolmente in poco tempo saranno preziose per l'autostima del terapeuta e metteranno in risalto l'importanza

die ärztliche Bedeutung der Psychoanalyse dartun; für die Förderung der wissenschaftlichen Erkenntnis bleiben sie meist belanglos. Man lernt nichts Neues aus ihnen. Sie sind ja nur darum so rasch geglückt, weil man bereits alles wußte, was zu ihrer Erledigung notwendig war. Neues kann man nur aus Analysen erfahren, die besondere Schwierigkeiten bieten, zu deren Überwindung man dann viel Zeit verbraucht. Nur in diesen Fällen erreicht man es, in die tiefsten und primitivsten Schichten der seelischen Entwicklung herabzusteigen und von dort die Lösungen für die Probleme der späteren Gestaltungen zu holen. Man sagt sich dann, daß, streng genommen, erst die Analyse, welche so weit vorgedrungen ist, diesen Namen verdient. Natürlich belehrt ein einzelner Fall nicht über alles, was man wissen möchte. Richtiger gesagt, er könnte alles lehren, wenn man nur im stande wäre, alles aufzufassen und nicht durch die Ungeübtheit der eigenen Wahrnehmung genötigt wäre, sich mit wenigem zu begnügen.

An solchen fruchtbringenden Schwierigkeiten ließ der hier zu beschreibende Krankheitsfall nichts zu wünschen übrig. Die ersten Jahre der Behandlung erzielten kaum eine Änderung. Eine glückliche Konstellation fügte es, daß trotzdem alle äußeren Verhältnisse die Fortsetzung des therapeutischen Versuches ermöglichten. Ich kann mir leicht denken, daß bei weniger günstigen Umständen die Behandlung nach einiger Zeit aufgegeben worden wäre. Für den Standpunkt des Arztes kann ich nur aussagen, daß er sich in solchem Falle ebenso „zeitlos" verhalten muß wie das Unbewußte selbst, wenn er etwas erfahren und erzielen will. Das bringt er schließlich zu stande, wenn er auf kurzsichtigen therapeutischen Ehrgeiz zu verzichten vermag. Das Ausmaß von Geduld, Gefügigkeit, Einsicht und Zutrauen, welches von Seiten des Kranken und seiner Angehörigen erforderlich ist, wird man in wenigen anderen Fällen erwarten dürfen. Der Analytiker darf sich aber sagen, daß die Ergebnisse, welche er an einem Falle in so langer Arbeit gewonnen hat, nun dazu verhelfen werden, die Behandlungsdauer einer nächsten, ebenso schweren Erkrankung wesentlich zu verkürzen und so die Zeitlosigkeit des Unbewußten fortschreitend zu überwinden, nachdem man sich ihr ein erstes Mal unterworfen hat.

della psicoanalisi da un punto di vista medico; per il progresso della conoscenza scientifica restano per lo più irrilevanti, perché non ci fanno conoscere niente che non sapessimo già. Hanno avuto così rapidamente buon esito appunto perché si sapeva in anticipo tutto quello che era necessario per risolverle. È da analisi che presentano particolari difficoltà, il cui superamento richieda molto tempo, che apprendiamo qualcosa di nuovo. Solo in questi casi si ottiene di scendere in quegli strati più profondi e primitivi dello sviluppo dell'anima, dai quali attingere le soluzioni per i problemi posti dalle configurazioni successive. Ci si dice allora che soltanto l'analisi che si è spinta così a fondo merita, a rigore, questo nome. Naturalmente un caso singolo non dà insegnamenti su tutto quanto si vorrebbe sapere. Più correttamente, potrebbe insegnare tutto soltanto se fossimo in grado di comprendere tutto e non fossimo costretti dall'inesperienza del nostro spirito di osservazione ad accontentarci di poco.

Quanto a simili fruttuose difficoltà il caso clinico che illustreremo non lascia niente a desiderare. I primi anni di trattamento non produssero quasi alcun mutamento. Una buona stella dispose che le circostanze esterne consentissero, tuttavia, di proseguire il tentativo terapeutico. Ma posso certo immaginare che in circostanze meno favorevoli il trattamento sarebbe stato abbandonato dopo un po' di tempo. Mettendomi dal punto di vista del medico, mi limiterò ad affermare che in un caso come questo, se vuole ottenere qualche risultato, deve comportarsi con la stessa atemporalità dell'inconscio. Ci riuscirà se saprà rinunciare a un'ambizione terapeutica di vedute limitate. In pochi altri casi viene richiesta una simile quantità di pazienza, duttilità, convinzione e fiducia da parte del malato e dei suoi parenti. Tuttavia l'analista può consolarsi pensando che, una volta ottenuti dei risultati con un lavoro così lungo, riuscirà ad abbreviare la durata del trattamento di un successivo caso di malattia ugualmente grave e quindi a superare progressivamente l'atemporalità dell'inconscio, dopo esservisi assoggettato una prima volta.

Der Patient, mit dem ich mich hier beschäftige, blieb lange Zeit hinter einer Einstellung von gefügiger Teilnahmslosigkeit unangreifbar verschanzt. Er hörte zu, verstand und ließ sich nichts nahe kommen. Seine untadelige Intelligenz war wie abgeschnitten von den triebhaften Kräften, welche sein Benehmen in den wenigen ihm übrig gebliebenen Lebensrelationen beherrschten. Es bedurfte einer langen Erziehung, um ihn zu bewegen, einen selbständigen Anteil an der Arbeit zu nehmen, und als infolge dieser Bemühung die ersten Befreiungen auftraten, stellte er sofort die Arbeit ein, um weitere Veränderungen zu verhüten und sich in der hergestellten Situation behaglich zu erhalten. Seine Scheu vor einer selbständigen Existenz war so groß, daß sie alle Beschwerden des Krankseins aufwog. Es fand sich ein einziger Weg, um sie zu überwinden. Ich mußte warten, bis die Bindung an meine Person stark genug geworden war, um ihr das Gleichgewicht zu halten, dann spielte ich diesen einen Faktor gegen den anderen aus. Ich bestimmte, nicht ohne mich durch gute Anzeichen der Rechtzeitigkeit leiten zu lassen, daß die Behandlung zu einem gewissen Termin abgeschlossen werden müsse, gleichgültig, wie weit sie vorgeschritten sei. Diesen Termin war ich einzuhalten entschlossen; der Patient glaubte endlich an meinen Ernst. Unter dem unerbittlichen Druck dieser Terminsetzung gab sein Widerstand, seine Fixierung ans Kranksein nach, und die Analyse lieferte nun in unverhältnismäßig kurzer Zeit all das Material, welches die Lösung seiner Hemmungen und die Aufhebung seiner Symptome ermöglichte. Aus dieser letzten Zeit der Arbeit, in welcher der Widerstand zeitweise verschwunden war und der Kranke den Eindruck einer sonst nur in der Hypnose erreichbaren Luzidität machte, stammen auch alle die Aufklärungen, welche mir das Verständnis seiner infantilen Neurose gestatteten.

So illustrierte der Verlauf dieser Behandlung den von der analytischen Technik längst gewürdigten Satz, daß die Länge des Weges, welchen die Analyse mit dem Patienten zurückzulegen hat, und die Fülle des Materials, welches auf diesem Wege zu bewältigen ist, nicht in Betracht kommen gegen den Widerstand, den man während der Arbeit antrifft, und nur soweit in Betracht kommen, als sie dem Widerstande notwendigerweise

Il paziente del quale ci occupiamo, rimase a lungo tenacemente trincerato dietro a un atteggiamento di sottomessa apatia. Stava ad ascoltare, capiva, e restava del tutto inavvicinabile. La sua indiscutibile intelligenza era come bloccata dalle forze pulsionali che dominavano il suo comportamento nelle poche relazioni sociali che ancora gli erano rimaste. Ci fu bisogno di una lunga educazione per indurlo ad assumersi una parte attiva nel lavoro e quando, in seguito a questo sforzo, si delinearono i primi segni di emancipazione, cessò di lavorare per prevenire ulteriori cambiamenti e restare comodamente nella situazione prodotta. La sua paura di un'esistenza indipendente aveva dimensioni tali da compensare tutti i disagi relativi alla malattia. C'era solo un modo per fargliela superare: aspettare che l'attaccamento nei miei confronti diventasse tanto forte da controbilanciarla e approfittare dell'antagonismo tra i due fattori. Così, quando sicuri indizi me ne ebbero confermato la tempestività, gli comunicai la decisione di porre una precisa scadenza al trattamento, indipendentemente dai progressi compiuti. Visto che ero determinato a rispettare questa scadenza, il paziente mi prese sul serio. Sotto la pressione inesorabile del limite di tempo prestabilito, la sua resistenza e la sua fissità nella malattia cedettero e l'analisi fornì, con una rapidità incomparabile, tutto il materiale che permise la risoluzione delle inibizioni e l'annullamento dei sintomi. Quest'ultima fase del lavoro, in cui la resistenza era temporaneamente scomparsa e il malato dette l'impressione di una lucidità altrimenti raggiungibile solo con l'ipnosi, fornì anche tutte le delucidazioni che mi permisero di comprendere la sua nevrosi infantile.

Il decorso di questo trattamento ha illustrato quel principio, già da tempo apprezzato dalla tecnica analitica, per cui sia la lunghezza del cammino da percorrere in analisi insieme al paziente che l'abbondanza del materiale di cui, lungo questo cammino, bisogna venire a capo sono niente in confronto alla resistenza che si incontra durante il lavoro, e sono rilevanti solo in quanto proporzionali alla resi-

proportional sind. Es ist derselbe Vorgang, wie wenn jetzt eine feindliche Armee Wochen und Monate verbraucht, um eine Strecke Landes zu durchziehen, die sonst in friedlichen Zeiten in wenigen Schnellzugsstunden durchfahren wird, und die von der eigenen Armee kurz vorher in einigen Tagen zurückgelegt wurde.

Eine dritte Eigentümlichkeit der hier zu beschreibenden Analyse hat nur den Entschluß, sie mitzuteilen, weiterhin erschwert. Die Ergebnisse derselben haben sich im ganzen mit unserem bisherigen Wissen befriedigend gedeckt oder guten Anschluß daran gefunden. Manche Einzelheiten sind mir aber selbst so merkwürdig und unglaubwürdig erschienen, daß ich Bedenken trug, bei anderen um Glauben für sie zu werben. Ich habe den Patienten zur strengsten Kritik seiner Erinnerungen aufgefordert, aber er fand nichts Unwahrscheinliches an seinen Aussagen und hielt an ihnen fest. Die Leser mögen wenigstens überzeugt sein, daß ich selbst nur berichte, was mir als unabhängiges Erlebnis, unbeeinflußt durch meine Erwartung, entgegengetreten ist. So blieb mir denn nichts übrig, als mich des weisen Wortes zu erinnern, es gebe mehr Dinge zwischen Himmel und Erde, als unsere Schulweisheit sich träumen läßt. Wer es verstünde, seine mitgebrachten Überzeugungen noch gründlicher auszuschalten, könnte gewiß noch mehr von solchen Dingen entdecken.

stenza. È come quando un esercito nemico impiega settimane e mesi per marciare attraverso una parte di territorio che in tempo di pace viene percorsa in poche ore con un treno direttissimo e che poco prima era stato coperto in pochi giorni dall'esercito di quel paese.

Una terza peculiarità dell'analisi che ora passiamo a descrivere ha complicato ulteriormente la decisione di pubblicarla. Complessivamente i suoi risultati hanno coinciso in modo soddisfacente con le nostre attuali conoscenze o vi hanno corrisposto abbastanza bene. Ma alcuni particolari sono apparsi persino a me così stupefacenti e inusitati da farmi scrupolo a chiedere ad altri di credervi. Quando invitai il paziente al più rigoroso vaglio dei propri ricordi, lui non trovò inverosimili le proprie affermazioni e le confermò. Spero che i lettori siano almeno convinti che mi limito a raccontare un'esperienza del tutto autonoma e non influenzata dalla mia aspettativa. Non restava perciò altro da fare che ricordarsi del vecchio detto che tra cielo e terra ci sono più cose di quante ce ne faccia sospettare la nostra erudizione libresca. Probabilmente chi rimuovesse ancora più a fondo le proprie convinzioni precostituite, di simili cose ne scoprirebbe ancora di più.

II

ÜBERSICHT DES MILIEUS UND DER KRANKENGESCHICHTE

Ich kann die Geschichte meines Patienten weder rein historisch noch rein pragmatisch schreiben, kann weder eine Behandlungs- noch eine Krankengeschichte geben, sondern werde mich genötigt sehen, die beiden Darstellungsweisen miteinander zu kombinieren. Es hat sich bekanntlich kein Weg gefunden, um die aus der Analyse resultierende Überzeugung in der Wiedergabe derselben irgendwie unterzubringen. Erschöpfende protokollarische Aufnahmen der Vorgänge in den Analysenstunden würden sicherlich nichts dazu leisten; ihre Anfertigung ist auch durch die Technik der Behandlung ausgeschlossen. Man publiziert also solche Analysen nicht, um Überzeugung bei denen hervorzurufen, die sich bisher abweisend und ungläubig verhalten haben. Man erwartet nur solchen Forschern etwas Neues zu bringen, die sich durch eigene Erfahrungen an Kranken bereits Überzeugungen erworben haben.

Ich werde damit beginnen, die Welt des Kindes zu schildern und von seiner Kindheitsgeschichte mitzuteilen, was ohne Anstrengung zu erfahren war, und mehrere Jahre hindurch nicht vollständiger und nicht durchsichtiger wurde.

Jung verheiratete Eltern, die noch eine glückliche Ehe führen, auf welche bald ihre Erkrankungen die ersten Schatten werfen, die Unterleibskrankheiten der Mutter und die ersten Verstimmungsanfälle des Vaters, die seine Abwesenheit vom Hause zur Folge hatten. Die Krankheit des Vaters lernt der Patient natürlich erst sehr viel später verstehen, die Kränklichkeit der Mutter wird ihm schon in frühen Kinderjahren bekannt. Sie gab sich darum verhältnismäßig wenig mit den Kindern ab.

II

PROSPETTO DEL MILIEU E DELLA STORIA CLINICA

Siccome non posso scrivere la storia del paziente né dal punto di vista puramente storico né da quello puramente tematico, non posso fornire né la storia del trattamento né l'anamnesi, mi vedo costretto a combinare insieme i due metodi espositivi. È noto che non c'è modo di trasmettere la persuasività dell'analisi al resoconto che ne facciamo. Sicuramente non servirebbe fornire verbali esaurienti di ciò che accade nelle sedute analitiche e peraltro la loro compilazione è esclusa dalla tecnica del trattamento. Perciò non si pubblicano queste analisi per convincere chi ha finora tenuto un atteggiamento ostile e scettico. Si cerca solo di offrire qualche novità a quei ricercatori che dalle loro esperienze terapeutiche si siano già formati delle convinzioni.

Comincerò con la descrizione del *milieu* del bambino, riferendo della sua storia quello che si poteva appurare senza sforzo e che per diversi anni non diventò né più completo né più chiaro.

Genitori sposati da giovani, che conducono un matrimonio ancora felice, sul quale tuttavia getteranno presto le prime ombre le rispettive malattie: i disturbi intestinali della madre e le prime crisi depressive del padre, che ne causarono l'assenza da casa. Ovviamente, mentre la malattia della madre è nota al paziente fin dai primi anni dell'infanzia, quella del padre viene a conoscerla solo molto più tardi. A causa della propria malattia, la madre si occupò rela-

Eines Tages, gewiß vor seinem vierten Jahr, hört er, von der Mutter an der Hand geführt, die Klagen der Mutter an den Arzt mit an, den sie vom Hause weg begleitet, und prägt sich ihre Worte ein, um sie später für sich selbst zu verwenden. Er ist nicht das einzige Kind; vor ihm steht eine um zwei Jahre ältere Schwester, lebhaft, begabt, und voreilig schlimm, der eine große Rolle in seinem Leben zufällt.

Eine Kinderfrau betreut ihn, soweit er sich zurückerinnert, ein ungebildetes altes Weib aus dem Volke, von unermüdlicher Zärtlichkeit für ihn. Er ist ihr der Ersatz für einen eigenen früh verstorbenen Sohn. Die Familie lebt auf einem Landgut, welches im Sommer mit einem anderen vertauscht wird. Die große Stadt ist von beiden Gütern nicht weit. Es ist ein Abschnitt in seiner Kindheit, als die Eltern die Güter verkaufen und in die Stadt ziehen. Nahe Verwandte halten sich oft für lange Zeiten auf diesem oder jenem Gut auf, Brüder des Vaters, Schwestern der Mutter und deren Kinder, die Großeltern von Mutterseite. Im Sommer pflegen die Eltern auf einige Wochen zu verreisen. Eine Deckerinnerung zeigt ihm, wie er mit seiner Kinderfrau dem Wagen nachschaut, der Vater, Mutter und Schwester entführt, und darauf friedlich ins Haus zurückgeht. Er muß damals sehr klein gewesen sein.[1] Im nächsten Sommer wurde die Schwester zu Hause gelassen und eine englische Gouvernante aufgenommen, der die Oberaufsicht über die Kinder zufiel.

In späteren Jahren war ihm viel von seiner Kindheit erzählt worden.[2] Vieles wußte er selbst, aber natürlich ohne zeitlichen

1 2½ Jahre. Fast alle Zeiten ließen sich später mit Sicherheit bestimmen.

2 Mitteilungen solcher Art darf man in der Regel als Material von uneingeschränkter Glaubwürdigkeit verwerten. Es läge darum nahe, die Lücken in der Erinnerung des Patienten durch Erkundigungen bei den älteren Familienmitgliedern mühelos auszufüllen, allein ich kann nicht entschieden genug von solcher Technik abraten. Was die Angehörigen über Befragen und Aufforderung erzählen, unterliegt allen kritischen Bedenken, die in Betracht kommen können. Man bedauert es regelmäßig, sich von diesen Auskünften abhängig gemacht zu haben, hat dabei das Vertrauen in die Analyse gestört und eine andere Instanz über sie gesetzt. Was überhaupt erinnert werden kann, kommt im weiteren Verlauf der Analyse zum Vorschein.

tivamente poco dei bambini. Un giorno, sicuramente prima che lui avesse quattro anni, la madre lo teneva per mano mentre riaccompagnava fuori di casa il medico; il bambino la sentì esprimere delle lamentele, che si impresse in mente per applicarle, più tardi, a se stesso. Non è figlio unico; ha una sorella di due anni più grande, sveglia, dotata e precocemente "cattiva", che gioca un ruolo importante nella sua vita.

I suoi primissimi ricordi risalgono all'epoca in cui lo accudiva una bambinaia, un'anziana popolana priva di cultura, ma instancabilmente affettuosa con lui. Per lei il bambino rappresenta il sostituto di un proprio figlio morto da piccolo. La famiglia vive in una tenuta di campagna e d'estate si trasferisce in un'altra. Entrambe le tenute non sono molto distanti dalla città. La vendita delle proprietà da parte dei genitori, con il relativo trasferimento in città segnano un'epoca nella sua infanzia. Parenti stretti soggiornano, spesso per lunghi periodi, nell'una o nell'altra tenuta: fratelli del padre, sorelle della madre con i loro bambini, i nonni materni. In estate i genitori di solito fanno un viaggio di alcune settimane. Un ricordo di copertura ce lo mostra insieme alla bambinaia mentre ritorna in casa pacifico dopo aver guardato allontanarsi la vettura che conduce via padre, madre e sorella. Doveva essere molto piccolo.[1] L'estate successiva la sorella fu lasciata a casa, e fu assunta una governante inglese con il compito di sovraintendere ai bambini.

Molte cose relative alla sua infanzia gli erano state raccontate in anni successivi.[2] Molte le sapeva lui stesso, na-

[1] Aveva due anni e mezzo: più tardi fu possibile determinare con esattezza tutte le date.

[2] Il materiale di questa provenienza in genere può essere considerato molto attendibile. Per questo a volte, per risparmiare fatica, si è tentati di colmare le lacune mnemoniche del paziente con inchieste svolte presso i membri più anziani della famiglia; eppure non sconsiglierò mai abbastanza questo metodo. Quello che dicono i parenti quando li interroghiamo lascia spazio a tutte le possibili obiezioni critiche. Ci si pente sempre di essere dipesi da queste informazioni e di aver diminuito la fiducia nell'analisi, istituendo sopra di essa un'altra istanza. Quanto è suscettibile di essere ricordato verrà comunque alla luce nel decorso dell'analisi.

oder inhaltlichen Zusammenhang. Eine dieser Überlieferungen, die aus Anlaß seiner späteren Erkrankung ungezählte Male vor ihm wiederholt worden war, macht uns mit dem Problem bekannt, dessen Lösung uns beschäftigen wird. Er soll zuerst ein sehr sanftes, gefügiges und eher ruhiges Kind gewesen sein, so daß man zu sagen pflegte, er hätte das Mädchen werden sollen und die ältere Schwester der Bub. Aber einmal, als die Eltern von der Sommerreise zurückkamen, fanden sie ihn verwandelt. Er war unzufrieden, reizbar, heftig geworden, fand sich durch jeden Anlaß gekränkt, tobte dann und schrie wie ein Wilder, so daß die Eltern, als der Zustand andauerte, die Besorgnis äußerten, es werde nicht möglich sein, ihn später einmal in die Schule zu schicken. Es war der Sommer, in dem die englische Gouvernante anwesend war, die sich als eine närrische, unverträgliche, übrigens dem Trunke ergebene Person erwies. Die Mutter war darum geneigt, die Charakterveränderung des Knaben mit der Einwirkung dieser Engländerin zusammenzubringen, und nahm an, sie habe ihn durch ihre Behandlung gereizt. Die scharfsichtige Großmutter, die den Sommer mit den Kindern geteilt hatte, vertrat die Ansicht, daß die Reizbarkeit des Knaben durch die Zwistigkeiten zwischen der Engländerin und der Kinderfrau hervorgerufen sei. Die Engländerin hatte die Kinderfrau wiederholt eine Hexe geheißen, sie gezwungen, das Zimmer zu verlassen; der Kleine hatte offen die Partei seiner geliebten „Nanja" genommen und der Gouvernante seinen Haß bezeigt. Wie dem sein mochte, die Engländerin wurde bald nach der Rückkehr der Eltern weggeschickt, ohne daß sich am unleidlichen Wesen des Kindes etwas änderte.

Die Erinnerung an diese schlimme Zeit ist bei dem Patienten erhalten geblieben. Er meint, die erste seiner Szenen habe er gemacht, als er einmal zu Weihnachten nicht doppelt beschenkt wurde, wie ihm gebührt hätte, weil der Weihnachtstag gleichzeitig sein Geburtstag war. Mit seinen Ansprüchen und Empfindlichkeiten verschonte er auch die geliebte Nanja nicht, ja quälte vielleicht sie am unerbittlichsten. Aber diese Phase der Charakterveränderung ist in seiner Erinnerung unlösbar verknüpft mit

turalmente prive di nessi cronologici o contenutistici. Una delle cose che gli avevano riferito e che gli era stata ripetuta infinite volte come causa della successiva malattia, ci fa conoscere il problema che dovremo risolvere. Pare che inizialmente fosse un bambino molto dolce, docile e piuttosto calmo, tanto che si diceva che lui avrebbe dovuto essere la femmina e la sorella maggiore il maschio. Ma una volta, al ritorno da uno dei loro viaggi estivi, i genitori lo trovarono cambiato. Era diventato scontento, irascibile, violento, si offendeva per qualsiasi cosa, poi strepitava e gridava come un selvaggio, tanto che i genitori, persistendo quello stato, temettero che più tardi non sarebbe stato possibile mandarlo a scuola. Successe l'estate in cui era presente la governante inglese, che si era rivelata una persona bizzarra, intrattabile, oltretutto dedita al bere. Per questo la madre era incline a ricollegare il cambiamento di carattere del bambino all'influenza di questa inglese, supponendo che il suo comportamento lo avesse irritato. La nonna, avendo condiviso l'estate con i bambini, si formò, con grande perspicacia, l'opinione che quello stato di irritabilità fosse derivato dai dissensi tra l'inglese e la bambinaia. L'inglese aveva ripetutamente trattato da strega la bambinaia, costringendola anche a lasciare la stanza; il piccolo aveva preso apertamente le parti dell'amata nanja[3] e mostrato alla governante il proprio astio. A ogni modo, al ritorno dei genitori, l'inglese fu subito allontanata, senza che nel carattere insopportabile del bambino cambiasse qualcosa.

Il ricordo di questo periodo di "cattiveria" è rimasto impresso nel paziente. Riteneva di aver fatto la prima delle sue scene una volta che per Natale non gli era stata donata la doppia dose di regali che gli spettava, dato che il giorno di Natale era anche il suo compleanno. Con le sue rivendicazioni e le sue suscettibilità non risparmiò neppure l'amata nanja, anzi, forse la tormentò ancor più implacabilmente. Ma nel suo ricordo questa fase di cambiamento del ca-

[3] Termine che nella lingua russa significa "tata". La famiglia del paziente era di origine russa. [*N.d.T.*]

vielen anderen sonderbaren und krankhaften Erscheinungen, die er zeitlich nicht anzuordnen weiß. Er wirft all das, was jetzt berichtet werden soll, was unmöglich gleichzeitig gewesen sein kann und voll inhaltlichen Widerspruchs ist, in einen und denselben Zeitraum, den er „noch auf dem ersten Gut" benennt. Mit fünf Jahren, glaubt er, hätten sie dieses Gut verlassen. Er weiß also zu erzählen, daß er an einer Angst gelitten, welche sich seine Schwester zu nutze machte, um ihn zu quälen. Es gab ein gewisses Bilderbuch, in dem ein Wolf dargestellt war, aufrecht stehend und ausschreitend. Wenn er dieses Bild zu Gesicht bekam, fing er an wie rasend zu schreien, er fürchtete sich, der Wolf werde kommen und ihn auffressen. Die Schwester wußte es aber immer so einzurichten, daß er dieses Bild sehen mußte, und ergötzte sich an seinem Schrecken. Er fürchtete sich indes auch vor anderen Tieren, großen und kleinen. Einmal jagte er einem schönen großen Schmetterling mit gelb gestreiften Flügeln, die in Zipfel ausliefen, nach, um ihn zu fangen. (Es war wohl ein „Schwalbenschwanz".) Plötzlich faßte ihn entsetzliche Angst vor dem Tier, er gab die Verfolgung schreiend auf. Auch vor Käfern und Raupen hatte er Angst und Abscheu. Doch wußte er sich zu erinnern, daß er um dieselbe Zeit Käfer gequält und Raupen zerschnitten; auch Pferde waren ihm unheimlich. Wenn ein Pferd geschlagen wurde, schrie er auf und mußte deswegen einmal den Zirkus verlassen. Anderemale liebte er es selbst, Pferde zu schlagen. Ob diese entgegengesetzten Arten des Verhaltens gegen Tiere wirklich gleichzeitig in Kraft gewesen, oder ob sie einander nicht vielmehr abgelöst hatten, dann aber, in welcher Folge und wann, das ließ seine Erinnerung nicht entscheiden. Er konnte auch nicht sagen, ob seine schlimme Zeit durch eine Phase von Krankheit ersetzt worden war oder sich durch diese hindurch fortgesetzt hatte. Jedenfalls war man durch seine nun folgenden Mitteilungen zur Annahme berechtigt, daß er in jenen Kinderjahren eine sehr gut kenntliche Erkrankung an Zwangsneurose durchgemacht hatte. Er erzählte, er sei eine lange Zeit hindurch sehr fromm gewesen. Vor dem Einschlafen mußte er lange beten und eine unendliche Reihe von

rattere è indissolubilmente legata a molti altri fenomeni strani e patologici, ai quali non sa dare un ordine cronologico. Relega in uno stesso periodo, che chiama "ancora nella prima tenuta", tutto quello che ora riferirò, che non può essere stato contemporaneo ed è pieno di contraddizioni dal punto di vista contenutistico. Questa tenuta la lasciarono, così gli pare, quando aveva cinque anni. Racconta che a quell'epoca aveva una paura particolare, sfruttata dalla sorella per tormentarlo. In un libro illustrato c'era la figura di un lupo ritto sulle zampe nell'atto di avanzare. Quando gli capitava di vedere questa figura cominciava a gridare come un pazzo: aveva paura che il lupo arrivasse e lo divorasse. La sorella riusciva sempre a fare in modo di fargli vedere questa figura, e si divertiva molto al suo spavento. Frattanto aveva paura anche di altri animali, grandi e piccoli. Una volta si era messo a rincorrere, per catturarla, una bella farfalla molto grande con ali striate di giallo che terminavano a punta. (Si trattava probabilmente di un macaone.) Improvvisamente ebbe una terribile paura di questo insetto e abbandonò l'inseguimento gridando. Anche di coleotteri e bruchi provava paura e ribrezzo. Eppure ricordava di aver torturato coleotteri e tagliato a pezzi bruchi in quello stesso periodo; anche i cavalli lo inquietavano. Si metteva a gridare se vedeva percuotere un cavallo e per questo motivo una volta dovette anche uscire dal circo. Altre volte, però, gli piaceva essere lui a percuoterli. Il suo ricordo, però, non permetteva di determinare se questi comportamenti di segno opposto verso gli animali fossero davvero sussistiti contemporaneamente, o se non si fossero piuttosto alternati, e in questo caso in quale ordine e quando. Né sapeva dire se il suo periodo di cattiveria fosse stato sostituito da una fase di malattia oppure se anche durante la malattia la cattiveria fosse persistita. In ogni caso le sue dichiarazioni, che ora riferirò, facevano supporre che in quegli anni dell'infanzia avesse attraversato una crisi palese di nevrosi ossessiva. Raccontò di essere stato per un lungo periodo molto devoto. Prima di addormentarsi doveva pregare a lungo e farsi una serie infinita di segni

Kreuzen schlagen. Er pflegte auch abends mit einem Sessel, auf den er stieg, die Runde vor allen Heiligenbildern zu machen, die im Zimmer hingen, und jedes einzelne andächtig zu küssen. Zu diesem frommen Zeremoniell stimmte es dann sehr schlecht — oder vielleicht doch ganz gut, — daß er sich an gotteslästerliche Gedanken erinnerte, die ihm wie eine Eingebung des Teufels in den Sinn kamen. Er mußte denken: Gott—Schwein oder Gott—Kot. Irgend einmal auf einer Reise in einen deutschen Badeort war er von dem Zwang gequält, an die heilige Dreieinigkeit zu denken, wenn er drei Häufchen Pferdemist oder anderen Kot auf der Straße liegen sah. Damals befolgte er auch ein eigentümliches Zeremoniell, wenn er Leute sah, die ihm leid taten, Bettler, Krüppel, Greise. Er mußte geräuschvoll ausatmen, um nicht so zu werden wie sie, unter gewissen anderen Bedingungen auch den Atem kräftig einziehen. Es lag mir natürlich nahe anzunehmen, daß diese deutlich zwangsneurotischen Symptome einer etwas späteren Zeit und Entwicklungsstufe angehörten als die Zeichen von Angst und die grausamen Handlungen gegen Tiere.

Die reiferen Jahre des Patienten waren durch ein sehr ungünstiges Verhältnis zu seinem Vater bestimmt, der damals nach wiederholten Anfällen von Depression die krankhaften Seiten seines Charakters nicht verbergen konnte. In den ersten Kinderjahren war dies Verhältnis ein sehr zärtliches gewesen, wie die Erinnerung des Sohnes bewahrt hatte. Der Vater hatte ihn sehr lieb und spielte gerne mit ihm. Er war von klein auf stolz auf den Vater und äußerte nur, er wolle so ein Herr werden wie der. Die Nanja hatte ihm gesagt, die Schwester sei das Kind der Mutter, er aber das des Vaters, womit er sehr zufrieden war. Zu Ausgang der Kindheit war eine Entfremdung zwischen ihm und dem Vater eingetreten. Der Vater zog die Schwester unzweifelhaft vor, und er war sehr gekränkt darüber. Später wurde die Angst vor dem Vater dominierend.

Gegen das achte Jahr etwa verschwanden alle die Erscheinungen, die der Patient der mit der Schlimmheit beginnenden Lebensphase zurechnet. Sie verschwanden nicht mit einem Schlage, sondern kehrten einigemale wieder, wichen aber endlich, wie

della croce. La sera, inoltre, era solito fare il giro di tutte le immagini sacre appese nella stanza portandosi dietro una sedia, sulla quale saliva per baciarle devotamente una per una. Con questo cerimoniale religioso si accordava molto male – o forse molto bene – il fatto che si ricordasse di pensieri blasfemi che gli venivano in mente come per ispirazione del demonio. Doveva pensare: "Dio maiale" o "Dio merda". Una volta, durante un viaggio verso una località balneare tedesca fu tormentato dalla costrizione a pensare alla Trinità quando vedeva per strada tre mucchietti di sterco di cavallo o altri escrementi. A quel tempo eseguiva anche un singolare cerimoniale alla vista di persone che gli facevano pena, mendicanti, invalidi, vecchi. Doveva espirare rumorosamente per non diventare come loro, in certe altre circostanze, invece, incamerare aria con forza. Naturalmente mi venne spontaneo di supporre che questi sintomi, chiaramente nevrotico-ossessivi, appartenessero a un periodo e a uno stadio di sviluppo un po' posteriori rispetto alle manifestazioni di paura e agli atti di crudeltà verso gli animali.

La pubertà del paziente fu caratterizzata da un rapporto non proprio buono col padre, che a quell'epoca fu colto da ripetute crisi di depressione e non poté più nascondere l'aspetto patologico del proprio carattere. Secondo i ricordi del figlio, questo rapporto era stato invece tenerissimo nei primi anni dell'infanzia. Il padre era molto affettuoso e giocava volentieri insieme a lui. Il bambino, fin da piccolo, era fiero di suo padre, e dichiarava di voler diventare un uomo come lui. La nanja gli aveva detto che la sorella era figlia della madre e lui del padre, e la cosa gli aveva fatto piacere. Fu alla fine dell'infanzia che tra i due si verificò un allontanamento: il padre gli preferiva apertamente la sorella, e lui ne soffriva molto. Più tardi diventò dominante la paura del padre.

Verso gli otto anni, tutti i fenomeni, che il paziente ascrive alla fase di vita cominciata con la "cattiveria", scomparvero. Non di colpo; di tanto in tanto si ripresentavano, ma alla fine cedettero, così pensa il malato, a opera

der Kranke meint, dem Einfluß der Lehrer und Erzieher, die dann an die Stelle der weiblichen Pflegepersonen traten. Dies also sind im knappsten Umriß die Rätsel, deren Lösung der Analyse aufgegeben wurde: Woher rührte die plötzliche Charakterveränderung des Knaben, was bedeuteten seine Phobie und seine Perversitäten, wie kam er zu seiner zwanghaften Frömmigkeit und wie hängen alle diese Phänomene zusammen? Ich erinnere nochmals daran, daß unsere therapeutische Arbeit einer späteren rezenten neurotischen Erkrankung galt, und daß Aufschlüsse über jene früheren Probleme sich nur ergeben konnten, wenn der Verlauf der Analyse für eine Zeit von der Gegenwart abführte, um uns zu dem Umweg durch die kindliche Urzeit zu nötigen.

dei maestri ed educatori che in quel periodo subentrarono al posto delle figure femminili che lo avevano allevato. In un rapido abbozzo gli enigmi da risolvere in analisi sono: da dove abbia avuto origine l'improvviso cambiamento di carattere del bambino, quale sia il significato delle sue fobie e delle sue perversità, come sia arrivato alla religiosità ossessiva e infine come si ricolleghino insieme tutti questi fenomeni. Ricorderò ancora una volta che il nostro lavoro terapeutico riguardava una malattia nevrotica successiva, cioè recente, e che solo quando il decorso dell'analisi ci allontanò temporaneamente dal presente per costringerci a un giro nella preistoria dell'infanzia riuscimmo a spiegare questi problemi anteriori.

III

DIE VERFÜHRUNG UND IHRE NÄCHSTEN FOLGEN

Die nächste Vermutung richtete sich begreiflicherweise gegen die englische Gouvernante, während deren Anwesenheit die Veränderung des Knaben aufgetreten war. Es waren zwei an sich unverständliche Deckerinnerungen erhalten, die sich auf sie bezogen. Sie hatte einmal, als sie vorausging, zu den Nachkommenden gesagt: Schauen Sie doch auf mein Schwänzchen! Ein andermal war ihr auf einer Fahrt der Hut weggeflogen zur großen Befriedigung der Geschwister. Das deutete auf den Kastrationskomplex hin und gestattete etwa die Konstruktion, eine von ihr an den Knaben gerichtete Drohung hätte zur Entstehung seines abnormen Benehmens viel beigetragen. Es ist ganz ungefährlich, solche Konstruktionen den Analysierten mitzuteilen, sie schaden der Analyse niemals, wenn sie irrig sind, und man spricht sie doch nicht aus, wenn man nicht Aussicht hat, irgend eine Annäherung an die Wirklichkeit durch sie zu erreichen. Als nächste Wirkung dieser Aufstellung traten Träume auf, deren Deutung nicht vollkommen gelang, die aber immer um denselben Inhalt zu spielen schienen. Es handelte sich in ihnen, soweit man sie verstehen konnte, um aggressive Handlungen des Knaben gegen die Schwester oder gegen die Gouvernante und um energische Zurechtweisungen und Züchtigungen dafür. Als hätte er . . . nach dem Bad . . . die Schwester entblößen . . . ihr die Hüllen . . . oder Schleier . . . abreißen wollen und ähnliches. Es gelang aber nicht, aus der Deutung einen sicheren Inhalt zu gewinnen, und als man den Eindruck empfangen hatte, es werde in diesen

III

LA SEDUZIONE E LE SUE PRIME CONSEGUENZE

Visto che il cambiamento del bambino si era prodotto durante la permanenza della governante inglese, i primi sospetti si appuntarono, ovviamente, su di lei. Si erano conservati due ricordi di copertura, di per sé incomprensibili, che la riguardavano. Una volta, camminando davanti, aveva detto a quelli che la seguivano: "Guardate il mio codino!" Un'altra volta, durante una gita, le era volato via il cappello, con grande gioia di fratello e sorella. Dato che si trattava di allusioni al complesso di castrazione, la costruzione che fosse stata lei a originare il comportamento abnorme del bambino con una minaccia diretta nei suoi confronti non era inverosimile. Costruzioni di questo genere possono essere comunicate tranquillamente all'analizzato: anche se sono erronee, non danneggiano l'analisi, e in ogni caso si formulano solo nella prospettiva di riuscire ad avvicinarsi un po' alla realtà. Come primo effetto di questa comunicazione si presentarono dei sogni, la cui interpretazione non riuscì completamente, ma che sembravano imperniati sempre sullo stesso contenuto. A quanto si capiva, si trattava di azioni aggressive del bambino verso la sorella o la governante e dei relativi energici rimproveri e punizioni che ne conseguivano. Era come se... dopo il bagno... avesse voluto denudare la sorella... strapparle le vesti o i veli e cose simili. Ma dall'interpretazione non si riuscì a ricavare un contenuto certo; solo basandoci sull'impressione

Träumen das nämliche Material in immer wieder wechselnder Weise verarbeitet, war die Auffassung dieser angeblichen Reminiszenzen gesichert. Es konnte sich nur um Phantasien handeln, die der Träumer irgend einmal, wahrscheinlich in den Pubertätsjahren, über seine Kindheit gemacht hatte und die jetzt in so schwer kenntlicher Form wieder aufgetaucht waren.

Ihr Verständnis ergab sich mit einem Schlage, als der Patient sich plötzlich der Tatsache besann, die Schwester habe ihn ja, „als er noch sehr klein war, auf dem ersten Gut“, zu sexuellen Tätlichkeiten verführt. Zunächst kam die Erinnerung, daß sie auf dem Abort, den die Kinder häufig gemeinsam benützten, die Aufforderung vorgebracht: Wollen wir uns den Popo zeigen, und dem Wort auch die Tat habe folgen lassen. Späterhin stellte sich das Wesentlichere der Verführung mit allen Einzelheiten der Zeit und der Lokalität ein. Es war im Frühjahr, zu einer Zeit, da der Vater abwesend war; die Kinder spielten auf dem Boden in einem Raum, während im benachbarten die Mutter arbeitete. Die Schwester hatte nach seinem Glied gegriffen, damit gespielt und dabei unbegreifliche Dinge über die Nanja wie zur Erklärung gesagt. Die Nanja tue dasselbe mit allen Leuten, z. B. mit dem Gärtner, sie stelle ihn auf den Kopf und greife dann nach seinen Genitalien.

Damit war das Verständnis der vorhin erratenen Phantasien gegeben. Sie sollten die Erinnerung an einen Vorgang, welcher später dem männlichen Selbstgefühl des Patienten anstößig erschien, verlöschen, und erreichten dieses Ziel, indem sie einen Wunschgegensatz an Stelle der historischen Wahrheit setzten. Nach diesen Phantasien hatte nicht er die passive Rolle gegen die Schwester gespielt, sondern im Gegenteile, er war aggressiv gewesen, hatte die Schwester entblößt sehen wollen, war zurückgewiesen und bestraft worden und darum in die Wut geraten, von der die häusliche Tradition soviel erzählte. Zweckmäßig war es auch, die Gouvernante in diese Dichtung zu verweben, der nun einmal von Mutter und Großmutter die Hauptschuld an seinen Wutanfällen zugeteilt wurde. Diese Phantasien entsprachen also genau der Sagenbildung, durch welche eine später große und stolze Nation die Kleinheit und das Mißgeschick ihrer Anfänge zu verhüllen sucht.

che in questi sogni venisse rielaborato in modo sempre diverso lo stesso materiale ci garantimmo la comprensione di queste presunte reminiscenze. Non poteva trattarsi che di fantasie relative alla propria infanzia fatte dal sognatore chissà quando, probabilmente negli anni della pubertà, e ora riemerse in forma così indistinguibile.

Le comprendemmo di colpo, quando il paziente si ricordò all'improvviso del fatto che "da piccolino, ancora nella prima tenuta", la sorella lo aveva indotto a pratiche sessuali. Per prima cosa ricordò che al gabinetto, spesso usato dai bambini in comune, lei aveva espresso l'invito di mostrarsi a vicenda il popò, e dalle parole era passata ai fatti. Poi si presentò quella che è la parte più essenziale della seduzione, con tutti i particolari di tempo e luogo. Era primavera, in un periodo in cui il padre era assente; i bambini giocavano sul pavimento in una stanza, mentre la madre lavorava in quella accanto. La sorella gli aveva preso in mano il membro, ci aveva giocato e poi, come spiegazione, aveva detto cose incredibili sulla nanja: che la nanja questa cosa la faceva con tutti, per esempio con il giardiniere: lo metteva a testa in giù e poi gli afferrava i genitali.

Questo rendeva intelligibili le fantasie che poco prima avevamo indovinato. Avevano lo scopo di cancellare il ricordo di un evento apparso più tardi offensivo all'orgoglio virile del paziente e lo raggiunsero sostituendo l'evento reale con un'antitesi auspicabile. Secondo queste fantasie, lui non aveva giocato un ruolo passivo nei confronti della sorella, ma al contrario, era stato aggressivo, aveva voluto vedere la sorella nuda, era stato respinto e punito e per questo era andato soggetto a quegli eccessi di rabbia di cui i racconti della famiglia avevano tanto parlato. In questa epopea era opportuno poi inserire in qualche modo anche la governante, alla quale era pur sempre stata attribuita, dalla madre e dalla nonna, la principale responsabilità delle sue crisi di rabbia. Queste fantasie, dunque, erano l'esatto corrispettivo della formazione di saghe con cui una nazione, diventata grande e orgogliosa, cerca di nascondere meschinità e sfortuna dei propri esordi.

In Wirklichkeit konnte die Gouvernante an der Verführung und ihren Folgen nur einen sehr entlegenen Anteil haben. Die Szenen mit der Schwester fanden im Frühjahr des nämlichen Jahres statt, in dessen Hochsommermonaten die Engländerin als Ersatz der abwesenden Eltern eintrat. Die Feindseligkeit des Knaben gegen die Gouvernante kam vielmehr auf eine andere Weise zu stande. Indem sie die Kinderfrau beschimpfte und als Hexe verleumdete, trat sie bei ihm in die Fußstapfen der Schwester, die zuerst jene ungeheuerlichen Dinge von der Kinderfrau erzählt hatte, und gestattete ihm so, an ihr die Abneigung zum Vorschein zu bringen, die sich infolge der Verführung, wie wir hören werden, gegen die Schwester entwickelt hatte.

Die Verführung durch die Schwester war aber gewiß keine Phantasie. Ihre Glaubwürdigkeit wurde durch eine niemals vergessene Mitteilung aus späteren, reifen Jahren erhöht. Ein um mehr als ein Jahrzehnt älterer Vetter hatte ihm in einem Gespräch über die Schwester gesagt, er erinnere sich sehr wohl daran, was für ein vorwitzig sinnliches Ding sie gewesen sei. Als Kind von vier oder fünf Jahren habe sie sich einmal auf seinen Schoß gesetzt und ihm die Hose geöffnet, um nach seinem Glied zu greifen.

Ich möchte jetzt die Kindergeschichte meines Patienten unterbrechen, um von dieser Schwester, ihrer Entwicklung, weiteren Schicksalen und von ihrem Einfluß auf ihn zu sprechen. Sie war zwei Jahre älter als er und ihm immer voraus geblieben. Als Kind bubenhaft unbändig, schlug sie dann eine glänzende intellektuelle Entwicklung ein, zeichnete sich durch scharfen realistischen Verstand aus, bevorzugte die Naturwissenschaften in ihren Studien, produzierte aber auch Gedichte, die der Vater hoch einschätzte. Ihren zahlreichen ersten Bewerbern war sie geistig sehr überlegen, pflegte sich über sie lustig machen. In den ersten Zwanzigerjahren aber begann sie verstimmt zu werden, klagte, daß sie nicht schön genug sei, und zog sich von allem Umgang zurück. Auf eine Reise in Begleitung einer befreundeten älteren Dame geschickt, erzählte sie nach ihrer Heimkehr ganz unwahrscheinliche Dinge, wie sie von ihrer Begleiterin mißhandelt

In realtà la governante, per quanto riguarda la seduzione e le sue conseguenze, poteva aver svolto solo un ruolo molto secondario. L'inglese, infatti, era subentrata a sostituire i genitori assenti in piena estate, mentre le scene con la sorella si erano verificate già nella primavera di quello stesso anno. L'ostilità del bambino verso la governante si determinò, piuttosto, in un altro modo: siccome aveva ingiuriato la bambinaia, trattandola da strega, a suo parere non aveva fatto che seguire le orme della sorella, che per prima aveva raccontato quelle terribili cose sulla nanja; questo aveva provocato la comparsa, nei suoi confronti, di quell'avversione che, come vedremo, si era sviluppata in lui contro la sorella in seguito alla seduzione.

La seduzione a opera della sorella non era certo una fantasia. La credibilità di quell'episodio fu accresciuta da un'informazione che ricevette più tardi, quando era già maturo, e non dimenticò mai. Parlando della sorella un cugino, maggiore di lui di oltre dieci anni, gli aveva detto di ricordare molto bene che tipo sfrontato e sensuale fosse stata. Da bambina, quando aveva quattro o cinque anni, una volta gli era salita in grembo e gli aveva aperto i pantaloni per afferrargli il membro.

Vorrei a questo punto interrompere la storia infantile del mio paziente per parlare di questa sorella, del suo sviluppo, di cosa le accadde in seguito e dell'influsso che esercitò su di lui. Era maggiore di due anni e nei suoi confronti aveva sempre conservato il vantaggio. Irriducibile ragazzaccio da piccola, aveva poi iniziato un brillante sviluppo intellettuale: si distingueva per una mente acuta e realistica, e benché negli studi prediligesse le scienze, scriveva anche poesie che il padre apprezzava molto. Parecchio superiore, intellettualmente, ai suoi primi e numerosi corteggiatori, se ne prendeva gioco. Però subito dopo i vent'anni aveva cominciato a cambiare umore, si lagnava di non essere abbastanza bella e alla fine si ritirò da ogni relazione sociale. Mandata a fare un viaggio in compagnia di una signora, un'anziana amica di famiglia, raccontò al suo ritorno cose del tutto improbabili su maltrattamenti subìti da

worden sei, blieb aber an die vorgebliche Peinigerin offenbar fixiert. Auf einer zweiten Reise bald nachher vergiftete sie sich und starb fern vom Hause. Wahrscheinlich entsprach ihre Affektion dem Beginne einer Dementia praecox. Sie war eine der Zeugen für die ansehnliche neuropathische Heredität in der Familie, keineswegs aber die einzige. Ein Onkel, Vaterbruder, starb nach langen Jahren einer Sonderlingsexistenz unter Zeichen, die auf eine schwere Zwangsneurose schließen lassen; eine gute Anzahl von Seitenverwandten war und ist mit leichteren nervösen Störungen behaftet.

Für unseren Patienten war die Schwester in der Kindheit — von der Verführung zunächst abgesehen — ein unbequemer Konkurrent um die Geltung bei den Eltern, dessen schonungslos gezeigte Überlegenheit er sehr drückend empfand. Er neidete ihr dann besonders den Respekt, den der Vater vor ihren geistigen Fähigkeiten und intellektuellen Leistungen bezeugte, während er, seit seiner Zwangsneurose intellektuell gehemmt, sich mit einer geringen Einschätzung begnügen mußte. Von seinem vierzehnten Jahr an begann das Verhältnis der Geschwister sich zu bessern; ähnliche geistige Anlage und gemeinsame Opposition gegen die Eltern führten sie so weit zusammen, daß sie wie die besten Kameraden miteinander verkehrten. In der stürmischen sexuellen Erregtheit seiner Pubertätszeit wagte er es, eine intime körperliche Annäherung bei ihr zu suchen. Als sie ihn ebenso entschieden als geschickt abgewiesen hatte, wandte er sich von ihr sofort zu einem kleinen Bauernmädchen, das im Hause bedienstet war und den gleichen Namen wie die Schwester trug. Er hatte damit einen für seine heterosexuelle Objektwahl bestimmenden Schritt vollzogen, denn alle die Mädchen, in die er sich dann später, oft unter den deutlichsten Anzeichen des Zwanges, verliebte, waren gleichfalls dienende Personen, deren Bildung und Intelligenz weit hinter der seinigen zurückstehen mußten. Waren alle diese Liebesobjekte Ersatzpersonen für die ihm versagte Schwester, so ist nicht abzuweisen, daß eine Tendenz zur Erniedrigung der Schwester, zur Aufhebung ihrer intellektuellen Überlegenheit, die ihn einst so bedrückt hatte, dabei die Entscheidung über seine Objektwahl bekam.

parte della sua accompagnatrice, restando tuttavia attaccata alla sua presunta aguzzina. Durante un secondo viaggio, avvenuto poco dopo, si avvelenò e morì lontano da casa. Probabilmente la sua affezione corrispondeva a una incipiente *Dementia Praecox*. Era una delle prove della considerevole eredità nevropatica della famiglia, in ogni caso non la sola. Uno zio, fratello del padre, morì dopo parecchi anni di esistenza stravagante, con caratteri che facevano pensare a una grave nevrosi ossessiva; un discreto numero di parenti collaterali erano, e sono, affetti da disturbi nervosi più lievi.

A prescindere dalla seduzione, per il nostro paziente la sorella era stata nell'infanzia uno scomodo concorrente nell'affermazione di fronte ai genitori: ne aveva molto pesantemente sperimentato la superiorità, che lei implacabilmente ostentava. Le invidiava, in particolare, il rispetto che il padre dimostrava per le sue capacità spirituali e le sue doti intellettuali, mentre lui, intellettualmente inibito già dal tempo della nevrosi ossessiva, doveva contentarsi di una stima ben più esigua. Dai quattordici anni in poi i rapporti con la sorella cominciarono a migliorare; un talento spirituale affine e la comune opposizione verso i genitori li avvicinarono a tal punto da farli diventare l'uno il miglior amico dell'altro. Nella turbolenta agitazione sessuale della pubertà, azzardò un approccio intimo con lei. Respinto garbatamente ma altrettanto decisamente, desistette e si rivolse a una giovane contadina che faceva i servizi in casa e portava lo stesso nome della sorella. Così facendo aveva compiuto un passo decisivo per la scelta oggettuale eterosessuale, perché tutte le ragazze di cui più tardi si innamorò, spesso sotto i più inequivocabili segni della coazione, erano sempre persone di servizio, la cui educazione e intelligenza dovevano essere ampiamente inferiori alle proprie. Se tutti questi oggetti d'amore erano dei sostituti della sorella, che lo aveva respinto, non è da escludere che nella sua scelta oggettuale fosse stata decisiva una tendenza a sminuirla, ad annullare quella sua superiorità intellettuale che un tempo lo aveva tanto angustiato.

Motiven dieser Art, die dem Willen zur Macht, dem Behauptungstrieb des Individuums entstammen, hat Alf. Adler wie alles andere so auch das sexuelle Verhalten der Menschen untergeordnet. Ich bin, ohne die Geltung solcher Macht- und Vorrechtsmotive je zu leugnen, nie davon überzeugt gewesen, daß sie die ihnen zugeschriebene dominierende und ausschließliche Rolle spielen können. Hätte ich die Analyse meines Patienten nicht bis zu Ende geführt, so hätte ich die Beobachtung dieses Falles zum Anlaß nehmen müssen, um eine Korrektur meines Vorurteils im Sinne von Adler vorzunehmen. Unerwarteterweise brachte der Schluß dieser Analyse neues Material, aus dem sich wiederum ergab, daß diese Machtmotive (in unserem Falle die Erniedrigungstendenz) die Objektwahl nur im Sinne eines Beitrags und einer Rationalisierung bestimmt hatten, während die eigentliche, tiefere Determinierung mir gestattete, an meinen früheren Überzeugungen festzuhalten.[1]

Als die Nachricht vom Tode der Schwester anlangte, erzählte der Patient, empfand er kaum eine Andeutung von Schmerz. Er zwang sich zu Zeichen von Trauer und konnte sich in aller Kühle darüber freuen, daß er jetzt der alleinige Erbe des Vermögens geworden sei. Er befand sich schon seit mehreren Jahren in seiner rezenten Krankheit, als sich dies zutrug. Ich gestehe aber, daß diese eine Mitteilung mich in der diagnostischen Beurteilung des Falles für eine ganze Weile unsicher machte. Es war zwar anzunehmen, daß der Schmerz über den Verlust des geliebtesten Mitglieds seiner Familie eine Ausdruckshemmung durch die fortwirkende Eifersucht gegen sie und durch die Einmengung der unbewußt gewordenen inzestuösen Verliebtheit erfahren würde, aber auf einen Ersatz für den unterbliebenen Schmerzausbruch vermochte ich nicht zu verzichten. Ein solcher fand sich endlich in einer anderen, ihm unverständlich gebliebenen Gefühlsäußerung. Wenige Monate nach dem Tode der Schwester machte er selbst eine Reise in die Gegend, wo sie gestorben war, suchte dort das Grab eines großen Dichters auf, der damals sein Ideal war, und vergoß heiße Tränen auf diesem Grabe. Dies

[1] S. unten S. 230.

Alfred Adler ha subordinato tutti i comportamenti degli uomini, compreso quello sessuale, a moventi di questo genere, che discendono dalla volontà di potenza e dall'istinto di autoaffermazione. Senza negare il valore di questi moventi di predominio e di potenza, non sono mai stato convinto che possano giocare quel ruolo dominante ed esclusivo che viene loro ascritto. Se non avessi portato a termine l'analisi del mio paziente, l'osservazione di questo caso avrebbe dovuto indurmi a correggere il mio pregiudizio nel senso sostenuto da Adler. Inaspettatamente la conclusione di questa analisi fornì nuovo materiale, dal quale risultò ancora una volta che questi moventi di potenza (nel nostro caso la tendenza a sminuire l'altro) avevano determinato la scelta dell'oggetto solo a titolo di contributo e di razionalizzazione, mentre l'elemento determinante vero e proprio, più profondo, mi autorizzava a mantenere le mie precedenti convinzioni.[1] Quando giunse la notizia della morte della sorella – raccontò il paziente – provò a stento un leggero dolore. E mentre si costringeva ad assumere segni esteriori di lutto, in realtà, con tutta freddezza, si rallegrava di essere diventato l'unico erede del patrimonio. Questo si verificò quando era già da diversi anni affetto dalla malattia recente. Confesso, tuttavia, che questa singola informazione mi rese per un bel pezzo incerto nella valutazione diagnostica del caso. Per la verità si poteva presumere che l'espressione del dolore per la perdita del membro più amato della famiglia avesse subìto una inibizione sia per via della gelosia, ancora operante, sia per l'ingerenza dell'amore incestuoso diventato inconscio, ma non riuscivo a rassegnarmi all'assenza di un sostituto della mancata esplosione del dolore. Finalmente lo trovai in una manifestazione di sentimento che a lui era rimasta incomprensibile. Alcuni mesi dopo la morte della sorella si recò in viaggio nella regione in cui lei era morta e qui visitò la tomba di un grande poeta che allora era il suo ideale, versandovi sopra calde lacrime. Questa reazione aveva sorpreso anche

[1] Vedi a p. 231.

war eine auch ihn befremdende Reaktion, denn er wußte, daß mehr als zwei Menschenalter seit dem Tode des verehrten Dichters dahingegangen waren. Er verstand sie erst, als er sich erinnerte, daß der Vater die Gedichte der verstorbenen Schwester mit denen des großen Poeten in Vergleich zu bringen pflegte. Einen anderen Hinweis auf die richtige Auffassung dieser scheinbar an den Dichter gerichteten Huldigung hatte er mir durch einen Irrtum in seiner Erzählung gegeben, den ich an dieser Stelle hervorziehen konnte. Er hatte vorher wiederholt angegeben, daß sich die Schwester erschossen habe, und mußte dann berichtigen, daß sie Gift genommen hatte. Der Poet aber war in einem Pistolenduell erschossen worden.

Ich kehre nun zur Geschichte des Bruders zurück, die ich aber von hier ein Stück weit pragmatisch darstellen muß. Als das Alter des Knaben zur Zeit, da die Schwester ihre Verführungsaktionen begann, stellte sich 3¼ Jahre heraus. Es geschah, wie gesagt, im Frühjahr desselben Jahres, in dessen Herbst die Eltern ihn bei ihrer Rückkehr so gründlich verwandelt fanden. Es liegt nun sehr nahe, diese Wandlung mit der unterdes stattgehabten Erweckung seiner Sexualtätigkeit in Zusammenhang zu bringen.

Wie reagierte der Knabe auf die Verlockungen der älteren Schwester? Die Antwort lautet: mit Ablehnung, aber die Ablehnung galt der Person, nicht der Sache. Die Schwester war ihm als Sexualobjekt nicht genehm, wahrscheinlich, weil sein Verhältnis zu ihr bereits durch den Wettbewerb um die Liebe der Eltern im feindseligen Sinne bestimmt war. Er wich ihr aus und ihre Werbungen nahmen auch bald ein Ende. Aber er suchte an ihrer Statt eine andere, geliebtere Person zu gewinnen, und Mitteilungen der Schwester selbst, die sich auf das Vorbild der Nanja berufen hatte, lenkten seine Wahl auf diese. Er begann also vor der Nanja mit seinem Glied zu spielen, was, wie in so vielen anderen Fällen, wenn die Kinder die Onanie nicht verbergen, als Verführungsversuch aufgefaßt werden muß. Die Nanja enttäuschte ihn, sie machte ein ernstes Gesicht und erklärte, das sei nicht gut. Kinder, die das täten, bekämen an der Stelle eine „Wunde".

Die Wirkung dieser Mitteilung, die einer Drohung gleichkam,

lui, perché si rendeva conto che dalla morte del poeta venerato erano passate più di due generazioni. La comprese solo quando si ricordò che il padre paragonava le poesie della sorella morta a quelle del grande poeta. Un altro indizio per interpretare correttamente questo omaggio, apparentemente rivolto al poeta, era stato fornito da un errore che lui aveva commesso nel racconto e che adesso posso svelare. Più volte aveva dichiarato che la sorella si era sparata e dovette in seguito rettificare dicendo che si era avvelenata. Il poeta in questione era morto per arma da fuoco, in un duello alla pistola.

Torniamo adesso alla storia del fratello che da qui in poi, per un certo tratto, dovrò esporre in modo tematico. Quando la sorella cominciò i suoi atti seduttivi, risultò che il bambino aveva tre anni e tre mesi. Successe, come abbiamo detto, nella primavera di quello stesso anno in cui, in autunno, i genitori, al loro ritorno, lo avevano trovato così radicalmente cambiato. Viene del tutto naturale mettere in relazione questa trasformazione con il risveglio dell'attività sessuale che doveva essere avvenuto nel frattempo.

Come reagì il bambino di fronte agli allettamenti della sorella maggiore? Ebbene, con un rifiuto, ma un rifiuto che riguardava la persona, non la cosa. Probabilmente non gli era gradita come oggetto sessuale perché il comportamento verso di lei era già stato improntato all'ostilità dalla competizione per l'amore dei genitori. La evitò e conseguentemente anche la sorella smise presto di corteggiarlo. Ma lui, in sua vece, cercò di conquistarsi una persona ben accetta e furono proprio i discorsi della sorella, che si erano richiamati al modello della nanja, a pilotare la sua scelta verso quest'ultima. Cominciò così a giocare con il proprio membro davanti alla nanja, il che, come in molti altri casi in cui i bambini non nascondono l'onanismo, deve essere interpretato come un tentativo di seduzione. La nanja lo deluse, facendo la faccia seria, spiegando che non stava bene e dicendogli che ai bambini che fanno questa cosa viene una "ferita" in quel posto.

L'effetto di questa informazione, che equivaleva a una

ist nach verschiedenen Richtungen zu verfolgen. Seine Anhänglichkeit an die Nanja wurde dadurch gelockert. Er hätte böse auf sie werden können; später, als seine Wutanfälle einsetzten, zeigte es sich auch, daß er wirklich gegen sie erbittert war. Allein es war für ihn charakteristisch, daß er jede Libidoposition, die er aufgeben sollte, zunächst hartnäckig gegen das Neue verteidigte. Als die Gouvernante auf dem Schauplatz erschien und die Nanja beschimpfte, aus dem Zimmer jagte, ihre Autorität vernichten wollte, übertrieb er vielmehr seine Liebe zu der Bedrohten und benahm sich abweisend und trotzig gegen die angreifende Gouvernante. Nichtsdestoweniger begann er im geheimen ein anderes Sexualobjekt zu suchen. Die Verführung hatte ihm das passive Sexualziel gegeben, an den Genitalien berührt zu werden; wir werden hören, bei wem er dies erreichen wollte, und welche Wege ihn zu dieser Wahl führten.

Es entspricht ganz unseren Erwartungen, wenn wir hören, daß mit seinen ersten genitalen Erregungen seine Sexualforschung einsetzte, und daß er bald auf das Problem der Kastration geriet. Er konnte in dieser Zeit zwei Mädchen, seine Schwester und ihre Freundin, beim Urinieren beobachten. Sein Scharfsinn hätte ihn schon bei diesem Anblicke den Sachverhalt verstehen lassen können, allein er benahm sich dabei, wie wir es von anderen männlichen Kindern wissen. Er lehnte die Idee, daß er hier die von der Nanja angedrohte Wunde bestätigt sehe, ab, und gab sich die Erklärung, das sei der „vordere Popo" der Mädchen. Das Thema der Kastration war mit dieser Entscheidung nicht abgetan; aus allem, was er hörte, entnahm er neue Hindeutungen darauf. Als den Kindern einmal gefärbte Zuckerstangen verteilt wurden, erklärte die Gouvernante, die zu wüsten Phantasien geneigt war, es seien Stücke von zerschnittenen Schlangen. Von da aus erinnerte er sich, daß der Vater einmal auf einem Spazierweg eine Schlange getroffen und sie mit seinem Stocke in Stücke zerschlagen habe. Er hörte die Geschichte (aus Reineke Fuchs) vorlesen, wie der Wolf im Winter Fische fangen wollte und seinen Schwanz als Köder benützte, wobei der Schwanz im Eis abbrach. Er erfuhr die verschiedenen Namen, mit denen man je

minaccia, va inseguito in diverse direzioni. Il suo attaccamento per la nanja diminuì. Avrebbe potuto perfino adirarsi con lei; in effetti più tardi, quando cominciarono le crisi di collera, si vide chiaramente che era davvero adirato nei suoi confronti. Solo che la sua caratteristica era quella di difendere dal nuovo, inizialmente con tenacia, ogni posizione libidica che doveva abbandonare. Quando sulla scena apparve la governante che ingiuriò la nanja, la cacciò via dalla camera e tentò di annullarne l'autorità, lui esagerò il proprio amore per la vittima e si comportò in modo ostile e tracotante contro l'assalitrice. Nondimeno cominciò in segreto a cercarsi un altro oggetto sessuale. La seduzione gli aveva consegnato l'obiettivo sessuale passivo di farsi toccare i genitali; vedremo con chi intendesse raggiungerlo e in che modo venisse indotto a questa scelta.

In perfetta sintonia con le nostre aspettative apprendiamo che, con le sue prime eccitazioni genitali, subentrò l'esplorazione sessuale e ben presto egli si imbatté nel problema della castrazione. In questo periodo gli capitò di osservare due bambine, la sorella e un'amica, che facevano la pipì. Alla loro vista, il suo acume avrebbe potuto già consentirgli di comprendere come stiano le cose, ma in questa circostanza si comportò come fanno spesso i maschietti. Respinse l'idea di trovarsi di fronte alla conferma di quella ferita prospettata come una minaccia dalla nanja e concluse che si trattava del "popò davanti" delle bambine. Questa presa di posizione non esaurì il tema della castrazione; nuove allusioni a questo proposito gli provenivano da tutto quello che gli capitava di sentire. Una volta che ai bambini furono distribuiti bastoncini di zucchero colorati, la governante, incline a fantasie selvagge, spiegò che si trattava di pezzi di serpenti tagliuzzati. Questo gli fece tornare in mente un episodio accaduto al padre il quale, durante una passeggiata, si era imbattuto in un serpente e l'aveva fatto a pezzi con un bastone. Gli fu inoltre letta la storia (tratta da *La volpe Renardo*) di quel lupo che volendo pescare d'inverno, utilizzò come esca la coda, che rimase troncata nel ghiaccio. Imparò anche i diversi nomi con cui si designano

nach der Intaktheit ihres Geschlechts die Pferde bezeichnet. Er war also mit dem Gedanken an die Kastration beschäftigt, aber er hatte noch keinen Glauben daran und keine Angst davor. Andere Sexualprobleme erstanden ihm aus den Märchen, die ihm um diese Zeit bekannt wurden. Im „Rotkäppchen" und in den „Sieben Geißlein" wurden die Kinder aus dem Leib des Wolfs herausgeholt. War der Wolf also ein weibliches Wesen oder konnten auch Männer Kinder im Leib haben? Das war um diese Zeit noch nicht entschieden. Übrigens kannte er zur Zeit dieser Forschung noch keine Angst vor dem Wolf.

Eine der Mitteilungen des Patienten wird uns den Weg zum Verständnis der Charakterveränderung bahnen, die während der Abwesenheit der Eltern im entferntern Anschluß an die Verführung bei ihm hervortrat. Er erzählt, daß er nach der Abweisung und Drohung der Nanja die Onanie sehr bald aufgab. Das beginnende Sexualleben unter der Leitung der Genitalzone war also einer äußeren Hemmung erlegen und durch deren Einfluß auf eine frühere Phase prägenitaler Organisation zurückgeworfen worden. Infolge der Unterdrückung der Onanie nahm das Sexualleben des Knaben sadistisch-analen Charakter an. Er wurde reizbar, quälerisch, befriedigte sich in solcher Weise an Tieren und Menschen. Sein Hauptobjekt war die geliebte Nanja, die er zu peinigen verstand, bis sie in Tränen ausbrach. So rächte er sich an ihr für die erfahrene Abweisung und befriedigte gleichzeitig sein sexuelles Gelüste in der der regressiven Phase entsprechenden Form. Er begann Grausamkeit gegen kleine Tiere zu üben, Fliegen zu fangen, um ihnen die Flügel auszureißen, Käfer zu zertreten; in seiner Phantasie liebte er es, auch große Tiere, Pferde, zu schlagen. Das waren also durchwegs aktive, sadistische Betätigungen; von den analen Regungen dieser Zeit wird in einem späteren Zusammenhange die Rede sein.

Es ist sehr wertvoll, daß in der Erinnerung des Patienten auch gleichzeitige Phantasien ganz anderer Art auftauchten, des Inhalts, daß Knaben gezüchtigt und geschlagen wurden, besonders auf den Penis geschlagen; und für wen diese anonymen Objekte als Prügelknaben dienten, läßt sich leicht aus anderen Phantasien erraten, die sich ausmalten, wie der Thronfolger in einen engen

i cavalli in base all'integrità del loro sesso. Quindi, benché il pensiero della castrazione lo interessasse, non ci credeva ancora e non ne aveva alcuna paura. Le fiabe che in questo periodo gli furono raccontate gli fecero piuttosto sorgere altri problemi sessuali. In *Cappuccetto rosso* e nei *Sette capretti* i bambini venivano estratti dalla pancia del lupo. Sicché il lupo era una creatura femminile o anche gli uomini potevano avere in pancia bambini? Per il momento la questione rimase aperta. Del resto all'epoca di queste indagini non aveva ancora alcuna paura del lupo.

Una delle informazioni fornite dal paziente ci consente di interpretare il mutamento di carattere insorto in lui durante l'assenza dei genitori come conseguenza ritardata della seduzione. Racconta di aver rinunciato molto presto all'onanismo, dopo il rifiuto e la minaccia della nanja. *L'incipiente vita sessuale legata alla dominanza della zona genitale si arrestò di fronte a un impedimento esterno, il cui influsso la ricondusse a una fase antecedente di organizzazione pregenitale*. In seguito alla repressione dell'onanismo, la vita sessuale del bambino assunse un carattere sadico-anale. Diventò un irascibile torturatore e cominciò a soddisfarsi in questo senso su animali e persone. Bersaglio principale era l'amata nanja, che era capace di tormentare fino a farla piangere. Così si vendicava del rifiuto subìto e contemporaneamente soddisfaceva il proprio desiderio sessuale nella forma appropriata alla fase regressiva. Cominciò a praticare crudeltà su piccoli animali: acchiappava mosche per strappar loro le ali, schiacciava coleotteri; gli piaceva anche fantasticare di picchiare animali grossi, i cavalli, per esempio. Si trattava perciò di azioni interamente attive, sadiche; degli impulsi anali di questo periodo parleremo in un contesto successivo.

È molto importante che nel ricordo del paziente emergessero contemporaneamente fantasie di tipo molto diverso, il cui contenuto riguardava bambini castigati e picchiati, in particolare picchiati sul pene; da altre fantasie si indovina facilmente per chi servissero da capro espiatorio questi anonimi soggetti: si figurava il principino imprigio-

Raum eingesperrt und geschlagen wird. Der Thronfolger war offenbar er selbst; der Sadismus hatte sich also in der Phantasie gegen die eigene Person gewendet und war in Masochismus umgeschlagen. Das Detail, daß das Geschlechtsglied selbst die Züchtigung empfing, läßt den Schluß zu, daß bei dieser Umwandlung bereits ein Schuldbewußtsein beteiligt war, welches sich auf die Onanie berief.

Es blieb in der Analyse kein Zweifel, daß diese passiven Strebungen gleichzeitig oder sehr bald nach den aktiv-sadistischen aufgetreten waren.[2] Dies entspricht der ungewöhnlich deutlichen, intensiven und anhaltenden Ambivalenz des Kranken, die sich hier zum erstenmal in der gleichmäßigen Ausbildung der gegensätzlichen Partialtriebpaare äußerte. Dieses Verhalten blieb für ihn auch in der Folge ebenso charakteristisch wie der weitere Zug, daß eigentlich keine der jemals geschaffenen Libidopositionen durch eine spätere völlig aufgehoben wurde. Sie blieb vielmehr neben allen anderen bestehen und gestattete ihm ein unausgesetztes Schwanken, welches sich mit dem Erwerb eines fixierten Charakters unvereinbar erwies.

Die masochistischen Strebungen des Knaben leiten zu einem anderen Punkt über, dessen Erwähnung ich mir aufgespart habe, weil er erst durch die Analyse der nächstfolgenden Phase seiner Entwicklung sichergestellt werden kann. Ich erwähnte schon, daß er nach der Abweisung durch die Nanja seine libidinöse Erwartung von ihr löste und eine andere Person als Sexualobjekt in Aussicht nahm. Diese Person war der damals abwesende Vater. Zu dieser Wahl wurde er gewiß durch ein Zusammentreffen von Momenten geführt, auch durch zufällige wie die Erinnerung an die Zerstückelung der Schlange; vor allem aber erneuerte er damit seine erste und ursprünglichste Objektwahl, die sich dem Narzißmus des kleinen Kindes entsprechend auf dem Wege der Identifizierung vollzogen hatte. Wir haben schon gehört, daß der Vater sein bewundertes Vorbild gewesen war, daß er, gefragt,

2 Unter passiven Strebungen verstehe ich solche mit passivem Sexualziel, habe aber dabei nicht etwa eine Triebverwandlung, sondern nur eine Zielverwandlung im Auge.

nato in un luogo angusto e picchiato. Il principino era chiaramente lui; quindi nella fantasia il sadismo veniva applicato alla propria persona e rovesciato in masochismo. Il particolare che fosse l'organo genitale a ricevere il castigo ci permette di trarre la conclusione che in questa trasformazione avesse già parte un senso di colpa relativo all'onanismo.

Nell'analisi si accertò senza ombra di dubbio che queste aspirazioni passive[2] si erano presentate contemporaneamente o subito dopo quelle sadico-attive. Questo corrisponde all'*ambivalenza* insolitamente chiara, intensa e persistente del paziente, che qui si manifestò per la prima volta nella formazione simmetrica della coppia di istinti parziali opposti. Questo modo di comportarsi restò, anche in seguito, una sua caratteristica, esattamente come l'altro aspetto per cui nessuna delle posizioni libidiche raggiunte veniva del tutto cancellata dalla successiva. Permaneva piuttosto accanto a tutte le altre, provocandogli una continua oscillazione che si rivelò incompatibile con l'acquisizione di un carattere stabile.

Le tendenze masochistiche del bambino ci fanno passare a un altro punto, che ho tralasciato di menzionare perché può essere assicurato solo dall'analisi della fase immediatamente successiva del suo sviluppo. Ho già detto che dopo il rifiuto della nanja la sua aspettativa libidica si era distolta da lei per prendere in considerazione, come oggetto sessuale, un'altra persona. Questa persona era il padre, allora assente da casa. Sicuramente a indurlo a questa scelta fu una concomitanza di fattori, alcuni dei quali casuali, come il ricordo del serpente fatto a pezzi; ma soprattutto con essa rinnovava la sua prima e più originaria scelta dell'oggetto che, conformemente al narcisismo del bambino piccolo, era stata compiuta tramite l'identificazione. Sappiamo già che il padre era stato il suo modello ammi-

[2] Per aspirazioni passive intendo quelle che si pongono un obiettivo sessuale passivo; con questo termine non voglio per altro alludere a una trasformazione dell'istinto, ma solo a quella del suo obiettivo.

was er werden wollte, zu antworten pflegte: ein Herr wie der Vater. Dies Identifizierungsobjekt seiner aktiven Strömung wurde nun das Sexualobjekt einer passiven Strömung in der sadistisch-analen Phase. Es macht den Eindruck, als hätte ihn die Verführung durch die Schwester in die passive Rolle gedrängt und ihm ein passives Sexualziel gegeben. Unter dem fortwirkenden Einfluß dieses Erlebnisses beschrieb er nun den Weg von der Schwester über die Nanja zum Vater, von der passiven Einstellung zum Weib bis zu der zum Manne und hatte dabei doch die Anknüpfung an seine frühere spontane Entwicklungsphase gefunden. Der Vater war jetzt wieder sein Objekt, die Identifizierung war der höheren Entwicklung entsprechend durch Objektwahl abgelöst, die Verwandlung der aktiven in eine passive Einstellung war der Erfolg und das Zeichen der dazwischen vorgefallenen Verführung. Eine aktive Einstellung gegen den übermächtigen Vater in der sadistischen Phase wäre natürlich nicht so leicht durchführbar gewesen. Als der Vater im Spätsommer oder Herbst zurückkam, bekamen seine Wutanfälle und Tobszenen eine neue Verwendung. Gegen die Nanja hatten sie aktiv-sadistischen Zwecken gedient; gegen den Vater verfolgten sie masochistische Absichten. Er wollte durch die Vorführung seiner Schlimmheit Züchtigung und Schläge von seiten des Vaters erzwingen, sich so bei ihm die erwünschte masochistische Sexualbefriedigung holen. Seine Schreianfälle waren also geradezu Verführungsversuche. Der Motivierung des Masochismus entsprechend hätte er bei solcher Züchtigung auch die Befriedigung seines Schuldgefühls gefunden. Eine Erinnerung hat ihm aufbewahrt, wie er während einer solchen Szene von Schlimmheit sein Schreien verstärkt, sobald der Vater zu ihm kommt. Der Vater schlägt ihn aber nicht, sondern sucht ihn zu beschwichtigen, indem er mit den Polstern des Bettchens vor ihm Ball spielt.

Ich weiß nicht, wie oft die Eltern und Erzieher angesichts der unerklärlichen Schlimmheit des Kindes Anlaß hätten, sich dieses typischen Zusammenhanges zu erinnern. Das Kind, das sich so unbändig benimmt, legt ein Geständnis ab und will Strafe provozieren. Es sucht in der Züchtigung gleichzeitig die Be-

rato, tanto che se gli chiedevano cosa voleva diventare da grande, rispondeva: "Un uomo come papà". Questo oggetto di identificazione della sua tendenza attiva diventò ora, nella fase sadico-anale, l'oggetto sessuale di una tendenza passiva. Si ha l'impressione che la seduzione a opera della sorella lo abbia spinto nel ruolo passivo, indirizzandolo verso una meta sessuale passiva. Sotto l'influsso, costantemente operante, di questa vicenda aveva compiuto il percorso dalla sorella al padre, attraverso la nanja, dall'atteggiamento passivo verso la donna a quello passivo verso l'uomo, ricollegandosi con questo passaggio alla sua antecedente e spontanea fase evolutiva. Adesso il padre era di nuovo il suo oggetto, ma, come si addiceva alla fase superiore di sviluppo, l'identificazione era stata sostituita dalla scelta dell'oggetto e la trasformazione della tendenza da attiva in passiva era il risultato, e il segno, della seduzione avvenuta nel frattempo. Naturalmente nella fase sadica una tendenza attiva verso la strapotente figura paterna non sarebbe stata facilmente praticabile. Perciò al ritorno del padre, in estate avanzata o in autunno, gli accessi di rabbia e le scene furiose ricevettero un impiego nuovo. Se contro la governante erano serviti a fini sadico-attivi, contro il padre perseguivano intenti masochistici. Con l'esibizione della sua "cattiveria" voleva estorcere al padre botte e castigo, per ottenere quel soddisfacimento sessuale masochistico che desiderava. Urla e strepiti erano perciò semplicemente dei tentativi di seduzione. In sintonia con la motivazione del masochismo, con un simile castigo avrebbe anche soddisfatto il proprio senso di colpa. Aveva conservato il ricordo preciso di una scena di "cattiveria", in cui, non appena il padre gli si avvicinava, lui si metteva a gridare più forte; il padre però non lo picchiava, ma tentava di calmarlo giocando a palla davanti a lui con i cuscini del letto.

Chissà in quanti casi di cattiveria "inspiegabile" di un bambino sarebbe opportuno che genitori ed educatori ricordassero questa situazione tipica. Il bambino che si comporta in modo così indomabile fa una confessione e vuole essere castigato. Nel castigo cerca contemporaneamente di

schwichtigung seines Schuldbewußtseins und die Befriedigung seiner masochistischen Sexualstrebung.

Die weitere Klärung unseres Krankheitsfalles verdanken wir nun der mit großer Bestimmtheit auftretenden Erinnerung, daß alle Angstsymptome erst von einem gewissen Vorfall an zu den Zeichen der Charakteränderung hinzugetreten seien. Vorher habe es keine Angst gegeben und unmittelbar nach dem Vorfall habe sich die Angst in quälender Form geäußert. Der Zeitpunkt dieser Wandlung läßt sich mit Sicherheit angeben, es war knapp vor dem vierten Geburtstag. Die Kinderzeit, mit der wir uns beschäftigen wollten, zerlegt sich dank diesem Anhaltspunkte in zwei Phasen, eine erste der Schlimmheit und Perversität von der Verführung mit $3^1/_4$ Jahren bis zum vierten Geburtstag, und eine längere darauffolgende, in der die Zeichen der Neurose vorherrschen. Der Vorfall aber, der diese Scheidung gestattet, war kein äußeres Trauma, sondern ein Traum, aus dem er mit Angst erwachte.

acquietare il proprio senso di colpa e di soddisfare la propria aspirazione sessuale masochistica.

Un'ulteriore chiarificazione del nostro caso clinico la dobbiamo al ricordo, emerso in modo molto netto, che tutti i sintomi di paura si erano aggiunti ai segni della modificazione del carattere solo a partire da un certo evento in poi. Mentre prima non ci sarebbe stata traccia di paura, improvvisamente, dopo quell'evento, essa si sarebbe manifestata in forma tormentosa. Si può indicare con precisione il momento di questo cambiamento: accadde poco prima del compimento del quarto anno di età. Questo indizio ci permette di suddividere in due fasi il periodo dell'infanzia del quale ci occuperemo: una prima fase, dai tre anni e tre mesi fino al compimento del quarto anno, di "cattiveria" e perversione dovute alla seduzione, una seconda e più lunga fase dominata dai sintomi nevrotici. Ma l'evento che ha permesso questa suddivisione non fu un trauma esteriore, ma un sogno dal quale si svegliò angosciato.

IV

DER TRAUM UND DIE URSZENE

Ich habe diesen Traum wegen seines Gehaltes an Märchenstoffen bereits an anderer Stelle publiziert[1] und werde zunächst das dort Mitgeteilte wiederholen:

„*Ich habe geträumt, daß es Nacht ist und ich in meinem Bett liege, (mein Bett stand mit dem Fußende gegen das Fenster, vor dem Fenster befand sich eine Reihe alter Nußbäume. Ich weiß, es war Winter, als ich träumte, und Nachtzeit). Plötzlich geht das Fenster von selbst auf, und ich sehe mit großem Schrecken, daß auf dem großen Nußbaum vor dem Fenster ein paar weiße Wölfe sitzen. Es waren sechs oder sieben Stück. Die Wölfe waren ganz weiß und sahen eher aus wie Füchse oder Schäferhunde, denn sie hatten große Schwänze wie Füchse und ihre Ohren waren aufgestellt wie bei den Hunden, wenn sie auf etwas passen. Unter großer Angst, offenbar, von den Wölfen aufgefressen zu werden, schrie ich auf* und erwachte. Meine Kinderfrau eilte zu meinem Bett, um nachzusehen, was mit mir geschehen war. Es dauerte eine ganze Weile, bis ich überzeugt war, es sei nur ein Traum gewesen, so natürlich und deutlich war mir das Bild vorgekommen, wie das Fenster aufgeht und die Wölfe auf dem Baume sitzen. Endlich beruhigte ich mich, fühlte mich wie von einer Gefahr befreit und schlief wieder ein."

„Die einzige Aktion im Traume war das Aufgehen des Fensters, denn die Wölfe saßen ganz ruhig ohne jede Bewegung auf den

[1] Märchenstoffe in Träumen. Int. Zeitschr. f. ärztl. Psychoanalyse, Bd. I. 1913. [Bd. X. dieser Gesamtausgabe.]

IV

IL SOGNO E LA SCENA ORIGINARIA

Per la natura del suo contenuto fiabesco, ho già pubblicato questo sogno altrove[1] e comincerò ripetendo quanto ho già scritto:

"*Ho sognato che è notte e sono nel mio letto (i piedi del letto erano dalla parte della finestra; davanti alla finestra c'era un filare di vecchi noci. So di aver fatto questo sogno una notte d'inverno.) Improvvisamente la finestra si apre da sola e con grande spavento vedo che sul grosso noce davanti alla finestra sono seduti alcuni lupi bianchi. Erano sei o sette esemplari. I lupi erano completamente bianchi e sembravano piuttosto volpi o cani da pastore, perché avevano la coda grossa come le volpi e le orecchie ritte come fanno i cani quando prestano attenzione a qualcosa. Preso dall'angoscia, evidentemente, di esser divorato dai lupi, urlai* e mi svegliai. La bambinaia si precipitò al mio letto per vedere cosa mi fosse successo. Mi ci volle un bel po' prima di convincermi che era stato solo un sogno, da quanto vivida e reale mi era parsa l'immagine della finestra che si apre e dei lupi seduti sull'albero. Alla fine mi calmai, mi sentii come liberato da un pericolo e mi riaddormentai.

"Nel sogno l'unica azione era l'aprirsi della finestra, perché i lupi sedevano del tutto tranquilli, senza muoversi affat-

[1] *Märchenstoffe in Träumen*. (*Il materiale fiabesco nei sogni*), "Int. Zeitschr. f. ärztl. Psychoanalyse", bd. I, 1913.

Ästen des Baumes, rechts und links vom Stamm und schauten mich an. Es sah so aus, als ob sie ihre ganze Aufmerksamkeit auf mich gerichtet hätten. — Ich glaube, dies war mein erster Angsttraum. Ich war damals drei, vier, höchstens fünf Jahre alt. Bis in mein elftes oder zwölftes Jahr hatte ich von da an immer Angst, etwas Schreckliches im Traume zu sehen."

Er gibt dann noch eine Zeichnung des Baumes mit den Wölfen, die seine Beschreibung bestätigt. Die Analyse des Traumes fördert nachstehendes Material zu Tage.

Er hat diesen Traum immer in Beziehung zu der Erinnerung gebracht, daß er in diesen Jahren der Kindheit eine ganz ungeheuerliche Angst vor dem Bild eines Wolfes in einem Märchenbuche zeigte. Die ältere, ihm recht überlegene Schwester pflegte ihn zu necken, indem sie ihm unter irgend einem Vorwand gerade dieses Bild vorhielt, worauf er entsetzt zu schreien begann. Auf diesem Bild stand der Wolf aufrecht, mit einem Fuß ausschreitend, die Tatzen ausgestreckt und die Ohren aufgestellt. Er meint, dieses Bild habe als Illustration zum Märchen vom Rotkäppchen gehört.

Warum sind die Wölfe weiß? Das läßt ihn an die Schafe denken, von denen große Herden in der Nähe des Gutes ge-

to, sui rami dell'albero, a destra e a sinistra del tronco, e mi guardavano. Sembrava che avessero diretto su di me tutta l'attenzione. Credo che questo sia stato il mio primo sogno di angoscia. A quel tempo avevo tre o quattro anni, al massimo cinque. Da allora, fino agli undici o ai dodici anni, mi è sempre rimasta la paura di vedere qualcosa di orribile in sogno."

A conferma della sua descrizione esegue anche un disegno dell'albero coi lupi. L'analisi del sogno porta alla luce il seguente materiale.

Ha sempre ricollegato questo sogno al ricordo della terribile paura provata, in quegli anni dell'infanzia, per l'immagine di un lupo in un libro di fiabe. La sorella, più grande e superiore, aveva l'abitudine di punzecchiarlo mettendogli davanti, con un pretesto qualsiasi, proprio quella figura, alla cui vista lui si metteva a gridare spaventato. Nella figura il lupo era eretto, sul punto di avanzare, con le zampe anteriori protese e le orecchie ritte. Pensa che si trattasse di un'illustrazione della favola di *Cappuccetto rosso*.

Perché i lupi sono bianchi? La cosa gli fa pensare alle pecore, tenute in grossi greggi nei dintorni della fatto-

halten wurden. Der Vater nahm ihn gelegentlich mit, diese Herden zu besuchen, und er war dann jedesmal sehr stolz und selig. Später — nach eingezogenen Erkundigungen kann es leicht kurz vor der Zeit dieses Traumes gewesen sein, — brach unter diesen Schafen eine Seuche aus. Der Vater ließ einen Pasteurschüler kommen, der die Tiere impfte, aber sie starben nach der Impfung noch zahlreicher als vorher.

Wie kommen die Wölfe auf den Baum? Dazu fällt ihm eine Geschichte ein, die er den Großvater erzählen gehört. Er kann sich nicht erinnern, ob vor oder nach dem Traum, aber ihr Inhalt spricht entschieden für das erstere. Die Geschichte lautet: Ein Schneider sitzt in seinem Zimmer bei der Arbeit, da öffnet sich das Fenster und ein Wolf springt herein. Der Schneider schlägt mit der Elle nach ihm — nein, verbessert er sich, packt ihn beim Schwanz und reißt ihm diesen aus, so daß der Wolf erschreckt davonrennt. Eine Weile später geht der Schneider in den Wald und sieht plötzlich ein Rudel Wölfe herankommen, vor denen er sich auf einen Baum flüchtet. Die Wölfe sind zunächst ratlos, aber der Verstümmelte, der unter ihnen ist und sich am Schneider rächen will, macht den Vorschlag, daß einer auf den anderen steigen soll, bis der letzte den Schneider erreicht hat. Er selbst — es ist ein kräftiger Alter — will die Basis dieser Pyramide machen. Die Wölfe tun so, aber der Schneider hat den gezüchtigten Besucher erkannt und ruft plötzlich wie damals: Packt den Grauen beim Schwanz. Der schwanzlose Wolf erschrickt bei dieser Erinnerung, läuft davon und die andern purzeln alle herab.

In dieser Erzählung findet sich der Baum vor, auf dem im Traum die Wölfe sitzen. Sie enthält aber auch eine unzweideutige Anknüpfung an den Kastrationskomplex. Der alte Wolf ist vom Schneider um den Schwanz gebracht worden. Die Fuchsschwänze der Wölfe im Traum sind wohl Kompensationen dieser Schwanzlosigkeit.

Warum sind es sechs oder sieben Wölfe? Diese Frage schien nicht zu beantworten, bis ich den Zweifel aufwarf, ob sich sein Angstbild auf das Rotkäppchenmärchen bezogen haben könne. Dies Märchen gibt nur Anlaß zu zwei Illustrationen, zur Begegnung des Rotkäppchens mit dem Wolf im Walde und zur

ria. Il padre qualche volta lo portava con sé a vederle e lui ne era sempre molto fiero e felice. In seguito – in base a indagini potrebbe essere stato poco tempo prima di questo sogno – fra queste pecore scoppiò un'epidemia. Il padre fece venire un allievo di Pasteur, che vaccinò le bestie, ma dopo la vaccinazione morirono più numerose di prima.

Com'è che i lupi sono arrivati sull'albero? A questo proposito gli viene in mente una storia che aveva sentito raccontare dal nonno. Non riesce a ricordare se prima o dopo il sogno, ma il contenuto fa decisamente propendere per la prima ipotesi. La storia è questa: un sarto siede al lavoro nella sua stanza quando la finestra si apre e salta dentro un lupo. Il sarto fa per picchiarlo con la stecca del metro – no, si corregge – lo acchiappa per la coda e gliela strappa, così il lupo spaventato scappa via. Qualche tempo dopo il sarto va nel bosco; improvvisamente vede avvicinarsi un branco di lupi e si mette in salvo su un albero. Sulle prime i lupi non sanno cosa fare, ma quello mutilato, che si trova fra di loro e vuole vendicarsi del sarto, fa la proposta di salire l'uno sull'altro finché l'ultimo non abbia raggiunto il sarto. Lui stesso – è un vecchio vigoroso – farà da base alla piramide. I lupi così fanno, ma il sarto, che ha riconosciuto il visitatore punito, grida d'un tratto come allora: "Afferrate quello grigio per la coda". Atterrito dal ricordo, il lupo senza coda scappa e gli altri ruzzolano tutti.

In questa storia fa già la sua comparsa l'albero sul quale, nel sogno, i lupi stanno seduti. Ma contiene anche un'inequivocabile allusione al complesso di castrazione. Il vecchio lupo è stato privato della coda dal sarto. Nel sogno, le code di volpe dei lupi sono probabilmente compensazioni di questa mancanza di coda.

Perché i lupi sono sei o sette? La domanda sembrava senza risposta, finché non misi in dubbio che la figura che lo impauriva potesse riferirsi alla storia di *Cappuccetto rosso*. La fiaba si presta soltanto a due illustrazioni: quella dell'incontro di Cappuccetto rosso con il lupo nel bosco e

Szene, wo der Wolf mit der Haube der Großmutter im Bette liegt. Es müsse sich also ein anderes Märchen hinter der Erinnerung an das Bild verbergen. Er fand dann bald, daß es nur die Geschichte vom Wolf und den sieben Geißlein sein könne. Hier findet sich die Siebenzahl, aber auch die Sechs, denn der Wolf frißt nur sechs Geißlein auf, das siebente versteckt sich im Uhrkasten. Auch das Weiß kommt in dieser Geschichte vor, denn der Wolf läßt sich beim Bäcker die Pfote weiß machen, nachdem ihn die Geißlein bei seinem ersten Besuch an der grauen Pfote erkannt haben. Beide Märchen haben übrigens viel Gemeinsames. In beiden findet sich das Auffressen, das Bauchaufschneiden, die Herausbeförderung der gefressenen Personen, deren Ersatz durch schwere Steine, und endlich kommt in beiden der böse Wolf um. Im Märchen von den Geißlein kommt auch noch der Baum vor. Der Wolf legt sich nach der Mahlzeit unter einen Baum und schnarcht.

Ich werde mich mit diesem Traum wegen eines besonderen Umstandes noch an anderer Stelle beschäftigen müssen und ihn dann eingehender deuten und würdigen. Es ist ja ein erster aus der Kindheit erinnerter Angsttraum, dessen Inhalt im Zusammenhang mit anderen Träumen, die bald nachher erfolgten, und mit gewissen Begebenheiten in der Kinderzeit des Träumers ein Interesse von ganz besonderer Art wachruft. Hier beschränken wir uns auf die Beziehung des Traumes zu zwei Märchen, die viel Gemeinsames haben, zum „Rotkäppchen" und zum „Wolf und die sieben Geißlein". Der Eindruck dieser Märchen äußerte sich bei dem kindlichen Träumer in einer richtigen Tierphobie, die sich von anderen ähnlichen Fällen nur dadurch auszeichnete, daß das Angsttier nicht ein der Wahrnehmung leicht zugängliches Objekt war (wie etwa Pferd und Hund), sondern nur aus Erzählung und Bilderbuch gekannt.

Ich werde ein andermal auseinandersetzen, welche Erklärung diese Tierphobien haben und welche Bedeutung ihnen zukommt. Vorgreifend bemerke ich nur, daß diese Erklärung sehr zu dem Hauptcharakter stimmt, welchen die Neurose des Träumers in späteren Lebenszeiten erkennen ließ. Die Angst vor dem Vater war das stärkste Motiv seiner Erkrankung gewesen, und die

quella della scena in cui il lupo è a letto con la cuffia della nonna. Perciò dietro al ricordo della figura doveva nascondersi un'altra fiaba. Scoprì ben presto che poteva trattarsi solo della storia de *Il lupo e i sette capretti*. Qui si ritrova il numero sette, ma anche il sei, perché il lupo divora solo sei capretti, il settimo si nasconde nella cassa dell'orologio a pendolo. Anche il bianco vi compare perché il lupo si fa imbiancare la zampa dal fornaio con la farina, dopo che, alla sua prima visita, i capretti l'hanno riconosciuto dalla zampa grigia. Le due fiabe del resto hanno molto in comune. In entrambe si ritrova il divoramento, la pancia tagliata, la fuoriuscita delle persone divorate, la loro sostituzione con grosse pietre e infine, in tutt'e due, la morte del lupo cattivo. Nella fiaba dei capretti compare anche l'albero: dopo il pasto il lupo si sdraia sotto un albero e russa.

Dovrò ancora occuparmi di questo sogno in un'altra sede, per un motivo particolare, e ne darò allora un interpretazione e una valutazione più esaurienti. Si tratta di un primo sogno di angoscia del periodo infantile del quale il paziente si ricordi, il cui contenuto, in rapporto con altri sogni, che subito dopo seguirono, e con certi avvenimenti dell'infanzia del sognatore, riveste un interesse molto particolare. Qui ci limiteremo alla relazione del sogno con due fiabe che hanno molto in comune, *Cappuccetto rosso* e *Il lupo e i sette capretti*. L'effetto prodotto da queste fiabe si manifestò nel giovane sognatore con una marcata zoofobia, che si distingueva da altri casi simili soltanto per il fatto che l'animale di cui aveva paura non era un oggetto facilmente accessibile alla percezione (come, per esempio, il cavallo e il cane), ma noto soltanto attraverso i racconti e i libri illustrati.

Spiegherò un'altra volta quale ragione abbiano queste zoofobie e quale significato spetti loro. Anticipando, dirò soltanto che questa ragione concorda perfettamente con la caratteristica principale assunta nel corso della vita dalla nevrosi del sognatore. Era stata la paura del padre l'elemento determinante della sua malattia, e a dominare la sua vita come pure la sua condotta durante la terapia fu ap-

ambivalente Einstellung zu jedem Vaterersatz beherrschte sein Leben wie sein Verhalten in der Behandlung.

Wenn der Wolf bei meinem Patienten nur der erste Vaterersatz war, so fragt es sich, ob die Märchen vom Wolf, der die Geißlein auffrißt, und vom Rotkäppchen etwas anderes als die infantile Angst vor dem Vater zum geheimen Inhalt haben.[2] Der Vater meines Patienten hatte übrigens die Eigentümlichkeit des „zärtlichen Schimpfens", die so viele Personen im Umgang mit ihren Kindern zeigen, und die scherzhafte Drohung „ich fress' dich auf" mag in den ersten Jahren, als der später strenge Vater mit dem Söhnlein zu spielen und zu kosen pflegte, mehr als einmal geäußert worden sein. Eine meiner Patientinnen erzählte mir, daß ihre beiden Kinder den Großvater nie lieb gewinnen konnten, weil er sie in seinem zärtlichen Spiel zu schrecken pflegte, er werde ihnen den Bauch aufschneiden.

Lassen wir nun all das beiseite, was in diesem Aufsatze der Verwertung des Traumes vorgreift, und kehren wir zu seiner nächsten Deutung zurück. Ich will bemerken, daß diese Deutung eine Aufgabe war, deren Lösung sich durch mehrere Jahre hinzog. Der Patient hatte den Traum sehr frühzeitig mitgeteilt und sehr bald meine Überzeugung angenommen, daß hinter ihm die Verursachung seiner infantilen Neurose verborgen sei. Wir kamen im Laufe der Behandlung oft auf den Traum zurück, aber erst in den letzten Monaten der Kur gelang es, ihn ganz zu verstehen, und zwar dank der spontanen Arbeit des Patienten. Er hatte immer hervorgehoben, daß zwei Momente des Traumes den größten Eindruck auf ihn gemacht hätten, erstens die völlige Ruhe und Unbeweglichkeit der Wölfe und zweitens die gespannte Aufmerksamkeit, mit der sie alle auf ihn schauten. Auch das nachhaltige Wirklichkeitsgefühl, in das der Traum auslief, erschien ihm beachtenswert.

An dies letztere wollen wir anknüpfen. Wir wissen aus den Erfahrungen der Traumdeutung, daß diesem Wirklichkeitsgefühl eine bestimmte Bedeutung zukommt. Es versichert uns, daß

[2] Vgl. die von O. Rank hervorgehobene Ähnlichkeit dieser beiden Märchen mit dem Mythus von Kronos (Völkerpsychologische Parallelen zu den infantilen Sexualtheorien. Zentralblatt f. Psychoanalyse, II, 8.)

punto un atteggiamento di ambivalenza nei confronti di ogni sostituto del padre.

Se nel mio paziente il lupo non era che il primo sostituto del padre, è molto probabile che la fiaba del lupo che mangia i capretti o quella di *Cappuccetto rosso* non abbiano altro contenuto nascosto che la paura infantile del padre.[2] Il padre del mio paziente aveva del resto la caratteristica, esibita da molte persone nel comportamento verso i loro bambini, di "sgridare affettuosamente" e può darsi che in quei primi anni, quando ancora giocava e coccolava il figlio piccolo, prima di diventare quel padre severo che poi è stato, abbia più di una volta espresso la minaccia scherzosa "ora ti mangio". Una delle mie pazienti mi ha raccontato che i suoi due figli non poterono mai affezionarsi al nonno perché nel gioco, scherzando, minacciava sempre di aprir loro la pancia.

Tralasciamo per il momento di trattare tutto quello che anticipa l'utilizzazione del sogno e torniamo alla sua interpretazione più immediata. Tengo a sottolineare che questa interpretazione è stata un compito per la cui soluzione ci sono voluti diversi anni. Il paziente aveva riferito il sogno molto presto e quasi subito accettato la mia convinzione che vi si nascondesse la causa della sua nevrosi infantile. Anche se durante il trattamento ritornammo spesso sul sogno, fu soltanto negli ultimi mesi di cura che, grazie al lavoro spontaneo del paziente, si riuscì a comprenderlo appieno. Come aveva sempre sottolineato, erano due i momenti del sogno che lo avevano maggiormente impressionato: primo, l'assoluta calma e immobilità dei lupi; secondo, la viva attenzione con cui lo guardavano. Gli sembrava notevole anche il perdurante senso di realtà con il quale il sogno si era concluso.

Cominciamo da quest'ultimo. Le esperienze di interpretazione dei sogni ci insegnano che a questo senso di realtà spetta un significato ben preciso. Ci assicura che nel

[2] Cfr. la similitudine delle due fiabe con il mito di Crono sottolineata da OTTO RANK (*Völkerpsychologische Parallelen zu den infantilen Sexualtheorien*, in "Zentralblatt f. Psychoanalyse", II, 8).

etwas in dem latenten Material des Traumes den Anspruch auf Wirklichkeit in der Erinnerung erhebt, also daß der Traum sich auf eine Begebenheit bezieht, die wirklich vorgefallen und nicht bloß phantasiert worden ist. Natürlich kann es sich nur um die Wirklichkeit von etwas Unbekanntem handeln; die Überzeugung z. B., daß der Großvater wirklich die Geschichte vom Schneider und vom Wolf erzählt, oder daß ihm wirklich die Märchen vom Rotkäppchen und von den sieben Geißlein vorgelesen worden waren, könnte sich niemals durch das den Traum überdauernde Wirklichkeitsgefühl ersetzen. Der Traum schien auf eine Begebenheit hinzudeuten, deren Realität so recht im Gegensatz zur Irrealität der Märchen betont wird.

Wenn eine solche unbekannte, d. h. zur Zeit des Traumes bereits vergessene Szene hinter dem Inhalt des Traumes anzunehmen war, so mußte sie sehr früh vorgefallen sein. Der Träumer sagt ja: ich war, als ich den Traum hatte, drei, vier, höchstens fünf Jahre alt. Wir können hinzufügen: und wurde durch den Traum an etwas erinnert, was einer noch früheren Zeit angehört haben mußte.

Zum Inhalt dieser Szene mußte führen, was der Träumer aus dem manifesten Trauminhalt hervorhob, die Momente des aufmerksamen Schauens und der Bewegungslosigkeit. Wir erwarten natürlich, daß dies Material das unbekannte Material der Szene in irgend einer Entstellung wiederbringt, vielleicht sogar in der Entstellung zur Gegensätzlichkeit.

Aus dem Rohstoff, welchen die erste Analyse mit dem Patienten ergeben hatte, waren gleichfalls mehrere Schlüsse zu ziehen, die in den gesuchten Zusammenhang einzufügen waren. Hinter der Erwähnung der Schafzucht waren die Belege für seine Sexualforschung zu suchen, deren Interessen er bei seinen Besuchen mit dem Vater befriedigen konnte, aber auch Andeutungen von Todesangst mußten dabei sein, denn die Schafe waren ja zum größten Teil an der Seuche gestorben. Was im Traum das Vordringlichste war, die Wölfe auf dem Baume, führte direkt zur Erzählung des Großvaters, an welcher kaum etwas anderes als die Anknüpfung an das Kastrationsthema das Fesselnde und den Traum Anregende gewesen sein konnte.

Wir hatten aus der ersten unvollständigen Analyse des Traumes

materiale latente del sogno qualche elemento ricordato eleva pretese sulla realtà, quindi che il sogno si riferisce non a un evento fantasticato, ma a un evento accaduto realmente. Si tratta, ovviamente, della realtà di qualcosa di ignoto; per esempio non potrebbe certo sostituirsi al senso di realtà lasciato dal sogno la convinzione che il nonno gli abbia davvero raccontato la storia del sarto e del lupo o che le storie di *Cappuccetto rosso* e dei *Sette capretti* gli siano davvero state lette. Al contrario, il sogno sembrava alludere a un evento la cui realtà risaltasse proprio in contrasto con l'irrealtà delle fiabe.

Se bisognava supporre che il contenuto del sogno nascondesse l'esistenza di una scena sconosciuta, cioè già dimenticata all'epoca in cui è avvenuto il sogno, allora doveva essere accaduta in un'epoca remota. Il sognatore conferma: "Quando ho fatto il sogno potevo avere tre o quattro anni, al massimo cinque". Possiamo aggiungere: dal sogno gli veniva rammemorato qualcosa che doveva essere appartenuto a un'epoca ancora anteriore.

Al contenuto di questa scena dovevano necessariamente condurre gli elementi del contenuto manifesto del sogno messi in risalto dal sognatore: lo sguardo attento e l'immobilità. Naturalmente questo materiale riprodurrà il materiale sconosciuto della scena con una qualche deformazione, forse addirittura in modo antitetico.

Anche dal materiale grezzo prodotto dalla prima analisi con il paziente si potevano trarre molte conclusioni da inserire nel contesto che cerchiamo. La menzione dell'allevamento di pecore stava a indicare la fonte della sua esplorazione del sesso, interesse che probabilmente aveva soddisfatto durante le visite con il padre, ma doveva anche in qualche modo alludere alla paura della morte, dato che le pecore erano in buona parte morte a causa dell'epidemia. L'elemento più incombente del sogno, i lupi sull'albero, ci aveva condotto direttamente al racconto del nonno, nel quale l'unico tratto affascinante e in grado di stimolare il sogno non poteva che essere stato il legame con il tema della castrazione.

Dalla prima analisi del sogno, ancora incompleta, ave-

ferner erschlossen, daß der Wolf ein Vaterersatz sei, so daß dieser erste Angsttraum jene Angst vor dem Vater zum Vorschein gebracht hätte, welche von nun an sein Leben beherrschen sollte. Dieser Schluß selbst war allerdings noch nicht verbindlich. Wenn wir aber als Ergebnis der vorläufigen Analyse zusammenstellen, was sich aus dem vom Träumer gelieferten Material ableitet, so liegen uns etwa folgende Bruchstücke zur Rekonstruktion vor:

Eine wirkliche Begebenheit — aus sehr früher Zeit — Schauen — Unbewegtheit — Sexualprobleme — Kastration — der Vater — etwas Schreckliches.

Eines Tages begann der Patient die Deutung des Traumes fortzusetzen. Die Stelle des Traumes, meinte er, in der es heißt: Plötzlich geht das Fenster von selbst auf, ist durch die Beziehung zum Fenster, an dem der Schneider sitzt, und durch das der Wolf ins Zimmer kommt, nicht ganz aufgeklärt. Es muß die Bedeutung haben: die Augen gehen plötzlich auf. Also ich schlafe und erwache plötzlich, dabei sehe ich etwas: den Baum mit den Wölfen. Dagegen war nichts einzuwenden, aber es ließ weitere Ausnützung zu. Er war erwacht und hatte etwas zu sehen bekommen. Das aufmerksame Schauen, das im Traum den Wölfen zugeschrieben wird, ist vielmehr auf ihn zu schieben. Da hatte an einem entscheidenden Punkte eine Verkehrung stattgefunden, die sich übrigens durch eine andere Verkehrung im manifesten Trauminhalt anzeigt. Es war ja auch eine Verkehrung, wenn die Wölfe auf dem Baum saßen, während sie sich in der Erzählung des Großvaters unten befanden und nicht auf den Baum steigen konnten.

Wenn nun auch das andere vom Träumer betonte Moment durch eine Verkehrung oder Umkehrung entstellt wäre? Dann müßte es anstatt Bewegungslosigkeit (die Wölfe sitzen regungslos da, schauen auf ihn, aber rühren sich nicht) heißen: heftigste Bewegung. Er ist also plötzlich erwacht und hat eine Szene von heftiger Bewegtheit vor sich gesehen, auf die er mit gespannter Aufmerksamkeit schaute. In dem einen Falle bestünde die Entstellung in einer Vertauschung von Subjekt und Objekt, Aktivität und Passivität, angeschaut werden anstatt anschauen, im anderen Falle in einer Verwandlung ins Gegenteil: Ruhe anstatt Bewegtheit.

Einen weiteren Fortschritt im Verständnis des Traumes brachte

vamo inoltre dedotto che il lupo era un sostituto del padre, e quindi che questo primo sogno d'angoscia portava alla luce quella paura del padre che da quel momento in poi avrebbe dominato la sua vita. Questa conclusione, però, non era vincolante. Raccogliendo ora quello che si ricava dal materiale fornito dal sognatore come risultato di un'analisi provvisoria, per la ricostruzione ci troviamo a disporre dei seguenti frammenti: *un avvenimento reale – di epoca remota – guardare – immobilità – problemi sessuali – castrazione – il padre – qualcosa di orribile.*

Un giorno il paziente ricominciò a procedere nell'interpretazione del sogno. Pensava che il passo del sogno in cui viene menzionata la finestra che si apre improvvisamente da sola non potesse spiegarsi interamente in rapporto alla finestra vicino a cui è seduto il sarto e dalla quale poi il lupo entra nella stanza. Il suo significato deve essere che all'improvviso gli occhi si aprono. Cioè, dormo, improvvisamente mi sveglio e vedo qualcosa: l'albero con i lupi. Nessuna obiezione, a eccezione del fatto che erano possibili approfondimenti ulteriori. Si era svegliato e aveva visto qualcosa. Lo sguardo attento, che il sogno attribuiva ai lupi, doveva invece riguardare lui. In un punto cruciale era quindi avvenuto un rovesciamento, annunciato, per altro, da un altro rovesciamento presente nel contenuto manifesto del sogno. I lupi stavano sull'albero, all'opposto di quanto facevano nella fiaba del nonno, dove erano sotto l'albero e non potevano salirvi.

Se anche l'altro elemento sottolineato dal sognatore avesse subìto un rovesciamento o una inversione, com'è probabile, allora invece di assenza di movimento (i lupi sono immobili, lo guardano senza essere attivi) dovremmo parlare di movimento concitato. Dunque si è svegliato all'improvviso e ha assistito a una scena di movimento concitato, che ha osservato con viva attenzione. In un caso la deformazione era consistita in uno scambio tra soggetto e oggetto, attività e passività, essere guardato invece di guardare, nell'altro in una trasformazione nel contrario: quiete invece di movimento.

La comprensione del sogno fece ancora un progresso

ein andermal der plötzlich auftauchende Einfall: Der Baum ist der Weihnachtsbaum. Jetzt wußte er, der Traum war kurz vor Weihnachten in der Weihnachtserwartung geträumt worden. Da der Weihnachtstag auch sein Geburtstag war, ließ sich der Zeitpunkt des Traumes und der von ihm ausgehenden Wandlung nun mit Sicherheit feststellen. Es war knapp vor seinem vierten Geburtstag. Er war also eingeschlafen in der gespannten Erwartung des Tages, der ihm eine doppelte Beschenkung bringen sollte. Wir wissen, daß das Kind unter solchen Verhältnissen leicht die Erfüllung seiner Wünsche im Traum antizipiert. Es war also schon Weihnacht im Traume, der Inhalt des Traumes zeigte ihm seine Bescherung, am Baume hingen die für ihn bestimmten Geschenke. Aber anstatt der Geschenke waren es — Wölfe geworden, und der Traum endigte damit, daß er Angst bekam, vom Wolf (wahrscheinlich vom Vater) gefressen zu werden, und seine Zuflucht zur Kinderfrau nahm. Die Kenntnis seiner Sexualentwicklung vor dem Traum macht es uns möglich, die Lücke im Traume auszufüllen und die Verwandlung der Befriedigung in Angst aufzuklären. Unter den traumbildenden Wünschen muß sich, als der stärkste, der nach der sexuellen Befriedigung geregt haben, die er damals vom Vater ersehnte. Der Stärke dieses Wunsches gelang es, die längst vergessene Erinnerungsspur einer Szene aufzufrischen, die ihm zeigen konnte, wie die Sexualbefriedigung durch den Vater aussah, und das Ergebnis war Schreck, Entsetzen vor der Erfüllung dieses Wunsches, Verdrängung der Regung, die sich durch diesen Wunsch dargestellt hatte, und darum Flucht vom Vater weg zur ungefährlicheren Kinderfrau.

Die Bedeutung dieses Weihnachtstermins war in der angeblichen Erinnerung erhalten geblieben, daß er den ersten Wutanfall bekommen, weil er von den Weihnachtsgeschenken unbefriedigt gewesen war. Die Erinnerung zog Richtiges und Falsches zusammen, sie konnte nicht ohne Abänderung Recht haben, denn nach den oft wiederholten Aussagen der Eltern war seine Schlimmheit bereits nach deren Rückkehr im Herbst und nicht erst zu Weihnachten aufgefallen, aber das Wesentliche der Beziehungen zwischen mangelnder Liebesbefriedigung, Wut und Weihnachtszeit war in der Erinnerung festgehalten worden.

quando il paziente associò improvvisamente questo albero all'"albero di Natale". Adesso sapeva che il sogno era stato fatto poco prima di Natale, nell'attesa della festa. Dato che il giorno di Natale era anche il suo compleanno, si poteva ormai stabilire con esattezza la data del sogno e del cambiamento che ne era derivato. Era subito prima del compimento dei suoi quattro anni. Quella notte si era addormentato nell'attesa febbrile del giorno che doveva portargli una doppia dose di regali. Sappiamo che, in queste circostanze, è facile che il bambino anticipi in sogno il soddisfacimento dei propri desideri. Quindi nel sogno era già Natale, il contenuto del sogno gli mostrava la distribuzione dei doni, all'albero erano appesi i regali destinati a lui. Ma al posto dei regali c'erano i lupi e il sogno finiva con la paura di essere divorato dal lupo (il padre, probabilmente) e con il ricorso alla bambinaia. Quello che sappiamo del suo sviluppo sessuale che ha preceduto il sogno ci permette di colmarne le lacune e spiegare la metamorfosi del soddisfacimento in angoscia. Tra tutti i desideri che hanno concorso alla formazione del sogno il più intensamente attivo deve essere stato quello del soddisfacimento sessuale, che a quel tempo ricercava dal padre. La forza di questo desiderio era riuscita a far riemergere la traccia mnemonica, a lungo dimenticata, di una scena che poteva mostrargli cosa volesse dire venir soddisfatto sessualmente dal padre e il risultato fu l'orrore, lo spavento di fronte alla realizzazione del desiderio, la rimozione dell'impulso che si era manifestato con il desiderio e quindi la fuga dal padre in direzione della meno pericolosa bambinaia.

L'importanza di questa scadenza natalizia si era conservata nel presunto ricordo di aver manifestato allora il primo accesso di rabbia, perché era rimasto scontento dei regali di Natale. Nel ricordo c'era del vero e del falso; così com'era non poteva essere esatto perché i genitori avevano ripetutamente affermato che la sua "cattiveria" si era fatta notare già in autunno, dopo il loro ritorno, e non solo a Natale, ma il ricordo aveva appunto fissato l'essenziale dei rapporti tra mancato soddisfacimento affettivo, collera e periodo natalizio.

Welches Bild konnte aber die nächtlicherweise wirkende, sexuelle Sehnsucht heraufbeschworen haben, das imstande war, so intensiv von der gewünschten Erfüllung abzuschrecken? Dieses Bild mußte nach dem Material der Analyse eine Bedingung erfüllen, es mußte geeignet sein, die Überzeugung von der Existenz der Kastration zu begründen. Die Kastrationsangst wurde dann der Motor der Affektverwandlung.

Hier kommt nun die Stelle, an der ich die Anlehnung an den Verlauf der Analyse verlassen muß. Ich fürchte, es wird auch die Stelle sein, an der der Glaube der Leser mich verlassen wird.

Was in jener Nacht aus dem Chaos der unbewußten Eindrucksspuren aktiviert wurde, war das Bild eines Koitus zwischen den Eltern unter nicht ganz gewöhnlichen und für die Beobachtung besonders günstigen Umständen. Es gelang allmählich, für alle Fragen, die sich an diese Szene knüpfen konnten, befriedigende Antworten zu erhalten, indem jener erste Traum im Verlauf der Kur in ungezählten Abänderungen und Neuauflagen wiederkehrte, zu denen die Analyse die gewünschten Aufklärungen lieferte. So stellte sich zunächst das Alter des Kindes bei der Beobachtung heraus, etwa $1^1/_2$ Jahre.[3] Er litt damals an einer Malaria, deren Anfall täglich zu bestimmter Stunde wiederkehrte.[4] Von seinem zehnten Jahr an war er zeitweise Stimmungen von Depression unterworfen, die am Nachmittag einsetzten und um die fünfte Stunde ihre Höhe erreichten. Dieses Symptom bestand noch zur Zeit der analytischen Behandlung. Die wiederkehrende Depression ersetzte den damaligen Fieber- oder Mattigkeitsanfall; die fünfte Stunde war entweder die Zeit der Fieberhöhe oder die der Koitusbeobachtung, wenn nicht beide Zeiten zusammenfallen.[5] Er befand sich wahrscheinlich gerade dieses Krankseins wegen im Zimmer der Eltern. Diese

[3] Daneben käme mit weit geringerer Wahrscheinlichkeit, eigentlich kaum haltbar, das Alter von $^1/_2$ Jahr in Betracht.

[4] Vgl. die späteren Umbildungen dieses Moments in der Zwangsneurose. In den Träumen während der Kur Ersetzung durch einen heftigen Wind (*aria* = Luft).

[5] Man bringe damit zusammen, daß der Patient zu seinem Traum nur f ü n f Wölfe gezeichnet hat, obwohl der Text des Traumes von 6 oder 7 spricht.

Ma quale immagine, capace di distogliere così intensamente dal compimento desiderato, aveva potuto evocare la brama sessuale all'opera nella notte? Questa immagine, stando al materiale dell'analisi, doveva soddisfare una condizione: doveva essere idonea a giustificare la convinzione dell'esistenza della castrazione. La paura della castrazione diventava allora il motore della metamorfosi affettiva.

Siamo arrivati al punto in cui devo abbandonare l'appoggio che mi ha fornito il decorso dell'analisi. Temo che sia anche il punto in cui la fiducia del lettore abbandonerà me.

In quella notte dal caos delle tracce di impressione inconsce era emersa l'immagine di un coito tra i genitori avvenuto in circostanze non del tutto usuali e particolarmente favorevoli all'osservazione. Gradualmente riuscimmo a trovare risposte soddisfacenti a tutte le domande che potevano collegarsi a questa scena, in quanto quel primo sogno nel corso della cura ritornò in innumerevoli varianti e riedizioni, per le quali l'analisi fornì le spiegazioni desiderate. Così, per prima cosa, fu accertata l'età del bambino all'epoca dell'osservazione: aveva circa un anno e mezzo.[3] A quel tempo soffriva di malaria, i cui attacchi si ripetevano ogni giorno a una data ora.[4] Dai dieci anni in poi fu soggetto di tanto in tanto a stati depressivi che insorgevano dopopranzo e raggiungevano l'acme intorno alle cinque. Questo sintomo sussisteva ancora all'epoca del trattamento analitico. La depressione ricorrente sostituiva gli accessi di febbre o di spossatezza di quel periodo; le cinque erano o l'ora dell'acme della febbre oppure quella dell'osservazione del coito, ammesso che le due ore non coincidessero.[5] Probabilmente si trovava in camera dei genitori proprio a causa della ma-

[3] Si poteva anche prendere in considerazione l'età di sei mesi, ma era un'ipotesi assai meno probabile, anzi praticamente insostenibile.

[4] Confronta con le ulteriori trasformazioni subìte da questo evento nella nevrosi ossessiva. Nei sogni fatti durante la cura veniva rappresentato da un forte vento (l'"aria" di malaria).

[5] Da mettere in relazione col fatto che nel disegno del paziente i lupi fossero solo cinque, nonostante che il testo del sogno parlasse di sei o sette.

auch durch direkte Tradition erhärtete Erkrankung legt uns nahe, den Vorfall in den Sommer zu verlegen und damit für den am Weihnachtstag Geborenen ein Alter von n + 1½ Jahren anzunehmen. Er hatte also im Zimmer der Eltern in seinem Bettchen geschlafen und erwachte, etwa infolge des steigenden Fiebers, am Nachmittag, vielleicht um die später durch Depression ausgezeichnete fünfte Stunde. Es stimmt zur Annahme eines heißen Sommertages, wenn sich die Eltern halb entkleidet[6] zu einem Nachmittagsschläfchen zurückgezogen hätten. Als er erwachte, wurde er Zeuge eines dreimal wiederholten[7] coitus a tergo, konnte das Genitale der Mutter wie das Glied des Vaters sehen und verstand den Vorgang wie dessen Bedeutung.[8] Endlich störte er den Verkehr der Eltern auf eine Weise, von der späterhin die Rede sein wird.

Im Grunde ist es nichts Außerordentliches, macht nicht den Eindruck des Produkts einer ausschweifenden Phantasie, daß ein junges, erst wenige Jahre verheiratetes Ehepaar an einen Nachmittagsschlaf zu heißer Sommerszeit einen zärtlichen Verkehr anschließt und sich dabei über die Gegenwart des 1½ Jahre alten, in seinem Bettchen schlafenden Knäbleins hinaussetzt. Ich meine vielmehr, es wäre etwas durchaus Banales, Alltägliches, und auch die erschlossene Stellung beim Koitus kann an diesem Urteil nichts ändern. Besonders da aus dem Beweismaterial nicht hervorgeht, daß der Koitus jedesmal in der Stellung von rückwärts vollzogen wurde. Ein einziges Mal hätte ja hingereicht, um dem Zuschauer die Gelegenheit zu Beobachtungen zu geben, die durch eine andere Lage der Liebenden erschwert oder ausgeschlossen wären. Der Inhalt dieser Szene selbst kann also kein Argument

6 In weißer Wäsche, die weißen Wölfe.

7 Woher dreimal? Er stellte plötzlich einmal die Behauptung auf, daß ich dieses Detail durch Deutung eruiert hätte. Das traf nicht zu. Es war ein spontaner, weiterer Kritik entzogener Einfall, den er nach seiner Gewohnheit mir zuschob und ihn durch diese Projektion vertrauenswürdig machte.

8 Ich meine, er verstand ihn zur Zeit des Traumes mit 4 Jahren, nicht zur Zeit der Beobachtung. Mit 1½ Jahren holte er sich die Eindrücke, deren nachträgliches Verständnis ihm zur Zeit des Traumes durch seine Entwicklung, seine sexuelle Erregung und seine Sexualforschung ermöglicht wurde.

lattia. Questa malattia, confermata anche da una tradizione familiare diretta, ci induce a spostare l'accaduto in estate, attribuendogli così, visto che era nato a Natale, l'età di n+1 $^1/_2$ anni. Dunque il bambino aveva dormito nel suo lettino in camera dei genitori, svegliandosi, magari per via della febbre che aumentava, nel pomeriggio, forse all'ora contrassegnata in seguito dalla depressione, le cinque. Poteva essere una calda giornata estiva e non è così fuori luogo supporre che i genitori, semisvestiti,[6] si fossero ritirati per un sonnellino pomeridiano. Quando si svegliò, divenne testimone di un *coitus a tergo* ripetuto tre volte,[7] poté vedere sia l'organo genitale della madre sia il membro del padre, comprendendo l'atto e il suo significato.[8] Infine disturbò il rapporto dei genitori in un modo di cui parleremo più tardi.

In fin dei conti non è per niente strano, non pare il prodotto di una fantasia troppo fertile il fatto che una coppia giovane, sposata solo da pochi anni, nel caldo della stagione estiva associ a un sonnellino pomeridiano un rapporto amoroso, senza badare alla presenza di un bambino di un anno e mezzo che dorme nel proprio lettino. Penso anzi che sia del tutto banale, comune, e anche la presunta posizione del coito non cambia affatto questo giudizio. Specialmente perché dal materiale documentario non risulta che il coito sia stato ogni volta compiuto nella posizione *a tergo*. Una sola volta sarebbe stata sufficiente per dare allo spettatore l'opportunità di fare osservazioni che sarebbero state escluse o rese più difficili da un altro atteggiamento della coppia. Quindi il contenuto di questa scena non è, in sé, un va-

[6] Con la sola biancheria: i lupi bianchi.

[7] Perché tre volte? A un certo punto sostenne all'improvviso che ero stato io a ricavare questo particolare dall'interpretazione. Non era vero. Si trattava di una sua associazione spontanea, sottratta a ogni ulteriore critica, che lui, come al solito, attribuì a me per farla diventare attendibile attraverso questa proiezione.

[8] Voglio dire che lo comprese all'epoca del sogno, a quattro anni, e non all'epoca dell'osservazione. A un anno e mezzo raccolse impressioni, la cui comprensione posteriore, al momento del sogno, gli fu permessa dallo sviluppo, dall'eccitazione sessuale e dall'indagine condotta in campo sessuale.

gegen ihre Glaubwürdigkeit sein. Das Bedenken der Unwahrscheinlichkeit wird sich gegen drei andere Punkte richten: dagegen, daß ein Kind in dem zarten Alter von 1½ Jahren imstande sein sollte, die Wahrnehmungen eines so komplizierten Vorganges aufzunehmen und sie so getreu in seinem Unbewußten zu bewahren, zweitens dagegen, daß eine nachträgliche zum Verständnis vordringende Bearbeitung der so empfangenen Eindrücke zu 4 Jahren möglich ist, und endlich, daß es durch irgend ein Verfahren gelingen sollte, die Einzelheiten einer solchen Szene, unter solchen Umständen erlebt und verstanden, in zusammenhängender und überzeugender Weise bewußt zu machen.[9]

Ich werde diese und andere Bedenken später sorgfältig prüfen, versichere dem Leser, daß ich nicht weniger kritisch als er gegen die Annahme einer solchen Beobachtung des Kindes eingestellt bin, und bitte ihn, sich mit mir zum vorläufigen Glauben an die Realität dieser Szene zu entschließen. Zunächst wollen wir das Studium der Beziehungen dieser „Urszene" zum Traum, zu den Symptomen und zur Lebensgeschichte des Patienten fortsetzen. Wir werden gesondert verfolgen, welche Wirkungen vom wesentlichen Inhalt der Szene und von einem ihrer visuellen Eindrücke ausgegangen sind.

Unter letzterem meine ich die Stellungen, welche er die Eltern einnehmen sah, die aufrechte des Mannes und die tierähnlich gebückte der Frau. Wir haben schon gehört, daß ihn in der Angstzeit die Schwester mit dem Bild im Märchenbuch zu schrecken pflegte, auf dem der Wolf aufrecht dargestellt war, einen Fuß vorgesetzt, die Tatzen ausgestreckt und die Ohren aufgestellt. Er ließ sich während der Kur die Mühe nicht verdrießen, in Antiquarläden nachzuspüren, bis er das Märchenbilderbuch seiner Kindheit wiedergefunden hatte, und erkannte sein

9 Man kann sich die erste dieser Schwierigkeiten nicht durch die Annahme erleichtern, das Kind sei zur Zeit der Beobachtung doch wahrscheinlich um ein Jahr älter gewesen, also 2 ½ Jahre alt, zu welcher Zeit es eventuell vollkommen sprachfähig sein mag. Für meinen Patienten war eine solche Zeitverschiebung durch alle Nebenumstände seines Falles fast ausgeschlossen. Übrigens wolle man in Betracht ziehen, daß solche Szenen von Beobachtung des elterlichen Koitus in der Analyse keineswegs selten aufgedeckt werden. Ihre Bedingung ist aber gerade, daß sie in die früheste Kinderzeit fallen. Je älter das Kind ist, desto sorgfältiger werden auf einem gewissen sozialen Niveau die Eltern dem Kinde die Gelegenheit zu solcher Beobachtung versagen.

lido argomento contro la sua credibilità. Il sospetto di inverosimiglianza riguarderà, casomai, altri tre punti: il fatto che un bambino, alla tenera età di un anno e mezzo, sia capace di assimilare percezioni relative a un processo così complicato conservandole tanto fedelmente nel proprio inconscio; in secondo luogo che sia possibile una rielaborazione successiva delle impressioni ricevute che si spinga fino alla comprensione all'età di quattro anni, infine che si possa riuscire, con una qualche tecnica, a rendere coscienti in modo coerente e convincente i particolari di una scena simile, vissuta e compresa in simili circostanze.[9]

Più tardi esaminerò in modo accurato questi e altri dubbi; per adesso chiedo solo al lettore di dare, come me, *provvisoriamente* credito alla realtà di questa scena, assicurandolo che non sono meno critico di lui sull'ipotesi che il bambino ne sia stato testimone. Prima di tutto proseguiremo lo studio dei rapporti di questa "scena originaria" con il sogno, i sintomi, la biografia del paziente. A parte seguiremo gli effetti sortiti dal contenuto essenziale della scena e da una delle impressioni visive a essa relative.

Con quest'ultima intendo le posizioni che vide assumere dai genitori, quella eretta dell'uomo e quella prona come un animale della donna. Abbiamo già saputo che nel periodo in cui soffriva di angoscia la sorella aveva l'abitudine di spaventarlo con quell'immagine del libro di fiabe che rappresentava il lupo eretto, in atto di avanzare, con le zampe anteriori protese e gli orecchi ritti. Durante la cura rovistò instancabilmente nei negozi di libri usati finché non ebbe ritrovato il libro di fiabe illustrate della sua infanzia, ricono-

[9] Non si può aggirare la prima di queste difficoltà supponendo che il bambino al momento dell'osservazione avesse un anno di più, perciò due anni e mezzo, età in cui probabilmente era in grado di parlare perfettamente. Per il mio paziente questo spostamento temporale era quasi escluso da tutte le altre circostanze del suo caso. Del resto si consideri che simili scene di osservazione del coito dei genitori sono tutt'altro che rare in analisi. Ma la loro condizione è appunto che accadano nella primissima infanzia. Quanto più grande è il bambino, tanto più i genitori di un certo livello sociale si preoccupano di precludergli la possibilità di esserne spettatore.

Schreckbild in einer Illustration zur Geschichte vom „Wolf und den sieben Geißlein". Er meinte, die Stellung des Wolfes auf diesem Bild hätte ihn an die des Vaters während der konstruierten Urszene erinnern können. Dieses Bild wurde jedenfalls zum Ausgangspunkt weiterer Angstwirkungen. Als er in seinem siebenten oder achten Jahr einmal die Ankündigung erhielt, morgen werde ein neuer Lehrer zu ihm kommen, träumte er in der nächstfolgenden Nacht von diesem Lehrer als Löwen, der sich laut brüllend in der Stellung des Wolfes auf jenem Bilde seinem Bette näherte, und erwachte wiederum mit Angst. Die Wolfsphobie war damals bereits überwunden, er hatte darum die Freiheit, sich ein neues Angsttier zu wählen, und anerkannte in diesem späten Traum den Lehrer als Vaterersatz. Jeder seiner Lehrer spielte in seinen späteren Kinderjahren die gleiche Vaterrolle und wurde mit dem Vatereinfluß zum Guten wie zum Bösen ausgestattet.

Das Schicksal schenkte ihm einen sonderbaren Anlaß, seine Wolfsphobie in der Gymnasialzeit aufzufrischen und die Relation, die ihr zu Grunde lag, zum Ausgang schwerer Hemmungen zu machen. Der Lehrer, der den lateinischen Unterricht seiner Klasse leitete, hieß Wolf. Er war von Anfang an vor ihm eingeschüchtert, zog sich einmal eine schwere Beschimpfung von ihm zu, weil er in einer lateinischen Übersetzung einen dummen Fehler begangen hatte, und wurde von da an eine lähmende Angst vor diesem Lehrer nicht mehr los, die sich bald auf andere Lehrer übertrug. Aber die Gelegenheit, bei der er in der Übersetzung strauchelte, war auch nicht beziehungslos. Er hatte das lateinische Wort *filius* zu übersetzen und tat es mit dem französischen *fils* anstatt mit dem entsprechenden Wort der Muttersprache. Der Wolf war eben noch immer der Vater.[10]

10 Nach dieser Beschimpfung durch den Lehrer-Wolf erfuhr er als die allgemeine Meinung der Kollegen, daß der Lehrer zur Beschwichtigung — Geld von ihm erwarte. Darauf werden wir später zurückkommen. — Ich kann mir vorstellen, welche Erleichterung es für eine rationalistische Betrachtung einer solchen Kindergeschichte bedeuten würde, wenn sich annehmen ließe, die ganze Angst vor dem Wolf sei in Wirklichkeit von dem Lateinlehrer gleichen Namens ausgegangen, in die Kindheit zurückprojiziert worden und hätte in Anlehnung an die Märchenillustration die Phantasie der Urszene verursacht. Allein das ist unhaltbar; die zeitliche Priorität der Wolfsphobie und deren Verlegung in die Kindheitsjahre auf dem ersten Gut ist allzusicher bezeugt. Und der Traum mit 4 Jahren?

scendo in una illustrazione della fiaba *Il lupo e i sette capretti* l'immagine che gli faceva paura. Riteneva che la posizione del lupo in questa immagine avesse potuto ricordargli quella del padre nella scena originaria ricostruita. A ogni modo questa immagine aveva funzionato da punto di partenza per altre manifestazioni di angoscia. All'età di sette o otto anni, quando gli fu detto che il giorno successivo sarebbe arrivato il suo nuovo precettore, la notte stessa lo sognò come un leone che, ruggendo spaventosamente, si avvicinava al suo letto nella stessa posizione del lupo in quell'immagine, e anche questa volta si svegliò angosciato. A quel tempo la fobia del lupo era già stata superata, perciò era stato libero di scegliersi un animale nuovo come oggetto di fobia, e ammise che in questo sogno più tardo il precettore era il sostituto del padre. Ciascuno dei suoi insegnanti svolse lo stesso ruolo di padre negli ultimi anni della sua infanzia e fu investito dell'influenza paterna, nel bene e nel male.

Il destino gli offrì una straordinaria opportunità di rinfrescare la fobia del lupo durante gli anni del ginnasio, e di utilizzare la relazione che ne stava alla base come punto di partenza per gravi inibizioni. Il professore che insegnava latino nella sua classe si chiamava Wolf.[10] Fin dall'inizio ne fu intimidito, e, dalla volta in cui si buscò da lui un pesante insulto per uno stupido errore commesso in una versione di latino, non si liberò più, nei suoi confronti, di un timore paralizzante, che si estese presto ad altri insegnanti. Ma anche la faccenda su cui era scivolato nella traduzione non era casuale. Dovendo tradurre la parola latina *filius*, lo aveva fatto utilizzando il francese *fils* anziché il corrispondente vocabolo della lingua madre. Il lupo era proprio, ancora e sempre, il padre.[11]

[10] Cioè, Lupo. [*N.d.T.*]

[11] Dopo il rimprovero ricevuto dall'insegnante-Lupo seppe che il parere generale dei suoi compagni era che, per essere rabbonito... l'insegnante si aspettasse del denaro da lui. Posso immaginare quanto sarebbe comodo supporre, per una considerazione razionalistica di questa storia infantile, che tutta la paura del lupo fosse in realtà scaturita dall'omonimo insegnante di latino, e poi, proiettata all'indietro nell'infanzia, avesse causato la fantasia della scena originaria, avvalendosi dell'illustrazione

Das erste der „passageren Symptome“,[11] welches der Patient in der Behandlung produzierte, ging noch auf die Wolfsphobie und auf das Märchen von den sieben Geißlein zurück. In dem Zimmer, wo die ersten Sitzungen abgehalten wurden, befand sich eine große Wandkastenuhr gegenüber vom Patienten, der abgewandt von mir auf einem Divan lag. Es fiel mir auf, daß er von Zeit zu Zeit das Gesicht zu mir kehrte, mich sehr freundlich, wie begütigend ansah und dann den Blick von mir zur Uhr wendete. Ich meinte damals, er gebe so ein Zeichen seiner Sehnsucht nach Beendigung der Stunde. Lange Zeit später erinnnerte mich der Patient an dieses Gebärdenspiel und gab mir dessen Erklärung, indem er daran erinnerte, daß das jüngste der sieben Geißlein ein Versteck im Kasten der Wanduhr fände, während die sechs Geschwister vom Wolf gefressen würden. Er wollte also damals sagen: Sei gut mit mir. Muß ich mich vor dir fürchten? Wirst du mich auffressen? Soll ich mich wie das jüngste Geißlein im Wandkasten vor dir verstecken?

Der Wolf, vor dem er sich fürchtete, war unzweifelhaft der Vater, aber die Wolfsangst war an die Bedingung der aufrechten Stellung gebunden. Seine Erinnerung behauptete mit großer Bestimmheit, daß Bilder vom Wolf, der auf allen Vieren gehe oder wie im Rotkäppchenmärchen im Bett liege, ihn nicht geschreckt hätten. Nicht mindere Bedeutung zog die Stellung auf sich, die er nach unserer Konstruktion der Urszene das Weib hatte einnehmen sehen; diese Bedeutung blieb aber auf das sexuelle Gebiet beschränkt. Die auffälligste Erscheinung seines Liebeslebens nach der Reife waren Anfälle von zwanghafter sinnlicher Verliebtheit, die in rätselhafter Folge auftraten und wieder verschwanden, eine riesige Energie bei ihm auch in Zeiten sonstiger Hemmung entfesselten und seiner Beherrschung ganz entzogen waren. Ich muß die volle Würdigung dieser Zwangslieben wegen

[11] Ferenczi, Über passagere Symtombildungen während der Analyse. Zentralbl. f. Psychoanalyse, II. 1912 S. 588 ff.

Il primo dei "sintomi passeggeri"[12] che il paziente produsse durante il trattamento rimandava ancora alla fobia del lupo e alla favola dei sette capretti. Nella stanza dove si tennero le prime sedute, di fronte al paziente, che mi volgeva le spalle sdraiato su un divano, c'era un grosso orologio a pendolo. Mi colpì il fatto che egli di tanto in tanto si girasse verso di me, mi guardasse tutto ridente, come per rabbonirmi, e poi volgesse lo sguardo da me all'orologio. A quel tempo pensai che segnalasse così il proprio desiderio di concludere l'ora. Molto tempo dopo il paziente mi fece tornare in mente questa mimica e me la spiegò ricordandosi che il più piccolo dei sette capretti si era nascosto nella cassa dell'orologio a pendolo mentre i sei fratelli venivano divorati dal lupo. Dunque a quel tempo voleva dire: "Sii buono con me. Devo aver paura di te? Mi vuoi divorare? Davanti a te devo nascondermi nella cassa dell'orologio, come il più piccolo dei capretti?"

Il lupo del quale aveva paura era senza dubbio il padre, ma la paura del lupo era condizionata alla posizione eretta. I suoi ricordi permettevano di stabilire con assoluta certezza che immagini del lupo che cammina a quattro zampe o che è a letto, come in *Cappuccetto rosso*, non lo avevano spaventato. Né risultò meno significativa la posizione che, secondo la nostra ricostruzione della scena originaria, aveva visto assumere alla donna; questo significato, però, era rimasto circoscritto alla sfera sessuale. Il fenomeno più appariscente della sua vita affettiva dall'adolescenza in poi era costituito da accessi di ossessiva infatuazione fisica, che insorgevano e svanivano in misteriosa successione, scatenando in lui un'enorme energia anche in periodi di ulteriore inibizione, e si sottraevano completamente al suo controllo. A causa di un nesso particolarmente significati-

del libro di fiabe. Solo che è insostenibile; la priorità cronologica della fobia del lupo e la sua assegnazione al tempo della prima tenuta sono stabilite con certezza assoluta. E il sogno compiuto a quattro anni?

[12] Cfr. S. FERENCZI, *Über passegere Symptombildungen während der Analyse* (Formazione dei sintomi passeggeri durante l'analisi), in "Zentralbl. f. Psychoanalyse", II, 1912, pp. 588 sgg.

eines besonders wertvollen Zusammenhanges noch aufschieben, aber ich kann hier anführen, daß sie an eine bestimmte, seinem Bewußtsein verborgene Bedingung geknüpft waren, die sich erst in der Kur erkennen ließ. Das Weib mußte die Stellung eingenommen haben, die wir der Mutter in der Urszene zuschreiben. Große, auffällige Hinterbacken empfand er von der Pubertät an als den stärksten Reiz des Weibes; ein anderer Koitus als der von rückwärts bereitete ihm kaum Genuß. Die kritische Erwägung ist zwar berechtigt, hier einzuwenden, daß solche sexuelle Bevorzugung der hinteren Körperpartien ein allgemeiner Charakter der zur Zwangsneurose neigenden Personen sei und nicht zur Ableitung von einem besonderen Eindruck der Kinderzeit berechtige. Sie gehöre in das Gefüge der anal-erotischen Veranlagung und zu jenen archaischen Zügen, welche diese Konstitution auszeichnen. Man darf die Begattung von rückwärts — more ferarum — doch wohl als die phylogenetisch ältere Form auffassen. Wir werden auch auf diesen Punkt in späterer Diskussion zurückkommen, wenn wir das Material für seine unbewußte Liebesbedingung nachgetragen haben.

Setzen wir nun in der Erörterung der Beziehungen zwischen Traum und Urszene fort. Nach unseren bisherigen Erwartungen sollte der Traum dem Kind, das sich auf die Erfüllung seiner Wünsche zu Weihnachten freut, das Bild der Sexualbefriedigung durch den Vater vorführen, wie er es in jener Urszene gesehen hatte, als Vorbild der eigenen Befriedigung, die er vom Vater ersehnt. Anstatt dieses Bildes tritt aber das Material der Geschichte auf, die der Großvater kurz vorher erzählt hatte: Der Baum, die Wölfe, die Schwanzlosigkeit in der Form der Überkompensation in den buschigen Schwänzen der angeblichen Wölfe. Hier fehlt uns ein Zusammenhang, eine Assoziationsbrücke, die von dem Inhalt der Urgeschichte zu dem der Wolfgeschichte hinüberleitet. Diese Verbindung wird wiederum durch die Stellung und nur durch diese gegeben. Der schwanzlose Wolf fordert in der Er-

vo, sono costretto a rinviare la piena valutazione di questi innamoramenti ossessivi, ma in questo contesto posso dire che erano vincolati al sussistere di una determinata condizione, della quale non era conscio e che fu possibile riconoscere per la prima volta nel corso della cura. La donna doveva aver assunto la posizione che nella scena originaria 7abbiamo attribuito alla madre. Per lui, dalla pubertà in poi, la maggior attrattiva femminile erano le natiche grosse e appariscenti; un coito che non fosse quello da dietro difficilmente gli procurava piacere. La critica che si può formulare a questo riguardo è che la caratteristica di prediligere sessualmente le parti posteriori del corpo è un tratto generale delle persone inclini alla nevrosi ossessiva e la sua presenza non ne giustifica perciò la derivazione da una particolare impressione dell'infanzia. Essa farebbe strutturalmente parte dell'inclinazione erotico-anale e di quegli impulsi arcaici che caratterizzano questa costituzione. Sicuramente l'accoppiamento da dietro – *more ferarum* – può essere considerato la forma filogeneticamente più antica. Ma anche su questo punto torneremo in seguito, quando avremo messo in luce il materiale riguardante la sua condizione affettiva inconscia.

Continuiamo ora la discussione sui rapporti fra sogno e scena originaria. Secondo quanto ci saremmo potuti attendere fino a questo momento, il sogno avrebbe dovuto presentare al bambino, felice perché il Natale stava per appagare i suoi desideri, quell'immagine del soddisfacimento sessuale operato dal padre che la scena originaria gli aveva mostrato, in quanto prototipo del particolare soddisfacimento che desiderava ottenere da lui. Al posto di questa immagine si presenta invece il materiale della storia raccontata poco prima dal nonno: l'albero, i lupi, la mancanza di coda nella forma ipercompensata delle folte code dei presunti lupi. Manca un nesso, una associazione-ponte che ricolleghi il contenuto della scena originaria a quello della storia del lupo. Ancora una volta è la posizione, solo la posizione, a fornirci il collegamento che cerchiamo. Nel racconto del nonno, infatti, il lupo senza coda invita gli altri *a*

zählung des Großvaters die andern auf, auf ihn zu steigen. Durch dieses Detail wurde die Erinnerung an das Bild der Urszene geweckt, auf diesem Weg konnte das Material der Urszene durch das der Wolfsgeschichte vertreten werden, dabei gleichzeitig die Zweizahl der Eltern in erwünschter Weise durch die Mehrzahl der Wölfe ersetzt. Eine nächste Wandlung erfuhr der Trauminhalt, indem das Material der Wolfsgeschichte sich dem Inhalt des Märchens von den sieben Geißlein anpaßte, die Siebenzahl von ihm entlehnte.[12]

Die Materialwandlung: Urszene — Wolfsgeschichte — Märchen von den sieben Geißlein — ist die Spiegelung des Gedankenfortschritts während der Traumbildung: Sehnsucht nach sexueller Befriedigung durch den Vater — Einsicht in die daran geknüpfte Bedingung der Kastration — Angst vor dem Vater. Ich meine, der Angsttraum des vierjährigen Knaben ist erst jetzt restlos aufgeklärt.[13]

[12] 6 oder 7 heißt es im Traum. 6 ist die Anzahl der gefressenen Kinder, das siebente rettet sich in den Uhrkasten. Es bleibt strenges Gesetz der Traumdeutung, daß jede Einzelheit ihre Aufklärung finde.

[13] Nachdem uns die Synthese dieses Traumes gelungen ist, will ich versuchen, die Beziehungen des manifesten Trauminhaltes zu den latenten Traumgedanken übersichtlich darzustellen.

Es ist Nacht, ich liege in meinem Bette. Das letztere ist der Beginn der Reproduktion der Urszene. „Es ist Nacht" ist Entstellung für: ich hatte geschlafen. Die Bemerkung: Ich weiß, es war Winter, als ich träumte, und Nachtzeit, bezieht sich auf die Erinnerung an den Traum, gehört nicht zu seinem Inhalt. Sie ist richtig, es war eine der Nächte vor dem Geburtstag resp. Weihnachtstag.

Plötzlich geht das Fenster von selbst auf. Zu übersetzen: Plötzlich erwache ich von selbst, Erinnerung der Urszene. Der Einfluß der Wolfsgeschichte, in der der Wolf durchs Fenster hereinspringt, macht sich modifizierend geltend und verwandelt den direkten in einen bildlichen Ausdruck. Gleichzeitig dient die Einführung des Fensters dazu, um den folgenden Trauminhalt in der Gegenwart unterzubringen. Am Weihnachtsabend geht die Türe plötzlich auf, und man sieht den Baum mit den Geschenken vor sich. Hier macht sich also der Einfluß der aktuellen Weihnachtserwartung geltend, welche die sexuelle Befriedigung miteinschließt.

Der große Nußbaum. Vertreter des Christbaumes, also aktuell; überdies der Baum aus der Wolfsgeschichte, auf den sich der verfolgte Schneider flüchtet, unter dem die Wölfe lauern. Der hohe Baum ist auch, wie ich mich oft überzeugen konnte, ein Symbol der Beobachtung, des Voyeurtums. Wenn man auf dem Baume sitzt, kann man alles sehen, was unten vorgeht, und wird selbst nicht gesehen. Vgl. die bekannte Geschichte des Boccaccio und ähnliche Schnurren.

Die Wölfe. Ihre Zahl: *sechs oder sieben.* In der Wolfsgeschichte ist es ein Rudel ohne angegebene Zahl. Die Zahlbestimmung zeigt den Einfluß des Märchens von den sieben Geißlein, von denen sechs gefressen werden. Die Ersetzung der Zweizahl in der Urszene durch eine Mehrzahl, welche in der Urszene absurd wäre, ist dem Widerstand als Entstellungsmittel willkommen. In der zum Traum gefertigten Zeichnung hat der Träumer die 5 zum Ausdruck gebracht, die wahrscheinlich die Angabe: es war Nacht, korrigiert.

montargli sopra. È questo particolare a risvegliare la rammemorazione visiva della scena originaria: per questa via il materiale di questa scena aveva potuto essere sostituito con quello della storia del lupo, e, nello stesso tempo, la dualità dei genitori rimpiazzata opportunamente con la pluralità dei lupi. Il contenuto del sogno subì poi un'ulteriore trasformazione in quanto il materiale della storia del lupo si adattò al contenuto della fiaba dei sette capretti, prendendone a prestito il numero sette.[13]

La trasformazione del materiale – dalla scena originaria alla storia del lupo e quindi alla fiaba dei *Sette capretti* – rispecchia la progressione di pensiero del sognatore durante la formazione del sogno: – desiderio di venir soddisfatto sessualmente dal padre, convinzione che la castrazione ne sia la condizione necessaria, paura del padre. Penso che soltanto adesso il sogno d'angoscia del bambino di quattro anni sia stato completamente spiegato.[14]

[13] Il sogno dice sei o sette. Sei è il numero dei piccoli che sono stati divorati, il settimo si rifugia nella cassa dell'orologio. È stretta norma dell'interpretazione dei sogni che ogni particolare trovi la sua spiegazione.

[14] Dopo che ci è riuscita la sintesi del sogno, voglio tentare di esporre brevemente i rapporti tra contenuto manifesto e pensieri latenti del sogno.

È notte e sono nel mio letto. È l'esordio della riproduzione della scena originaria. "È notte" è una deformazione per: dormivo. L'osservazione "so di aver fatto il sogno una notte d'inverno" si riferisce al ricordo che egli ha del sogno, non fa parte del suo contenuto. La puntualizzazione è corretta: era una delle notti precedenti il suo compleanno, e quindi il Natale, visto che le due date coincidevano.

Improvvisamente la finestra si apre da sola. Da tradurre: "Improvvisamente mi sveglio da solo", ricordo della scena originaria. L'influenza della storia del lupo, in cui il lupo entra dalla finestra, si convalida apportando una modifica e cambiando l'espressione diretta con una figurata. Al tempo stesso l'introduzione dell'elemento finestra serve a ricondurre nel presente il contenuto successivo del sogno. La sera di Natale si apre improvvisamente la porta e si vede l'albero con i regali. Questo convalida dunque l'influenza dell'attesa attuale del Natale, che insieme include il soddisfacimento sessuale.

Il grosso noce. Rappresenta l'albero di Natale, quindi qualcosa di attuale: in aggiunta, l'albero della storia del lupo sul quale si rifugia il sarto inseguito e sotto il quale stanno in agguato i lupi. Come ho potuto notare spesso, l'albero alto è anche un simbolo dell'osservazione, del *voyeurismo*. Stando su un albero si può vedere tutto ciò che accade sotto senza essere visti. Cfr. la famosa novella del Boccaccio (*Dec*. VII,9) e teorie analoghe.

I lupi. Il loro numero: *sei o sette*. Nel racconto del lupo c'è un branco, sen-

Über die pathogene Wirkung der Urszene und die Veränderung, welche deren Erweckung in seiner Sexualentwicklung hervorruft, kann ich mich nach allem, was bisher schon berührt wurde, kurz fassen. Wir werden nur diejenige Wirkung verfolgen, welcher der Traum Ausdruck gibt. Später werden wir uns klar machen müssen, daß nicht etwa eine einzige Sexualströmung von der Urszene ausgegangen ist, sondern eine ganze Reihe von solchen, geradezu eine Aufsplitterung der Libido. Ferner werden wir uns vorhalten, daß die Aktivierung dieser Szene (ich vermeide absichtlich das Wort: Erinnerung) dieselbe Wirkung hat, als ob sie ein rezentes Erlebnis wäre. Die Szene wirkt nachträglich und

Sie sitzen auf dem Baum. Sie ersetzen zunächst die am Baum hängenden Weihnachtsgeschenke. Sie sind aber auch auf den Baum versetzt, weil das heißen kann, sie schauen. In der Geschichte des Großvaters lagern sie unten um den Baum. Ihr Verhältnis zum Baum ist also im Traum umgekehrt worden, woraus zu schließen ist, daß im Trauminhalt noch andere Umkehrungen des latenten Materials vorkommen.

Sie schauen ihn mit gespannter Aufmerksamkeit an. Dieser Zug ist ganz aus der Urszene, auf Kosten einer totalen Verkehrung in den Traum gekommen.

Sie sind ganz weiß. Dieser an sich unwesentliche, in der Erzählung des Träumers stark betonte Zug verdankt seine Intensität einer ausgiebigen Verschmelzung von Elementen aus allen Schichten des Materials, und vereinigt dann nebensächliche Details der anderen Traumquellen mit einem bedeutsameren Stück der Urszene. Diese letztere Determinierung entstammt wohl der Weiße der Bett- und Leibwäsche der Eltern, dazu das Weiß der Schafherden, der Schäferhunde als Anspielung auf seine Sexualforschungen an Tieren, das Weiß in den Märchen von den sieben Geißlein, in dem die Mutter an der Weiße ihrer Hand erkannt wird. Wir werden später die weiße Wäsche auch als Todesandeutung verstehen.

Sie sitzen regungslos da. Hiemit wird dem auffälligsten Inhalt der beobachteten Szene widersprochen; der Bewegtheit, welche durch die Stellung, zu der sie führt, die Verbindung zwischen Urszene und Wolfsgeschichte herstellt.

Sie haben Schwänze wie Füchse. Dies soll einem Ergebnis widersprechen, welches aus der Einwirkung der Urszene auf die Wolfsgeschichte gewonnen wurde und als der wichtigste Schluß der Sexualforschung anzuerkennen ist: Es gibt also wirklich eine Kastration. Der Schreck, mit dem dies Denkergebnis aufgenommen wird, bricht sich endlich im Traume Bahn und erzeugt dessen Schluß.

Die Angst, von den Wölfen aufgefressen zu werden. Sie erschien dem Träumer als nicht durch den Trauminhalt motiviert. Er sagte, ich hätte mich nicht fürchten müssen, denn die Wölfe sahen eher aus wie Füchse oder Hunde, sie fuhren auch nicht auf mich los, wie um mich zu beißen, sondern waren sehr ruhig und gar nicht schrecklich. Wir erkennen, daß die Traumarbeit sich eine Weile bemüht hat, die peinlichen Inhalte durch Verwandlung ins Gegenteil unschädlich zu machen. (Sie bewegen sich nicht, sie haben ja die schönsten Schwänze.) Bis endlich dieses Mittel versagt und die Angst losbricht. Sie findet ihren Ausdruck mit Hilfe des Märchens, in dem die Geißlein-Kinder vom Wolf-Vater gefressen werden. Möglicherweise hat dieser Märcheninhalt selbst an scherzhafte Drohungen des Vaters, wenn er mit dem Kinde spielte, erinnert, so daß die Angst, vom Wolf gefressen zu werden, ebensowohl Reminiszenz wie Verschiebungsersatz sein könnte.

Die Wunschmotive dieses Traumes sind handgreifliche; zu den oberflächlichen Tageswünschen, Weihnachten mit seinen Geschenken möge schon da sein (Ungeduldstraum), gesellt sich der tiefere, um diese Zeit permanente Wunsch nach der Sexualbefriedigung durch den Vater, der sich zunächst durch den Wunsch, das wieder-

Dopo tutto quello che è stato detto finora, posso fare qualche breve considerazione sull'effetto patogeno prodotto dalla scena originaria e sull'alterazione provocata nello sviluppo sessuale del paziente dalla sua attivazione. Ci occuperemo solamente di quell'effetto al quale il sogno dà espressione. Più avanti dovremo considerare il fatto che dalla scena originaria non è scaturita un'unica tendenza sessuale, ma un'intera serie di tendenze, precisamente una frantumazione della libido. In seguito terremo presente che l'attivazione di questa scena (evito di proposito il termine "rammemorazione") ha prodotto lo stesso effetto che avrebbe prodotto se fosse stata un'esperienza recente. La scena agisce in un secondo tempo, e intanto, nell'intervallo

za specificazione del numero. La precisazione del numero indica l'influenza della fiaba dei *Sette capretti*, sei dei quali vengono divorati. La sostituzione della dualità presente nella scena originaria con una pluralità, che in quella scena sarebbe assurda, è consona alla resistenza come mezzo di deformazione. Nel disegno che illustra il sogno, il sognatore ha portato a espressione il numero cinque, che probabilmente corregge il dato: "era notte".

Sono seduti sull'albero. In primo luogo sostituiscono i regali appesi all'albero. Ma sono anche trasferiti sull'albero perché questo può voler dire che guardano. Nel racconto del nonno sono raggruppati sotto l'albero. Il loro rapporto con l'albero, perciò, nel sogno è stato capovolto, da cui si deduce che il sogno presenti anche altri capovolgimenti del materiale latente.

Lo guardano con viva attenzione. Questo particolare proviene decisamente dalla scena originaria, ed è pervenuto nel sogno a prezzo di un capovolgimento totale.

Sono completamente bianchi. Questo tratto, di per sé inessenziale e fortemente sottolineato nel racconto del sognatore, deve la propria intensità a un'ampia fusione di elementi provenienti da tutti gli strati del materiale e combina particolari secondari, desunti dalle altre fonti del sogno, con un tratto più significativo desunto invece dalla scena originaria. Quest'ultima determinazione va ravvisata senz'altro nel bianco del letto e degli indumenti intimi dei genitori, cui si aggiunge il bianco delle pecore e dei cani da pastore come allusione alle sue investigazioni sessuali sugli animali, il bianco della fiaba dei *Sette capretti*, in cui la madre viene riconosciuta per la zampa bianca. Più avanti riconosceremo nel colore bianco degli indumenti intimi un'allusione alla morte.

Siedono senza muoversi. Contraddice il contenuto più rilevante della scena osservata: il movimento, legato a quella posizione che stabilisce il collegamento tra scena originaria e storia del lupo.

Hanno le code come volpi. Contraddice un risultato ottenuto dal bambino grazie alla ripercussione della scena originaria sulla storia del lupo, da considerare come il più importante risultato dell'investigazione sessuale: esiste dunque realmente una castrazione. Il terrore con cui viene accolto

hat unterdes, in dem Intervall zwischen 1 1/2 und 4 Jahren, nichts von ihrer Frische eingebüßt. Vielleicht finden wir im weiteren noch einen Anhaltspunkt dafür, daß sie bestimmte Wirkungen bereits zur Zeit ihrer Wahrnehmung, also von 1 1/2 Jahren an, geübt hat.

Wenn sich der Patient in die Situation der Urszene vertiefte, förderte er folgende Selbstwahrnehmungen zu Tage: Er habe vorher angenommen, der beobachtete Vorgang sei ein gewalttätiger Akt, allein dazu stimmte das vergnügte Gesicht nicht, das er die Mutter machen sah; er mußte erkennen, daß es sich um eine Befriedigung handle.[14] Das wesentliche Neue, das ihm die Beobachtung des Verkehrs der Eltern brachte, war die Überzeugung

zusehen, was damals so fesselnd war, ersetzt. Dann verläuft der psychische Vorgang von der Erfüllung dieses Wunsches in der heraufbeschworenen Urszene bis zu der jetzt unvermeidlich gewordenen Ablehnung des Wunsches und der Verdrängung.

Die Breite und Ausführlichkeit der Darstellung, zu der ich durch das Bemühen genötigt bin, dem Leser irgend ein Äquivalent für die Beweiskraft einer selbstdurchgeführten Analyse zu bieten, mag ihn gleichzeitig davon abbringen, die Publikation von Analysen zu verlangen, die sich über mehrere Jahre erstreckt haben.

14 Der Aussage des Patienten tragen wir vielleicht am ehesten Rechnung, wenn wir annehmen, daß der Gegenstand seiner Beobachtung zuerst ein Koitus in normaler Stellung gewesen ist, der den Eindruck eines sadistischen Aktes erwecken muß. Erst nach diesem sei die Stellung gewechselt worden, so daß er Gelegenheit zu anderen Beobachtungen und Urteilen gewann. Allein diese Annahme ist nicht gesichert worden, scheint mir auch nicht unentbehrlich. Wir wollen über die abkürzende Darstellung des Textes die wirkliche Situation nicht außer Auge lassen, daß der Analysierte im Alter nach 25 Jahren Eindrücken und Regungen aus seinem vierten Jahr Worte verleiht, die er damals nicht gefunden hätte. Vernachlässigt man diese Bemerkung, so kann man es leicht komisch und unglaubwürdig finden, daß ein vierjähriges Kind solcher fachlicher Urteile und gelehrter Gedanken fähig sein sollte. Es ist dies einfach ein zweiter Fall von Nachträglichkeit. Das Kind empfängt mit 1 1/2 Jahren einen Eindruck, auf den es nicht genügend reagieren kann, versteht ihn erst, wird von ihm ergriffen bei der Wiederbelebung des Eindrucks mit vier Jahren, und kann erst zwei Dezennien später in der Analyse mit bewußter Denktätigkeit erfassen, was damals in ihm vorgegangen. Der Analysierte setzt sich dann mit Recht über die drei Zeitphasen hinweg und setzt sein gegenwärtiges Ich in die längstvergangene Situation ein. Wir folgen ihm darin, denn bei korrekter Selbstbeobachtung und Deutung muß der Effekt so ausfallen, als ob man die Distanz zwischen der zweiten und der dritten Zeitphase vernachlässigen könnte. Auch haben wir kein anderes Mittel, die Vorgänge in der zweiten Phase zu beschreiben.

tra l'anno e mezzo e i quattro, non ha perso niente della propria freschezza. Forse andando avanti troveremo qualche indizio da cui dedurre che abbia esercitato determinati effetti già dal momento in cui è stata osservata, cioè dall'anno e mezzo in poi.

Quando il paziente si calò nella situazione della scena originaria, riportò alla luce le seguenti percezioni: sulle prime aveva creduto che il fatto osservato fosse un atto violento, ma questo non si accordava con l'espressione di piacere che aveva visto assumere alla madre; dovette riconoscere che si trattava di un appagamento.[15] La novità sostanziale che l'osservazione del rapporto dei genitori gli aveva apportato era la convinzione della realtà della ca-

questo risultato si apre un varco nel sogno, provocandone la conclusione. *La paura di essere divorato dai lupi*. Al sognatore non sembrava motivata dal contenuto del sogno. Infatti disse: "Non avevo motivo di avere paura perché i lupi sembravano piuttosto volpi o cani e non si avventavano su di me come per mordermi, ma erano molto tranquilli e per niente inquietanti". Notiamo che il lavoro onirico si è per un certo tempo occupato di rendere inoffensivi i contenuti penosi mediante trasformazione nel contrario (non si muovono, hanno bellissime code). Alla fine l'espediente fallisce e l'angoscia esplode, trovando espressione grazie alla fiaba in cui i capretti-bambini vengono divorati dal lupo-padre. Probabilmente questo contenuto della fiaba gli ha ricordato le minacce scherzose del padre durante il gioco, per cui la paura di essere divorato dal lupo poteva essere sia una reminiscenza che un sostituto per spostamento.

I desideri che motivano il sogno sono evidenti; al desiderio contingente di superficie che fosse già Natale con i regali (sogno d'impazienza) si aggiunge il desiderio più profondo e, a quel tempo, permanente del soddisfacimento sessuale a opera del padre, subito rimpiazzato dal desiderio di rivedere quel che allora lo aveva tanto affascinato. Soddisfatto questo desiderio con l'evocazione della scena originaria, il processo psichico si svolge fino all'inevitabile rigetto del desiderio e alla rimozione.

L'ampiezza e la dovizia dei particolari di questa esposizione sono rese necessarie dalla preoccupazione di offrire al lettore qualcosa che equivalga alla forza probante dell'analisi condotta su se stessi e che possa contemporaneamente dissuaderlo dall'esigere la pubblicazione di analisi durate diversi anni.

[15] L'affermazione del paziente può forse apparire più verosimile se supponiamo che oggetto dell'osservazione sia stato dapprima un coito in posizione normale, che può aver fatto l'impressione di un atto sadico. Dopo la posizione sarebbe stata cambiata, dando modo di ricavare altre osservazioni e giudizi. Questa supposizione, però, non è stata confermata e non mi sembra nemmeno indispensabile. Non perdiamo d'occhio la situazione reale cui è stata soggetta l'esposizione riassuntiva del testo e cioè

von der Wirklichkeit der Kastration, deren Möglichkeit seine Gedanken schon vorher beschäftigt hatte. (Der Anblick der beiden urinierenden Mädchen, die Drohung der Nanja, die Deutung der Gouvernante von den Zuckerstangen, die Erinnerung, daß der Vater eine Schlange in Stücke geschlagen.) Denn jetzt sah er mit eigenen Augen die Wunde, von der die Nanja gesprochen hatte, und verstand, daß ihr Vorhandensein eine Bedingung des Verkehrs mit dem Vater war. Er konnte sie nicht mehr wie bei der Beobachtung der kleinen Mädchen mit dem Popo verwechseln.[15]

Der Ausgang des Traumes war Angst, von der er sich nicht eher beruhigte, als bis er seine Nanja bei sich hatte. Er flüchtete sich also zu ihr vom Vater weg. Die Angst war eine Ablehnung des Wunsches nach Sexualbefriedigung durch den Vater, welches Streben ihm den Traum eingegeben hatte. Ihr Ausdruck: vom Wolf gefressen zu werden, war nur eine — wie wir hören werden: regressive — Umsetzung des Wunsches, vom Vater koitiert, d. h. so befriedigt zu werden wie die Mutter. Sein letztes Sexualziel, die passive Einstellung zum Vater, war einer Verdrängung erlegen, die Angst vor dem Vater in Gestalt der Wolfsphobie an ihre Stelle getreten.

Und die treibende Kraft dieser Verdrängung? Dem ganzen Sachverhalt nach konnte es nur die narzißtische Genitallibido

15 Wie er sich mit diesem Anteil des Problems weiter auseinandersetzte, werden wir später bei der Verfolgung seiner Analerotik erfahren.

strazione, sulla cui possibilità già aveva fantasticato in precedenza. (La vista delle due bambine che facevano la pipì, la minaccia della nanja, il commento della governante sui bastoni di zucchero, il ricordo del padre che fa a pezzi un serpente.) Adesso, infatti, aveva visto con i propri occhi la ferita della quale aveva parlato la nanja e capito che la sua esistenza era una condizione del rapporto con il padre. Non poteva più scambiarla, come quando aveva visto le due bambine, con il popò.[16]

L'esito del sogno fu l'angoscia, dalla quale non si liberò finché non ebbe vicino la nanja. Si rifugiò così presso di lei, sottraendosi al padre. L'angoscia era un rifiuto del desiderio di venir soddisfatto sessualmente dal padre, obiettivo la cui mira aveva ispirato il sogno. L'espressione dell'angoscia, "l'essere divorato dal lupo", era semplicemente, come vedremo, una trasposizione regressiva del desiderio di farsi fare l'amore dal padre, cioè di venir soddisfatto come la madre. Il suo obiettivo sessuale ultimo, l'atteggiamento passivo nei confronti del padre, fu sottoposto a una rimozione; al suo posto subentrò la paura del padre in forma di fobia del lupo.

Quale forza può aver messo in moto questa rimozione? Dato il complesso delle circostanze, non poteva che essere

che l'analizzato, a un'età in cui ha superato i venticinque anni, traduce impressioni e impulsi dei suoi quattro anni con espressioni che a quel tempo non avrebbe mai utilizzato. Se non si tiene conto di questa osservazione, si può facilmente trovare comico e incredibile che un bambino di quattro anni possa essere stato capace di giudizi così tecnici e di pensieri così sapienti. È semplicemente un secondo caso di effetto ritardato. Il bambino riceve a un anno e mezzo un'impressione alla quale non può reagire adeguatamente, la comprende per la prima volta, e ne è colpito, a quattro anni nel rivivere quell'impressione e solo due decenni più tardi, in analisi, può concepire con un'attività mentale cosciente cosa fosse avvenuto allora in lui. L'analizzato sorvola a ragione sulle tre fasi temporali e inserisce il suo Io attuale nella situazione accaduta tanto tempo prima. Lo seguiamo perché da una corretta autosservazione e da una giusta interpretazione deve scaturire lo stesso effetto che se si potesse trascurare la distanza fra la seconda e la terza fase. Né abbiamo un altro mezzo per descrivere i processi accaduti nella seconda fase.

[16] Come egli ancora considerasse e riconsiderasse questa parte del problema, lo vedremo più tardi trattando del suo erotismo anale.

sein, die sich als Sorge um sein männliches Glied gegen eine Befriedigung sträubte, für die der Verzicht auf dieses Glied Bedingung schien. Aus dem bedrohten Narzißmus schöpfte er die Männlichkeit, mit der er sich gegen die passive Einstellung zum Vater wehrte.

Wir werden jetzt darauf aufmerksam, daß wir an diesem Punkte der Darstellung unsere Terminologie ändern müssen. Er hatte während des Traumes eine neue Phase seiner Sexualorganisation erreicht. Die sexuellen Gegensätze waren ihm bisher a k t i v und p a s s i v gewesen. Sein Sexualziel war seit der Verführung ein passives, am Genitale berührt zu werden, dann wandelte es sich durch Regression auf die frühere Stufe der sadistisch-analen Organisation in das masochistische, gezüchtigt, gestraft zu werden. Es war ihm gleichgültig, ob er dieses Ziel beim Mann oder Weib erreichen sollte. Er war ohne Rücksicht auf den Geschlechtsunterschied von der Nanja zum Vater gewandert, hatte von der Nanja verlangt, am Glied berührt zu werden, vom Vater die Züchtigung provozieren wollen. Das Genitale kam dabei außer Betracht; in der Phantasie, auf den Penis geschlagen zu werden, äußerte sich noch der durch die Regression verdeckte Zusammenhang. Nun führte ihn die Aktivierung der Urszene im Traum zur genitalen Organisation zurück. Er entdeckte die Vagina und die biologische Bedeutung von männlich und weiblich. Er verstand jetzt, aktiv sei gleich männlich, passiv aber weiblich. Sein passives Sexualziel hätte sich jetzt in ein weibliches verwandeln, den Ausdruck annehmen müssen: vom Vater koitiert zu werden, anstatt: von ihm auf das Genitale oder auf den Popo geschlagen zu werden. Dieses feminine Ziel verfiel nun der Verdrängung und mußte sich durch die Angst vor dem Wolf ersetzen lassen

Wir müssen die Diskussion seiner Sexualentwicklung hier unterbrechen, bis aus späteren Stadien seiner Geschichte neues Licht auf diese früheren zurückfällt. Zur Würdigung der Wolfsphobie fügen wir noch hinzu, daß Vater und Mutter, beide, zu Wölfen wurden. Die Mutter spielte ja den kastrierten Wolf, der

la libido genitale narcisistica, la quale, preoccupandosi per le sorti del membro virile, si era opposta a un soddisfacimento che sembrava condizionato alla rinuncia a questo membro. Dal narcisismo minacciato egli attinse la virilità, con la quale si difese dall'atteggiamento passivo nei confronti del padre.

Ci rendiamo ormai conto che a questo punto dell'esposizione dobbiamo cambiare terminologia. Durante il sogno aveva raggiunto una nuova fase di organizzazione sessuale. Fino a quel momento, in campo sessuale, gli opposti erano stati per lui *attivo* e *passivo*. Dall'epoca della seduzione il suo obiettivo sessuale era quello passivo di venir toccato ai genitali, poi, con la regressione al precedente stadio dell'organizzazione sadico-anale, si trasformò in quello masochistico di venir castigato, punito. Per lui era indifferente raggiungere questo scopo con il maschio o con la femmina. Era passato dalla nanja al padre senza tener conto della differenza sessuale: aveva richiesto alla nanja di toccargli il membro, aveva provocato il padre per essere castigato. Nonostante che in quest'ultimo caso i genitali non entrassero apertamente in causa, il legame si esprimeva, camuffato dalla regressione, nella fantasia di venir percosso sul pene. Ma l'attivazione, in sogno, della scena originaria lo aveva a questo punto ricondotto all'organizzazione genitale. Scoprì la vagina e il significato biologico di maschile e femminile. Adesso capì che attivo corrispondeva a maschile, ma passivo a femminile. Quindi il suo obiettivo sessuale passivo avrebbe ora dovuto trasformarsi in quello femminile, accettando di esprimersi nel farsi fare l'amore dal padre, anziché nel farsi picchiare da lui sui genitali o sul popò. Fu questo obiettivo femminile che incorse appunto nella rimozione e dovette farsi sostituire dalla paura del lupo.

A questo punto dobbiamo interrompere l'indagine sul suo sviluppo sessuale, in attesa che le successive fasi della storia gettino nuova luce su queste fasi precedenti. Per la valutazione della fobia del lupo aggiungeremo ancora che padre e madre divennero entrambi lupi. La madre fece la

die anderen auf sich aufsteigen ließ, der Vater den aufsteigenden. Seine Angst bezog sich aber, wie wir ihn versichern gehört haben, nur auf den stehenden Wolf, also auf den Vater. Ferner muß uns auffallen, daß die Angst, in die der Traum ausging, ein Vorbild in der Erzählung des Großvaters hatte. In dieser wird ja der kastrierte Wolf, der die andern auf sich hat steigen lassen, von Angst befallen, sowie er an die Tatsache seiner Schwanzlosigkeit erinnert wird. Es scheint also, daß er sich während des Traumvorganges mit der kastrierten Mutter identifizierte und sich nun gegen dieses Ergebnis sträubte. In hoffentlich zutreffender Übersetzung: Wenn du vom Vater befriedigt werden willst, mußt du dir wie die Mutter die Kastration gefallen lassen; das will ich aber nicht. Also ein deutlicher Protest der Männlichkeit! Machen wir uns übrigens klar, daß die Sexualentwicklung des Falles, den wir hier verfolgen, für unsere Forschung den großen Nachteil hat, daß sie keine ungestörte ist. Sie wird zuerst durch die Verführung entscheidend beeinflußt und nun durch die Szene der Koitusbeobachtung abgelenkt, die nachträglich wie eine zweite Verführung wirkt.

parte del lupo castrato, che si fece montare gli altri addosso, il padre quella di chi monta. Ma, come ci aveva assicurato, la sua paura riguardava soltanto il lupo eretto, quindi il padre. Inoltre ci colpisce il fatto che l'angoscia con cui il sogno si era concluso avesse un modello nel racconto del nonno. Infatti il lupo castrato, che si era fatto montare gli altri sopra, si spaventa moltissimo non appena gli viene ricordato il fatto che gli manca la coda. Sembra dunque che durante il processo del sogno egli si sia identificato con la madre castrata e che abbia opposto resistenza a questo esito. In traduzione, spero, appropriata: "Se vuoi essere soddisfatto dal papà, devi sopportare la castrazione, come la mamma – ma questo io non lo voglio!" Quindi una chiara protesta della virilità! Del resto teniamo presente che lo sviluppo sessuale del caso che seguiamo, per la nostra ricerca ha il grande svantaggio di non essere privo di interferenze. In primo luogo è stato influenzato decisivamente dalla seduzione, poi fuorviato dalla scena dell'osservazione del coito, che opera successivamente come una seconda seduzione.

V

EINIGE DISKUSSIONEN

Eisbär und Walfisch, hat man gesagt, können nicht miteinander Krieg führen, weil sie, ein jeder auf sein Element beschränkt, nicht zueinander kommen. Ebenso unmöglich wird es mir, mit Arbeitern auf dem Gebiet der Psychologie oder der Neurotik zu diskutieren, die die Voraussetzungen der Psychoanalyse nicht anerkennen und ihre Ergebnisse für Artefakte halten. Daneben hat sich aber in den letzten Jahren eine Opposition von Anderen entwickelt, die, nach ihrem eigenen Vermeinen wenigstens, auf dem Boden der Analyse stehen, die Technik und Resultate derselben nicht bestreiten und sich nur für berechtigt halten, aus dem nämlichen Material andere Folgerungen abzuleiten und es anderen Auffassungen zu unterziehen.

Theoretischer Widerspruch ist aber zumeist unfruchtbar. Sowie man begonnen hat, sich von dem Material, aus dem man schöpfen soll, zu entfernen, läuft man Gefahr, sich an seinen Behauptungen zu berauschen und endlich Meinungen zu vertreten, denen jede Beobachtung widersprochen hätte. Es scheint mir darum ungleich zweckmäßiger, abweichende Auffassungen dadurch zu bekämpfen, daß man sie an einzelnen Fällen und Problemen erprobt.

Ich habe oben (S. 114) ausgeführt, es werde gewiß für unwahrscheinlich gehalten werden, „daß ein Kind in dem zarten Alter von $1^1/_2$ Jahren imstande sein sollte, die Wahrnehmungen eines so komplizierten Vorganges in sich aufzunehmen und sie so getreu in seinem Unbewußten zu bewahren, zweitens, daß eine nachträglich zum Verständnis vordringende Bearbeitung dieses

V

ALCUNE DISCUSSIONI

Di orso bianco e balena è stato detto che non possono farsi guerra perché non arrivano a incontrarsi, confinati come sono ciascuno nel proprio elemento. Allo stesso modo anch'io non riesco a discutere con chi, lavorando nel settore della psicologia e delle malattie nervose, non riconosce i presupposti della psicoanalisi e ne considera artificiosi i risultati. Negli ultimi anni si è formato parallelamente anche un altro genere di oppositori che si muovono sul terreno dell'analisi, o almeno così credono, non ne contestano tecnica e risultati, e tuttavia si ritengono autorizzati a derivare dallo stesso materiale altre conclusioni e a farlo sottostare ad altre interpretazioni.

Ma il contrasto teorico è per lo più sterile. Appena si comincia ad allontanarsi dal materiale al quale si deve attingere, si corre il pericolo di esaltarsi alle proprie affermazioni, finendo col sostenere opinioni che qualsiasi osservazione potrebbe confutare. Perciò mi sembra di gran lunga più opportuno combattere le concezioni divergenti mettendole alla prova nei singoli casi e problemi.

Prima (vedi p. 115) ho sostenuto che di sicuro sarebbe stato considerato improbabile "che un bambino alla tenera età di un anno e mezzo possa essere in grado di assimilare le percezioni relative a un processo così complicato conservandole nel proprio inconscio tanto fedelmente, in secondo luogo che sia possibile una rielaborazione di questo

Materials zu vier Jahren möglich ist, und endlich, daß es durch irgend ein Verfahren gelingen sollte, die Einzelheiten einer solchen Szene, unter solchen Umständen erlebt und verstanden, in zusammenhängender und überzeugender Weise bewußt zu machen".

Die letzte Frage ist eine rein faktische. Wer sich die Mühe nimmt, die Analyse mittels der vorgezeichneten Technik in solche Tiefen zu treiben, wird sich überzeugen, daß es sehr wohl möglich ist; wer es unterläßt und in irgend einer höheren Schicht die Analyse unterbricht, hat sich des Urteils darüber begeben. Aber die Auffassung des von der Tiefenanalyse Erreichten ist damit nicht entschieden.

Die beiden anderen Bedenken stützen sich auf eine Geringschätzung der frühinfantilen Eindrücke, denen so nachhaltige Wirkungen nicht zugetraut werden. Sie wollen die Verursachung der Neurosen fast ausschließlich in den ernsthaften Konflikten des späteren Lebens suchen, und nehmen an, die Bedeutsamkeit der Kindheit werde uns in der Analyse nur durch die Neigung der Neurotiker vorgespiegelt, ihre gegenwärtigen Interessen in Reminiszenzen und Symbolen der frühen Vergangenheit auszudrücken. Mit solcher Einschätzung des infantilen Moments fiele manches weg, was zu den intimsten Eigentümlichkeiten der Analyse gehört hat, freilich auch vieles, was ihr Widerstände schafft und das Zutrauen der Außenstehenden entfremdet.

Wir stellen also zur Diskussion die Auffassung ein, solche frühinfantile Szenen, wie sie eine erschöpfende Analyse der Neurosen, z. B. unseres Falles liefert, seien nicht Reproduktionen realer Begebenheiten, denen man Einfluß auf die Gestaltung des späteren Lebens und auf die Symptombildung zuschreiben dürfe, sondern Phantasiebildungen, die der Zeit der Reife ihre Anregung entnehmen, zur gewissermaßen symbolischen Vertretung realer Wünsche und Interessen bestimmt sind, und die einer regressiven Tendenz, einer Abwendung von den Aufgaben der Gegenwart ihre Entstehung verdanken. Wenn dem so ist, dann kann man sich natürlich alle die befremdenden Zumutungen an das Seelenleben und die intellektuelle Leistung von Kindern im unmündigsten Alter ersparen.

Dieser Auffassung kommt außer dem uns allen gemeinsamen

materiale che si spinga fino alla comprensione solo in un secondo tempo, all'età di quattro anni, e infine che si possa riuscire, con una qualche tecnica, a rendere consci in modo coerente e convincente i particolari di una scena simile, vissuta e compresa in quelle circostanze".

L'ultimo è un problema puramente pratico. Chi, mediante la tecnica indicata, si prende la briga di spingere l'analisi fino a tali profondità, si convincerà che è certamente possibile; chi omette di farlo e interrompe l'analisi a un qualche strato più superficiale, ha rinunciato a farsene un'opinione. Naturalmente è ancora aperta la questione dell'interpretazione da dare a quello che è stato conseguito con l'analisi del profondo.

Gli altri due dubbi si basano su una sottovalutazione delle impressioni della prima infanzia, che non si pensa possano avere effetti così durevoli. Coloro che se ne fanno portavoce sostengono che la causa delle nevrosi vada ricercata quasi esclusivamente in conflitti gravi insorti in età matura e suppongono che, in analisi, sia solo la propensione dei nevrotici a esprimere i propri interessi del momento attraverso reminiscenze e simboli del passato quello che ci induce a credere all'importanza dell'infanzia. Valutando in questi termini il momento infantile, elimineremmo qualcosa che ha fatto parte delle più intime peculiarità dell'analisi ma anche molto di ciò che le procura resistenze e le aliena la fiducia dei profani.

Prendiamo dunque in esame la concezione secondo cui le scene della prima infanzia che, come nel nostro caso, un'analisi esauriente delle nevrosi ci rivela non sarebbero riproduzioni di avvenimenti reali, che hanno influenzato l'andamento della vita del soggetto e la formazione del sintomo, ma costruzioni di fantasia prodotte in età matura, finalizzate a far da sostituti simbolici di desideri e interessi reali, e causate da una tendenza regressiva a eludere i problemi del presente. Se è così, ci possiamo anche risparmiare tutte le strane supposizioni sulla vita dell'anima e sulle prestazioni intellettuali della primissima infanzia.

A favore di questa concezione, oltre al comprensibile

Wunsch nach Rationalisierung und Vereinfachung der schwierigen Aufgabe mancherlei Tatsächliches entgegen. Auch kann man im vorhinein ein Bedenken aus dem Wege räumen, welches sich gerade beim praktischen Analytiker erheben könnte. Man muß zugestehen, wenn die besprochene Auffassung dieser infantilen Szenen die richtige ist, dann wird an der Ausübung der Analyse zunächst nichts geändert. Hat der Neurotiker einmal die üble Eigentümlichkeit, sein Interesse von der Gegenwart abzuwenden und es an solche regressive Ersatzbildungen seiner Phantasie zu heften, so kann man gar nichts anderes tun, als ihm auf seinen Wegen zu folgen und ihm diese unbewußten Produktionen zum Bewußtsein zu bringen, denn sie sind, von ihrem realen Unwert ganz abzusehen, für uns höchst wertvoll als die derzeitigen Träger und Besitzer des Interesses, welches wir frei machen wollen, um es auf die Aufgaben der Gegenwart zu lenken. Die Analyse müßte genau ebenso verlaufen wie jene, die im naiven Zutrauen solche Phantasien für wahr nimmt. Erst am Ende der Analyse, nach der Aufdeckung dieser Phantasien, käme der Unterschied. Man würde dann dem Kranken sagen: „Nun gut; Ihre Neurose ist so verlaufen, als ob Sie in Ihren Kinderjahren solche Eindrücke empfangen und fortgesponnen hätten. Sie sehen wohl ein, daß dies nicht möglich ist. Es waren Produkte Ihrer Phantasietätigkeit zur Ablenkung von realen Aufgaben, die Ihnen bevorstanden. Nun lassen Sie uns nachforschen, welches diese Aufgaben waren, und welche Verbindungswege zwischen diesen und Ihren Phantasien bestanden haben." Ein zweiter, dem realen Leben zugewendeter Abschnitt der Behandlung würde nach dieser Erledigung der infantilen Phantasien einsetzen können.

Eine Abkürzung dieses Weges, also eine Abänderung der bisher geübten psychoanalytischen Kur, wäre technisch unzulässig. Wenn man dem Kranken diese Phantasien nicht in ihrem vollen Umfange bewußt macht, kann man ihm die Verfügung über das an sie gebundene Interesse nicht geben. Wenn man ihn von ihnen ablenkt, sobald man ihre Existenz und allgemeine Umrisse ahnt, unterstützt man nur das Werk der Verdrängung, durch das sie für alle Bemühungen des Kranken unantastbar geworden sind. Wenn man sie ihm frühzeitig entwertet, etwa indem man ihm eröffnet, es werde sich nur um Phantasien handeln, die ja

desiderio di razionalizzare e semplificare un compito difficile, depongono anche alcuni dati di fatto. Sbarazziamoci in anticipo di uno scrupolo che potrebbe sorgere proprio a un analista pratico. Anche ammettendo che la concezione delle scene infantili della quale abbiamo parlato sia giusta, nella pratica dell'analisi, almeno in un primo momento, non cambia nulla. Se il nevrotico ha la deplorevole caratteristica di distogliere il proprio interesse dal presente fissandolo su certe costruzioni di sua fantasia, sostitutive e regressive, non si può far altro che assecondarlo e farlo diventare conscio di queste produzioni inconsce perché, anche se prive di valore reale, sono estremamente importanti proprio per il fatto che al momento detengono e rappresentano quell'interesse che vogliamo liberare per far sì che si indirizzi ai problemi del presente. L'analisi dovrebbe procedere esattamente come se, ingenuamente, prestasse fede a queste fantasie e le ritenesse vere. La differenza sopraggiungerebbe soltanto alla fine, dopo che esse sarebbero state portate alla luce. A questo punto si dovrebbe dire al malato: "Bene; la sua nevrosi è proceduta come se lei nell'infanzia avesse ricevuto queste impressioni e continuato a fantasticarci sopra. Lei comprende bene che questo non è possibile. Erano prodotti del suo lavoro di fantasia per distoglierla da problemi concreti. Adesso andiamo a ricercare quali erano questi problemi e in che modo si siano collegati alle sue fantasie". Una volta liquidate le fantasie dell'infanzia, potrebbe aprirsi, nel trattamento, un secondo capitolo, rivolto alla vita concreta.

Un accorciamento di questo percorso, quindi una modificazione della cura psicoanalitica praticata finora, sarebbe tecnicamente inammissibile. Dobbiamo far diventare il malato pienamente conscio di queste fantasie, per potergli rendere la disponibilità dell'interesse che vi è legato. Se lo distogliamo da esse non appena ne intravvediamo l'esistenza e i contorni generali, non facciamo altro che favorire l'opera della rimozione, che le ha rese intangibili a tutti gli sforzi del malato. Se gliele svalutiamo prematuramente, magari rivelandogli che si tratta solo di fantasie che

keine reale Bedeutung haben, wird man nie seine Mitwirkung bereit finden, um sie dem Bewußtsein zuzuführen. Die analytische Technik dürfte also bei korrektem Vorgehen keine Änderung erfahren, wie immer man diese Infantilszenen einschätzt.

Ich habe erwähnt, daß die Auffassung dieser Szenen als regressiver Phantasien manche tatsächlichen Momente zu ihrer Unterstützung anrufen kann. Vor allem das eine: Diese Infantilszenen werden in der Kur — soweit meine Erfahrung bis jetzt reicht — nicht als Erinnerungen reproduziert, sie sind Ergebnisse der Konstruktion. Gewiß wird manchem der Streit schon durch dieses eine Zugeständnis entschieden scheinen.

Ich möchte nicht mißverstanden werden. Jeder Analytiker weiß und hat es unzählige Male erfahren, daß in einer gelungenen Kur der Patient eine ganze Anzahl spontaner Erinnerungen aus seinen Kinderjahren mitteilt, an deren Auftauchen — vielleicht erstmaligem Auftauchen — der Arzt sich völlig unschuldig fühlt, indem er durch keinerlei Konstruktionsversuch dem Kranken einen ähnlichen Inhalt nahe gelegt hat. Diese vorher unbewußten Erinnerungen müssen nicht einmal immer wahr sein; sie können es sein, aber sie sind oft gegen die Wahrheit entstellt, mit phantasierten Elementen durchsetzt, ganz ähnlich wie die spontan erhalten gebliebenen sogenannten Deckerinnerungen. Ich will nur sagen: Szenen, wie die bei meinem Patienten, aus so früher Zeit und mit solchem Inhalt, die dann eine so außerordentliche Bedeutung für die Geschichte des Falles beanspruchen, werden in der Regel nicht als Erinnerungen reproduziert, sondern müssen schrittweise und mühselig aus einer Summe von Andeutungen erraten — konstruiert — werden. Es reicht auch für das Argument hin, wenn ich zugebe, daß solche Szenen bei den Fällen von Zwangsneurose nicht als Erinnerung bewußt werden, oder wenn ich die Angabe auf den einen Fall, den wir hier studieren, beschränke.

Ich bin nun nicht der Meinung, daß diese Szenen notwendigerweise Phantasien sein müßten, weil sie nicht als Erinnerungen wiederkommen. Es scheint mir durchaus der Erinnerung gleich-

non hanno in realtà alcun rilievo concreto, non disporremo mai della sua collaborazione per riportarle alla coscienza. Quindi, comunque si giudichino queste scene dell'infanzia, la tecnica analitica non dovrebbe subire alcuna modificazione, se il modo di procedere è corretto.

Ho già accennato all'esistenza di pezze d'appoggio a sostegno della concezione che interpreta queste scene infantili come fantasie regressive, fra cui soprattutto il dato di fatto che durante la cura – almeno per quanto ho sperimentato finora – non vengano riprodotte sotto forma di ricordi, ma siano invece il risultato di una costruzione. Sicuramente a qualcuno il dibattito parrà già deciso da questa sola ammissione.

Non vorrei venir frainteso. Ogni analista sa, per averlo sperimentato infinite volte, che in una cura riuscita il paziente comunica spontaneamente una gran quantità di ricordi della propria infanzia, della cui emersione – forse la prima – il medico non si ritiene responsabile, non avendo suggerito lui al paziente, con un qualche tentativo di costruzione, un contenuto simile. Questi ricordi, fino ad allora inconsci, non devono neanche essere sempre veri; possono esserlo, ma spesso travisano la verità, impregnati come sono di elementi fantasticati, proprio come i cosiddetti ricordi di copertura che si sono conservati spontaneamente. Voglio semplicemente dire questo: scene che, come quella che riguarda il mio paziente, risalgono a un periodo così remoto e hanno un contenuto tale da rivendicare un'importanza così straordinaria per la storia del caso, di regola non vengono riprodotte sotto forma di ricordo, bensì devono essere indovinate – costruite – passo per passo e faticosamente, sommando indizi. Per portare avanti l'argomentazione è sufficiente ammettere che, nei casi di nevrosi ossessiva, tali scene non diventano coscienti sotto forma di ricordi, oppure limitare l'asserzione al caso che stiamo considerando.

Io però non penso che queste scene, siccome non ritornano sotto forma di ricordo, debbano per forza essere delle fantasie. Se, come avviene nel nostro caso, sono sostitui-

wertig, daß sie sich — wie in unserem Falle — durch Träume ersetzen, deren Analyse regelmäßig zu derselben Szene zurückführt, die in unermüdlicher Umarbeitung jedes Stück ihres Inhalts reproduzieren. Träumen ist ja auch ein Erinnern, wenn auch unter den Bedingungen der Nachtzeit und der Traumbildung. Durch diese Wiederkehr in Träumen erkläre ich mir, daß sich bei den Patienten selbst allmählich eine sichere Überzeugung von der Realität dieser Urszenen bildet, eine Überzeugung, die der auf Erinnerung gegründeten in nichts nachsteht.[1]

Die Gegner brauchen freilich den Kampf gegen diese Argumente nicht als aussichtslos aufzugeben. Träume sind bekanntlich lenkbar.[2] Und die Überzeugung des Analysierten kann ein Erfolg der Suggestion sein, für die immer noch eine Rolle im Kräftespiel der analytischen Behandlung gesucht wird. Der Psychotherapeut alten Schlages würde seinem Patienten suggerieren, daß er gesund ist, seine Hemmungen überwunden hat u.dgl.; der Psychoanalytiker aber, daß er als Kind dies oder jenes Erlebnis gehabt hat, das er jetzt erinnern müsse, um gesund zu werden. Das wäre der Unterschied zwischen beiden.

Machen wir uns klar, daß dieser letzte Erklärungsversuch der Gegner auf eine weit gründlichere Erledigung der Infantilszenen hinausläuft, als anfangs angekündigt wurde. Sie sollten nicht Wirklichkeiten sein, sondern Phantasien. Nun wird es offenbar: nicht Phantasien des Kranken, sondern des Analytikers selbst, die er aus irgend welchen persönlichen Komplexen dem Analysierten aufdrängt. Der Analytiker freilich, der diesen Vorwurf hört, wird sich zu seiner Beruhigung vorführen, wie allmählich die Konstruktion dieser angeblich von ihm eingegebenen Phantasie zu-

1 Wie frühzeitig ich mich mit diesem Problem beschäftigt habe, mag eine Stelle aus der ersten Auflage meiner Traumdeutung (1900) beweisen. Dort heißt es S. 126 zur Analyse der in einem Traum vorkommenden Rede: *Das ist nicht mehr zu haben*, diese Rede stammt von mir selbst; ich hatte ihr einige Tage vorher erklärt, „daß die ältesten Kindererlebnisse nicht mehr als solche zu haben sind, sondern durch „Übertragungen" und Träume in der Analyse ersetzt werden." [Ges. Werke, Bd. II/III, S.190.]

2 Der Mechanismus des Traumes kann nicht beeinflußt werden, aber das Traummaterial läßt sich partiell kommandieren.

te da sogni che, analizzati, riconducono inesorabilmente alla stessa scena e ne riproducono ogni parte del contenuto, rielaborandola instancabilmente, questo mi pare che possa equivalere al ricordo. Comunque anche sognare è un ricordare, per quanto condizionato dall'ora notturna e dalla forma onirica. Che queste scene originarie si ripresentino nei sogni lo spiego con il fatto che nel paziente stesso si forma gradualmente una ferma convinzione della loro realtà, una convinzione in nulla inferiore a quella che si fonda sul ricordo.[1]

Gli avversari non devono certo abbandonare senza più speranza la partita contro questi argomenti. I sogni, come si sa, sono influenzabili.[2] E la convinzione di chi è in analisi può essere frutto di suggestione, alla quale si cerca tutt'ora di assegnare un ruolo nel gioco di forze del trattamento analitico. Lo psicoterapeuta di vecchio stampo suggestionerebbe il proprio paziente dicendogli che è guarito, che ha vinto le proprie inibizioni ecc.; lo psicoanalista, invece, dicendogli che da bambino ha avuto la tale o talaltra esperienza, di cui ora si deve ricordare per poter guarire. Questa sarebbe la differenza tra i due.

Rendiamoci conto che quest'ultimo tentativo di spiegazione dei miei avversari finisce col liquidare le scene dell'infanzia ben più radicalmente di quanto sia stato annunciato all'inizio. Dovevano essere non realtà, ma fantasie. Adesso la cosa si palesa: non fantasie del malato, ma dell'analista stesso, che, per un qualche complesso suo personale, le impone a chi è in analisi. Ovviamente l'analista che si sente fare questo rimprovero, per tranquillizzarsi, ripenserà alla lentezza del processo di costruzione della fan-

[1] Un punto della prima edizione della *Traumdeutung* (L'interpretazione dei sogni) (1900) indica che mi sono occupato di questo problema assai presto. A p.126 analizzo le seguenti parole contenute in un sogno: "ciò non è più accessibile"; e preciso che derivano da una frase che avevo pronunciato io stesso. Difatti alcuni giorni prima avevo spiegato al paziente "che gli avvenimenti infantili più remoti non sono più accessibili attraverso il ricordo, ma in analisi vengono sostituiti da transfert e sogni".

[2] Il meccanismo del sogno non è influenzabile; ma sul materiale onirico si può, fino a un certo punto, agire.

stande gekommen ist, wie unabhängig sich doch deren Ausgestaltung in vielen Punkten von der ärztlichen Anregung benommen hat, wie von einer gewissen Phase der Behandlung an alles auf sie hin zu konvergieren schien, und wie nun in der Synthese die verschiedensten merkwürdigen Erfolge von ihr ausstrahlen, wie die großen und die kleinsten Probleme und Sonderbarkeiten der Krankengeschichte ihre Lösung in der einen Annahme fanden, und wird geltend machen, daß er sich nicht den Scharfsinn zutraut, eine Begebenheit auszuhecken, welche alle diese Ansprüche in einem erfüllen kann. Aber auch dieses Plaidoyer wird nicht auf den anderen Teil wirken, der die Analyse nicht selbst erlebt hat. Raffinierte Selbsttäuschung — wird es von der einen Seite lauten, Stumpfheit der Beurteilung — von der anderen; eine Entscheidung wird nicht zu fällen sein.

Wenden wir uns zu einem anderen Moment, welches die gegnerische Auffassung der konstruierten Infantilszenen unterstützt. Es ist folgendes: Alle die Prozesse, welche zur Aufklärung dieser fraglichen Bildungen als Phantasien herangezogen worden sind, bestehen wirklich und sind als bedeutungsvoll anzuerkennen. Die Abwendung des Interesses von den Aufgaben des realen Lebens,[3] die Existenz von Phantasien als Ersatzbildungen für die unterlassenen Aktionen, die regressive Tendenz, die sich in diesen Schöpfungen ausspricht, — regressiv in mehr als einem Sinne, insofern gleichzeitig ein Zurückweichen vor dem Leben und ein Zurückgreifen auf die Vergangenheit eintritt, — all das trifft zu und läßt sich regelmäßig durch die Analyse bestätigen. Man sollte meinen, es würde auch hinreichen, die in Rede stehenden angeblichen frühinfantilen Reminiszenzen aufzuklären, und diese Erklärung hätte nach den ökonomischen Prinzipien der Wissenschaft das Vorrecht vor einer anderen, die ohne neue und befremdliche Annahmen nicht ausreichen kann.

Ich gestatte mir, an dieser Stelle darauf aufmerksam zu machen, daß die Widersprüche in der heutigen psychoanalytischen Literatur gewöhnlich nach dem Prinzip des *pars pro toto* angefertigt werden. Man greift aus einem hoch zusammengesetzten Ensemble

3 Ich ziehe aus guten Gründen vor zu sagen: Die Abwendung der Libido von den aktuellen Konflikten.

tasia che si suppone ispirata da lui, a come, in tanti punti, abbia preso gradualmente forma indipendentemente dall'iniziativa del medico, al fatto che, da un certo stadio del trattamento in poi, tutto sembrasse convergere su di essa e in fase di sintesi, da essa si irradiassero i più diversi esiti sorprendenti, a come problemi e particolarità grandi e piccole della storia del malato trovassero soluzione in quell'unica ipotesi e farà valere il fatto che non crede di possedere l'acume necessario a escogitare un evento che da solo possa soddisfare tutte queste richieste. Ma neanche questa arringa avrà effetto sulla controparte che non abbia sperimentato di persona l'analisi. "Fine autosuggestione", si dirà da un lato, "ottusità di giudizio", dall'altro; e una decisione non la si riuscirà a prendere.

Passiamo all'esame di un altro fattore che appoggia la concezione dei miei avversari a proposito delle scene infantili costruite. È il seguente: tutti i processi menzionati per interpretare come fantasie le formazioni in questione sussistono veramente, e ne va riconosciuta l'importanza. Quindi il disinteresse per i problemi concreti della vita,[3] le fantasie come formazioni sostitutive delle azioni disattese, la tendenza regressiva che si esprime in questi prodotti – regressiva in più di un senso, in quanto l'atto di ritrarsi davanti alla vita è contemporaneamente un ritorno al passato – tutto questo si verifica e viene normalmente confermato dall'analisi. Si direbbe che questo basti anche per spiegare le presunte reminiscenze della prima infanzia delle quali stiamo parlando, e questa spiegazione, per il principio di economia adottato dalla scienza, sarebbe privilegiata rispetto all'altra, che non può reggersi senza ricorrere a nuove e strane ipotesi.

Mi permetto a questo punto di far presente che nella letteratura psicoanalitica odierna le confutazioni vengono prodotte secondo il principio della *pars pro toto*. Da un insieme di complessa composizione viene estrapolata una

[3] Per buoni motivi preferisco dire: il distogliere la libido dai conflitti attuali.

einen Anteil der wirksamen Faktoren heraus, proklamiert diesen als die Wahrheit und widerspricht nun zu dessen Gunsten dem anderen Anteil und dem Ganzen. Sieht man etwa näher zu, welcher Gruppe dieser Vorzug zugefallen ist, so findet man, es ist die, welche das bereits anderswoher Bekannte enthält oder sich am ehesten ihm anschließt. So bei Jung die Aktualität und die Regression, bei Adler die egoistischen Motive. Zurückgelassen, als Irrtum verworfen, wird aber gerade das, was an der Psychoanalyse neu ist und ihr eigentümlich zukommt. Auf diesem Wege lassen sich die revolutionären Vorstöße der unbequemen Psychoanalyse am leichtesten zurückweisen.

Es ist nicht überflüssig hervorzuheben, daß keines der Momente, welche die gegnerische Auffassung zum Verständnis der Kindheitsszenen heranzieht, von Jung als Neuheit gelehrt zu werden brauchte. Der aktuelle Konflikt, die Abwendung von der Realität, die Ersatzbefriedigung in der Phantasie, die Regression auf Material der Vergangenheit, dies alles hat, und zwar in der nämlichen Zusammenfügung, vielleicht mit geringer Abänderung der Terminologie, von jeher einen integrierenden Bestandteil meiner eigenen Lehre gebildet. Es war nicht das Ganze derselben, nur der Anteil der Verursachung, der von der Realität her zur Neurosenbildung in regressiver Richtung einwirkt. Ich habe daneben noch Raum gelassen für einen zweiten progredienten Einfluß, der von den Kindheitseindrücken her wirkt, der vom Leben zurückweichenden Libido den Weg weist und die sonst unerklärliche Regression auf die Kindheit verstehen läßt. So wirken die beiden Momente nach meiner Auffassung bei der Symptombildung zusammen, aber ein früheres Zusammenwirken scheint mir ebenso bedeutungsvoll. Ich behaupte, daß der Kindheitseinfluß sich bereits in der Anfangssituation der Neurosenbildung fühlbar macht, indem er in entscheidender Weise mitbestimmt, ob und an welcher Stelle das Individuum in der Bewältigung der realen Probleme des Lebens versagt.

Im Streit steht also die Bedeutung des infantilen Moments. Die Aufgabe geht dahin, einen Fall zu finden, der diese Bedeutung, jedem Zweifel entzogen, erweisen kann. Ein solcher ist

parte di elementi efficaci e proclamata vera, respingendo, a suo favore, le altre parti e il tutto. Se andiamo a guardare da vicino il gruppo al quale è toccata la preferenza, scopriamo che è quello in cui sono contenute, oppure a cui sono più direttamente collegate, cose già conosciute per altri versi. È così per l'attualità e la regressione in Jung e per i motivi egoistici in Adler. Viene tralasciato, respinto come errore, proprio ciò che è nuovo e che spetta alla psicoanalisi in modo peculiare. È così che alla scomoda psicoanalisi vengono preclusi, con estrema facilità, i suoi tentativi rivoluzionari.

Non è superfluo sottolineare che nessuno dei fattori utilizzati dalla concezione avversa per comprendere le scene dell'infanzia aveva bisogno di essere insegnato da Jung come se fosse una novità. Il conflitto attuale, la fuga dalla realtà, la fantasia come soddisfacimento sostitutivo, la regressione verso il materiale del passato, tutto ciò ha costituito da sempre parte integrante della mia teoria e precisamente nella medesima interconnessione, forse con una leggera variazione terminologica. Ma questo non è il tutto bensì solo una parte della causa che, partendo dalla realtà in direzione regressiva, agisce sulla conformazione della nevrosi. Accanto ho lasciato ancora spazio per un secondo influsso, di tipo progressivo, che opera partendo dalle impressioni dell'infanzia, indica la strada alla libido che si ritrae di fronte alla vita e permette di comprendere la regressione verso l'infanzia, altrimenti inspiegabile. Dal mio punto di vista entrambi i fattori cooperano alla formazione del sintomo, ma altrettanto importante è, a mio avviso, una cooperazione anteriore. Io sostengo che *l'influsso dell'infanzia si fa tangibile già nella situazione iniziale di formazione della nevrosi, cooperando in modo decisivo a determinare se e in quale punto l'individuo fallisce nel far fronte ai problemi concreti della vita*.

Il disaccordo riguarda dunque l'importanza del fattore infantile. Il problema sta nel trovare un caso che possa dimostrare questa importanza senza ombra di dubbio. Mi sembra che questa condizione sia soddisfatta dal caso cli-

aber der Krankheitsfall, den wir hier so ausführlich behandeln, der durch den Charakter ausgezeichnet ist, daß der Neurose im späteren Leben eine Neurose in frühen Jahren der Kindheit vorhergeht. Gerade darum habe ich ja diesen Fall zur Mitteilung gewählt. Sollte jemand ihn etwa darum ablehnen wollen, weil ihm die Tierphobie nicht wichtig genug erscheint, um als selbständige Neurose anerkannt zu werden, so will ich ihn darauf verweisen, daß ohne Intervall an diese Phobie ein Zwangszeremoniell, Zwangshandlungen und Gedanken anschließen, von denen in den folgenden Abschnitten dieser Schrift die Rede sein wird.

Eine neurotische Erkrankung im vierten und fünften Jahr der Kindheit beweist vor allem, daß die infantilen Erlebnisse für sich allein im stande sind, eine Neurose zu produzieren, ohne daß es dazu der Flucht vor einer im Leben gestellten Aufgabe bedürfte. Man wird einwenden, daß auch an das Kind unausgesetzt Aufgaben herantreten, denen es sich vielleicht entziehen möchte. Das ist richtig, aber das Leben eines Kindes vor der Schulzeit ist leicht zu übersehen, man kann ja untersuchen, ob sich eine die Verursachung der Neurose bestimmende „Aufgabe“ darin findet. Man entdeckt aber nichts anderes als Triebregungen, deren Befriedigung dem Kind unmöglich, deren Bewältigung es nicht gewachsen ist, und die Quellen, aus denen diese fließen.

Die enorme Verkürzung des Intervalls zwischen dem Ausbruch der Neurose und der Zeit der in Rede stehenden Kindheitserlebnisse läßt, wie zu erwarten stand, das regressive Stück der Verursachung aufs äußerste einschrumpfen und bringt den progredienten Anteil derselben, den Einfluß früherer Eindrücke, unverdeckt zum Vorschein. Von diesem Verhältnis wird diese Krankengeschichte, wie ich hoffe, ein deutliches Bild geben. Auf die Frage nach der Natur der Urszenen oder frühesten in der Analyse eruierten Kindheitserlebnisse gibt die Kindheitsneurose noch aus anderen Gründen eine entscheidende Antwort.

Nehmen wir als unwidersprochene Voraussetzung an, daß eine solche Urszene technisch richtig entwickelt worden sei, daß sie unerläßlich sei zur zusammenfassenden Lösung aller Rätsel, welche uns die Symptomatik der Kindheitserkrankung aufgibt, daß alle Wirkungen von ihr ausstrahlen, wie alle Fäden der Analyse zu ihr hingeführt haben, so ist es mit Rücksicht auf ihren Inhalt

nico che stiamo trattando così dettagliatamente, e che è caratterizzato dal fatto che una nevrosi dei primi anni dell'infanzia precede quella dell'età adulta. L'ho scelto e ne ho parlato proprio per questo. Se qualcuno dovesse respingerlo perché la zoofobia non gli sembra abbastanza importante da venir riconosciuta come una nevrosi autonoma, è bene tenga presente che a questa fobia si collegano, senza alcun intervallo, un cerimoniale ossessivo, azioni ossessive e pensieri di cui si parlerà nei capitoli seguenti.

Ammalarsi di nevrosi a quattro o cinque anni dimostra innanzitutto che le esperienze infantili sono in grado da sole di produrre una nevrosi, anche senza bisogno di ipotizzare una fuga da un problema posto dalla vita. Si obietterà che anche il bambino è continuamente costretto ad affrontare problemi ai quali preferirebbe forse sottrarsi. È vero, ma la vita di un bambino in età prescolare è facilmente prevedibile e si può certo verificare se vi si trova un problema decisivo per causare la nevrosi. In questo caso, comunque, non troviamo niente altro se non moti istintivi, che il bambino non può soddisfare e che non è all'altezza di padroneggiare, e le fonti da cui questi scaturiscono.

L'enorme riduzione dell'intervallo tra lo scoppio della nevrosi e l'epoca delle esperienze infantili in questione permette, com'era da aspettarsi, di restringere al minimo la parte regressiva della causa e ne fa comparire apertamente la parte progressiva, l'influsso delle impressioni precoci. Di questo rapporto, almeno spero, questo caso clinico darà un quadro chiaro. Alla domanda sulla natura delle scene originarie e delle esperienze dell'infanzia accertate in analisi la nevrosi infantile fornisce una risposta decisiva anche per altre ragioni.

Supponiamo per ipotesi che una simile scena originaria sia stata sviluppata in modo tecnicamente corretto, che sia indispensabile per la soluzione riassuntiva di tutti gli enigmi posti dalla sintomatologia della malattia infantile, che da essa si irradino tutte le conseguenze così come tutti i fili dell'analisi hanno condotto a essa, allora, tenendo conto del suo contenuto, è impossibile che sia qualcosa di di-

unmöglich, daß sie etwas anderes sei als die Reproduktion einer vom Kinde erlebten Realität. Denn das Kind kann wie auch der Erwachsene Phantasien nur produzieren mit irgendwo erworbenem Material; die Wege dieser Erwerbung sind dem Kinde zum Teil (wie die Lektüre) verschlossen, der für die Erwerbung zu Gebote stehende Zeitraum ist kurz und leicht nach solchen Quellen zu durchforschen.

In unserem Falle enthält die Urszene das Bild des geschlechtlichen Verkehrs zwischen den Eltern in einer für gewisse Beobachtungen besonders günstigen Stellung. Es würde nun gar nichts für die Realität dieser Szene beweisen, wenn wir sie bei einem Kranken fänden, dessen Symptome, also die Wirkungen der Szene, irgendwann in seinem späteren Leben hervorgetreten wären. Ein solcher kann zu den verschiedensten Zeitpunkten des langen Intervalls die Eindrücke, Vorstellungen und Kenntnisse erworben haben, die er dann in ein Phantasiebild verwandelt, in seine Kindheit zurückprojiziert und an seine Eltern heftet. Aber wenn die Wirkungen einer solchen Szene im vierten und fünften Lebensjahr hervortreten, so muß das Kind diese Szene in noch früherem Alter mitangesehen haben. Dann bleiben aber alle die befremdenden Folgerungen aufrecht, die sich uns aus der Analyse der infantilen Neurose ergeben haben. Es sei denn, es wolle jemand annehmen, der Patient habe nicht nur diese Urszene unbewußt phantasiert, sondern ebenso seine Charakterveränderung, seine Wolfsangst und seinen religiösen Zwang konfabuliert, welcher Auskunft aber sein sonstiges nüchternes Wesen und die direkte Tradition in seiner Familie widersprechen würde. Es muß also dabei bleiben, — ich sehe keine andere Möglichkeit, — entweder ist die von seiner Kindheitsneurose ausgehende Analyse überhaupt ein Wahnwitz, oder es ist alles so richtig, wie ich es oben dargestellt habe.

Wir haben an einer früheren Stelle auch an der Zweideutigkeit Anstoß genommen, daß des Patienten Vorliebe für die weiblichen Nates und für den Koitus in derjenigen Stellung, bei der diese besonders hervortreten, eine Ableitung von dem beobachteten Koitus der Eltern zu fordern schien, während doch solche Bevorzugung ein allgemeiner Zug der zur Zwangsneurose disponierten archaischen Konstitutionen ist. Hier bietet sich eine nahe liegende Auskunft, die den Widerspruch als Überdeter-

verso dalla riproduzione di una realtà vissuta dal bambino. Poiché il bambino, come anche l'adulto, può produrre fantasie soltanto con del materiale acquisito da qualche parte; al bambino alcune vie di acquisizione (come la lettura) sono precluse, il lasso di tempo a disposizione per acquisire è breve ed è facile andare alla ricerca delle fonti.

Nel nostro caso il contenuto della scena originaria è l'immagine del rapporto sessuale tra i genitori in una posizione particolarmente favorevole a osservazioni inequivocabili. Ora, la realtà di questa scena non sarebbe affatto provata se la trovassimo in un malato i cui sintomi, quindi gli effetti della scena, si fossero manifestati in un qualsiasi momento della maturità. Nel corso del lungo intervallo avrebbe potuto in qualsiasi momento acquisire impressioni, idee e conoscenze poi trasformate in un'immagine di fantasia, proiettate nell'infanzia e imputate ai genitori. Ma se gli effetti di una scena di questo genere si manifestano a quattro o cinque anni, il bambino deve aver assistito a questa scena in età ancora anteriore. E se questo è vero, sono plausibili tutte le singolari conclusioni che abbiamo tratto dall'analisi di questa nevrosi infantile. Mettiamo che qualcuno supponga non solo che questa scena sia un prodotto inconscio di fantasia ma che il paziente si sia anche inventato insieme la modificazione del carattere, la fobia del lupo, l'ossessione religiosa; ebbene, questa supposizione sarebbe in contrasto con il suo temperamento, sobrio per tutto il resto, e con la tradizione diretta della sua famiglia. Dev'essere così – non vedo altra possibilità – o l'analisi che ha preso le mosse dalla sua nevrosi infantile è un'assoluta follia o è tutto esattamente come ho descritto sopra.

Già precedentemente ci siamo imbattuti nell'ambiguità dovuta al fatto che la predilezione del paziente per le natiche femminili e per quelle posizioni del coito in cui queste sono in particolare risalto sembra derivare necessariamente dall'osservazione del coito dei genitori mentre questa preferenza è un tratto generale delle costituzioni arcaiche predisposte alla nevrosi ossessiva. Ma un'ovvia constatazione rende il contrasto sovradeterminato, risolvendolo.

minierung löst. Die Person, an welcher er diese Position beim Koitus beobachtet, war doch sein leiblicher Vater, von dem er diese konstitutionelle Vorliebe auch ererbt haben konnte. Weder die spätere Krankheit des Vaters noch die Familiengeschichte sprechen dagegen; ein Vatersbruder ist, wie bereits erwähnt, in einem Zustand gestorben, der als Ausgang eines schweren Zwangsleidens aufgefaßt werden muß.

Wir erinnern uns in diesem Zusammenhange, daß die Schwester bei der Verführung des $3^1/_4$jährigen Knaben gegen die brave alte Kinderfrau die sonderbare Verleumdung ausgesprochen, sie stelle alle Leute auf den Kopf und greife ihnen dann an die Genitalien.[4] Es mußte sich uns da die Idee aufdrängen, daß vielleicht auch die Schwester in ähnlich zartem Alter dieselbe Szene mitangesehen wie später der Bruder und sich daher die Anregung für das Auf-den-Kopf-stellen beim sexuellen Akt geholt hätte. Diese Annahme brächte auch einen Hinweis auf eine Quelle ihrer eigenen sexuellen Voreiligkeit.

[Ich hatte ursprünglich nicht die Absicht, die Diskussion über den Realwert der „Urszenen" an dieser Stelle weiter zu führen, aber da ich unterdes veranlaßt worden bin, dieses Thema in meinen „Vorlesungen zur Einführung in die Psychoanalyse" in breiterem Zusammenhange und nicht mehr in polemischer Absicht zu behandeln, so wäre es irreführend, wollte ich die Anwendung der dort bestimmenden Gesichtspunkte auf den uns hier vorliegenden Fall unterlassen. Ich setze also ergänzend und berichtigend fort: Es ist doch noch eine andere Auffassung der dem Traume zu Grunde liegenden Urszene möglich, welche die vorhin getroffene Entscheidung um ein gutes Stück ablenkt und uns mancher Schwierigkeiten überhebt. Die Lehre, welche die Infantilszenen zu regressiven Symbolen herabdrücken will, wird zwar auch bei dieser Modifikation nichts gewinnen; sie scheint mir überhaupt durch diese — wie durch jede andere — Analyse einer Kinderneurose endgültig erledigt.

Ich meine nämlich, man kann sich den Sachverhalt auch in folgender Art zurechtlegen. Auf die Annahme, daß das Kind einen Koitus beobachtet, durch dessen Anblick es die Überzeugung

[4] Vgl. S. 74.

La persona a cui vide assumere questa posizione nel coito era il padre, dal quale potrebbe anche aver ereditato questa predilezione costituzionale. Sia la successiva malattia del padre, sia la storia familiare non smentiscono questa ipotesi: un fratello del padre è morto, come abbiamo già detto, in una situazione che potrebbe essere considerata l'esito di una grave sofferenza ossessiva.

A questo proposito ricordiamoci della singolare calunnia che la sorella, per sedurlo quando lui aveva tre anni e tre mesi, aveva espresso nei confronti della brava e anziana bambinaia, e cioè che quest'ultima avrebbe messo tutte le persone a testa in giù per toccar loro i genitali.[4] Siamo costretti a pensare che forse anche alla sorella, in tenera età, fosse capitato, come più tardi è successo al fratello, di aver osservato la stessa scena e di avervi tratto il suggerimento del mettere-a-testa-in-giù nell'atto sessuale. Questa supposizione fornirebbe anche un'indicazione sulla fonte della sua precocità sessuale.

[Inizialmente non avevo intenzione, giunto a questo punto, di proseguire la discussione sul valore reale delle "scene originarie", ma, dato che nel frattempo ho avuto modo di trattare questo tema in un contesto più vasto, e non più con intento polemico, nelle mie *Lezioni di introduzione alla psicoanalisi*, sarebbe assurdo che omettessi di applicare al caso che stiamo trattando i punti di vista decisivi espressi in quell'opera. Perciò continuo integrando e correggendo: è possibile intendere la scena originaria che sta alla base del sogno anche in un altro modo, che si discosta notevolmente dalla soluzione trovata poc'anzi e che elimina alcune difficoltà. Ma anche con questa modificazione, la tesi che riduce le scene infantili a simboli regressivi non guadagna niente; sostanzialmente mi pare confutata in modo definitivo da questa – come da qualsiasi altra – analisi di una nevrosi infantile.

La spiegazione alternativa è la seguente. Non si può rinunciare all'ipotesi che sia stata l'osservazione di un coito a far

[4] *Vedi p. 75.*

gewonnen, daß die Kastration mehr sein könne als eine leere Drohung, können wir nicht verzichten; auch läßt uns die Bedeutung, welche späterhin den Stellungen von Mann und Weib für die Angstentwicklung und als Liebesbedingung zukommt, keine andere Wahl, als zu schließen, es müsse ein *coitus a tergo, more ferarum*, gewesen sein. Aber ein anderes Moment ist nicht so unersetzlich und mag fallen gelassen werden. Es war vielleicht nicht ein Koitus der Eltern, sondern ein Tierkoitus, den das Kind beobachtet und dann auf die Eltern geschoben, als ob es erschlossen hätte, die Eltern machten es auch nicht anders.

Dieser Auffassung kommt vor allem zu gute, daß die Wölfe des Traumes ja eigentlich Schäferhunde sind und auch in der Zeichnung als solche erscheinen. Kurz vor dem Traum war der Knabe wiederholt zu den Schafherden mitgenommen worden, wo er solche große weiße Hunde sehen und sie wahrscheinlich auch beim Koitus beobachten konnte. Ich möchte auch die Dreizahl, die der Träumer ohne jede weitere Motivierung hinstellte, hieher beziehen und annehmen, es sei ihm im Gedächtnis geblieben, daß er drei solcher Beobachtungen an den Schäferhunden gemacht. Was in der erwartungsvollen Erregtheit seiner Traumnacht hinzukam, war dann die Übertragung des kürzlich gewonnenen Erinnerungsbildes mit allen seinen Einzelheiten auf die Eltern, wodurch aber erst jene mächtigen Affektwirkungen ermöglicht wurden. Es gab jetzt ein nachträgliches Verständnis jener vielleicht vor wenigen Wochen oder Monaten empfangenen Eindrücke, ein Vorgang, wie ihn vielleicht jeder von uns an sich selbst erlebt haben mag. Die Übertragung von den koitierenden Hunden auf die Eltern vollzog sich nun nicht mittels eines an Worte gebundenen Schlußverfahrens, sondern indem eine reale Szene vom Beisammensein der Eltern in der Erinnerung aufgesucht wurde, welche sich mit der Koitussituation verschmelzen ließ. Alle in der Traumanalyse behaupteten Details der Szene mochten genau reproduziert sein. Es war wirklich an einem Sommernachmittag, während das Kind an Malaria litt, die Eltern waren in weißer Kleidung beide anwesend, als das Kind aus seinem Schlaf erwachte, aber — die Szene war harmlos. Das

trarre al bambino la conclusione che la castrazione potesse essere qualcosa di più che una vuota minaccia; anche l'importanza che alle posizioni di uomo e donna spetterà in seguito, sia nello sviluppo dell'angoscia sia come fattore condizionante dell'affettività, ci costringe a concludere che doveva essersi trattato di un coito *a tergo, more ferarum*. Ma c'è un elemento che non è indispensabile e che può essere omesso. Forse quello che il bambino osservò non era un coito fra i genitori ma un coito tra animali, poi spostato sui genitori, come se avesse dedotto che anche i genitori non lo facevano diversamente.

Questa ipotesi sarebbe sostenuta soprattutto dal fatto che i lupi del sogno siano propriamente cani da pastore e che anche nel disegno sembrino tali. Poco prima del sogno il bambino era stato condotto diverse volte agli allevamenti, dove aveva potuto vedere questi grossi cani bianchi e probabilmente anche osservarli nel coito. In questo contesto si potrebbe anche ricuperare il numero tre, che il sognatore aveva presentato senza alcuna particolare motivazione, e supporre che gli sia rimasto il ricordo di aver fatto tre di queste osservazioni sui cani da pastore. Naturalmente nell'eccitazione carica di aspettativa della notte in cui avvenne il sogno accadde la sola cosa che avrebbe potuto permettere quelle enormi conseguenze emotive: il trasferimento sui genitori dell'immagine mnemonica acquisita recentemente, con tutti i suoi particolari. In quel momento ebbe luogo una comprensione ritardata delle impressioni ricevute, magari, poche settimane o pochi mesi prima, processo, questo, che forse ciascuno di noi può aver sperimentato su di sé. Il trasferimento sui genitori della copula tra cani non si compì con un procedimento argomentativo di tipo verbale, bensì ricercando nel ricordo una scena reale, in cui i genitori si trovassero insieme, che fosse possibile fondere con la situazione del coito. Tutti i particolari della scena riferiti nell'analisi del sogno possono essere riprodotti minuziosamente: era veramente un pomeriggio estivo in cui il bambino soffriva di un attacco di malaria, i genitori, vestiti di bianco, erano presenti entrambi quando il bambino si svegliò, ma... la scena era in-

Übrige hatte der spätere Wunsch des Wißbegierigen, auch die Eltern bei ihrem Liebesverkehr zu belauschen, auf Grund seiner Erfahrungen an den Hunden hinzugefügt, und nun entfaltete die so phantasierte Szene alle die Wirkungen, die wir ihr nachgesagt haben, die nämlichen, als ob sie durchaus real gewesen und nicht aus zwei Bestandteilen, einem früheren indifferenten und einem späteren, höchst eindrucksvollen, zusammengekleistert worden wäre.

Es ist sofort ersichtlich, um wieviel das Maß der uns zugemuteten Glaubensleistung erleichtert wird. Wir brauchen nicht mehr anzunehmen, daß die Eltern den Koitus in Gegenwart des, wenn auch sehr jugendlichen, Kindes vollzogen haben, was für viele von uns eine unliebsame Vorstellung ist. Der Betrag der Nachträglichkeit wird sehr herabgesetzt; sie bezieht sich jetzt nur auf einige Monate des vierten Lebensjahres und greift überhaupt nicht in die dunkeln ersten Kindheitsjahre zurück. An dem Verhalten des Kindes, welches von den Hunden auf die Eltern überträgt und sich vor dem Wolf anstatt vor dem Vater fürchtet, bleibt kaum etwas Befremdliches. Es befindet sich ja in der Entwicklungphase seiner Weltanschauung, die in „Totem und Tabu" als die Wiederkehr des Totemismus gekennzeichnet worden ist. Die Lehre, welche die Urszenen der Neurosen durch Zurückphantasieren aus späteren Zeiten aufklären will, scheint in unserer Beobachtung trotz des zarten Alters von vier Jahren bei unserem Neurotiker eine starke Unterstützung zu finden. So jung er ist, so hat er es doch zu stande gebracht, einen Eindruck aus dem vierten Jahr durch ein phantasiertes Trauma mit 1½ Jahren zu ersetzen; diese Regression erscheint aber weder rätselhaft noch tendenziös. Die Szene, die herzustellen war, mußte gewisse Bedingungen erfüllen, welche infolge der Lebensumstände des Träumers gerade nur in dieser frühen Zeit zu finden waren, wie z. B. die eine, daß er sich im Schlafzimmer der Eltern im Bette befand.

Für die Richtigkeit der hier vorgeschlagenen Auffassung wird es aber den meisten Lesern geradezu entscheidend scheinen, was ich aus den analytischen Ergebnissen an anderen Fällen hinzugeben kann. Die Szene einer Beobachtung des Sexualverkehrs der Eltern in sehr früher Kindheit — sei sie nun reale Er-

nocente. Il resto l'aveva aggiunto più tardi il desiderio, dettato dalla curiosità, di spiare anche il rapporto sessuale dei genitori, sulla base delle esperienze fatte dai cani, e la scena fantasticata sviluppò tutti gli effetti, che noi sulla sua base abbiamo riportato, come se fosse stata del tutto autentica e non il *collage* di due componenti, una anteriore indifferente e una posteriore profondamente suggestiva.

È chiaro che lo spessore di quanto ci viene richiesto di credere si riduce notevolmente. Non dobbiamo più fare la supposizione, a molti sgradita, che i genitori abbiano compiuto il coito in presenza del bambino, per quanto molto piccolo. L'intervallo coperto dall'azione ritardata viene molto ridotto; adesso, anziché risalire fino all'oscuro primo anno di vita, riguarda soltanto pochi mesi del quarto anno. Resta qualcosina di strano nel comportamento del bambino che dovrebbe operare un trasferimento dai cani ai genitori e poi aver paura del lupo anziché del padre. Egli si trova giusto in quella fase evolutiva della sua *Weltanschauung* che in *Totem e tabù*[5] è stata caratterizzata come il "ritorno del totemismo". La teoria che vuol spiegare le scene originarie delle nevrosi come fantasie retrospettive operate in epoche più tarde sembra trovare una notevole pezza d'appoggio nella nostra osservazione, nonostante la tenera età – quattro anni – del nostro nevrotico. Per quanto piccolo, è riuscito a sostituire un'impressione ricevuta a quattro anni con un trauma fantasticato relativo all'età di un anno e mezzo; ma questa regressione non appare né misteriosa né tendenziosa. La scena da produrre doveva soddisfare certe condizioni che, dati gli aspetti della vita del sognatore, erano reperibili soltanto in quel primo periodo, come per esempio, il fatto di trovarsi a letto in camera dei genitori.

Ma in base ai risultati analitici di altri casi posso aggiungere qualcosa che sembrerà alla maggior parte dei lettori veramente decisivo per la correttezza del punto di vista che stiamo proponendo. La scena di un'osservazione del rapporto sessuale dei genitori nella primissima infanzia –

[5] *Totem und Tabu*, in "Ges. Schr.", 10, 1913.

innerung oder Phantasie — ist in den Analysen neurotischer Menschenkinder wahrlich keine Seltenheit. Vielleicht findet sie sich ebenso häufig bei den nicht neurotisch Gewordenen. Vielleicht gehört sie zum regelmäßigen Bestand ihres — bewußten oder unbewußten — Erinnerungsschatzes. So oft ich aber eine solche Szene durch Analyse entwickeln konnte, zeigte sie dieselbe Eigentümlichkeit, die uns auch bei unserem Patienten stutzig machte, sie bezog sich auf den *coitus a tergo*, der allein dem Zuschauer die Inspektion der Genitalien ermöglicht. Da braucht man wohl nicht länger zu bezweifeln, daß es sich nur um eine Phantasie handelt, die vielleicht regelmäßig durch die Beobachtung des tierischen Sexualverkehrs angeregt wird. Ja noch mehr; ich habe angedeutet, daß meine Darstellung der „Urszene" unvollständig geblieben ist, indem ich mir für später aufsparte mitzuteilen, auf welche Weise das Kind den Verkehr der Eltern stört. Ich muß jetzt hinzufügen, daß auch die Art dieser Störung in allen Fällen die nämliche ist.

Ich kann mir denken, daß ich mich jetzt schweren Verdächtigungen von Seiten der Leser dieser Krankengeschichte ausgesetzt habe. Wenn mir diese Argumente zu Gunsten einer solchen Auffassung der „Urszene" zu Gebote standen, wie könnte ich es überhaupt verantworten, zuerst eine so absurd erscheinende andere zu vertreten? Oder sollte ich im Intervall zwischen der ersten Niederschrift der Krankengeschichte und diesem Zusatz jene neuen Erfahrungen gemacht haben, die mich zur Abänderung meiner anfänglichen Auffassung genötigt haben, und wollte dies aus irgend welchen Motiven nicht eingestehen? Ich gestehe dafür etwas anderes ein: daß ich die Absicht habe, die Diskussion über den Realwert der Urszene diesmal mit einem *non liquet* zu beschließen. Diese Krankengeschichte ist noch nicht zu Ende; in ihrem weiteren Verlauf wird ein Moment auftauchen, welches die Sicherheit stört, deren wir uns jetzt zu erfreuen glauben. Dann wird wohl nichts anderes übrig bleiben als der Verweis auf die Stellen in meinen „Vorlesungen", in denen ich das Problem der Urphantasien oder Urszenen behandelt habe.]

sia essa un ricordo reale o una fantasia – non è certo una rarità nell'analisi delle persone nevrotiche. Forse si trova altrettanto spesso anche in coloro che nevrotici non sono diventati. Forse appartiene al fondo ordinario del loro patrimonio mnemonico, conscio o inconscio. Ma tutte le volte che, attraverso l'analisi, ho potuto sviluppare una scena di questo genere, presentava sempre quella stessa particolarità, che ci ha stupito anche nel nostro paziente: si riferiva a un *coitus a tergo*, l'unico che consente allo spettatore l'ispezione dei genitali. Perciò non c'è alcun dubbio che si tratta soltanto di una fantasia che forse, normalmente, viene suscitata dall'osservazione del rapporto sessuale fra animali. Ancora: ho accennato che la mia descrizione della scena originaria era rimasta incompleta, essendomi riservato di indicare in seguito in che modo il bambino disturbasse il rapporto dei genitori. Adesso devo aggiungere che anche il modo in cui si verifica questo atto di disturbo è in tutti i casi lo stesso.

Posso immaginare di essermi esposto a gravi sospetti da parte dei lettori di questo caso clinico. Se disponevo di argomenti tali da consentire questa interpretazione della "scena originaria", come ho potuto difenderne la iniziale sostituzione con un'altra, all'apparenza così assurda? O nell'intervallo tra la prima stesura del caso clinico e questa appendice ho fatto quelle nuove esperienze che mi hanno costretto a cambiare l'impostazione iniziale e per qualche motivo non ho voluto risponderne? Ammetto qualcos'altro: che questa volta ho l'intenzione di concludere la discussione sul valore reale delle scene originarie con un *non liquet*. L'esposizione di questo caso clinico non è ancora terminata; nel suo seguito emergerà un fattore che turberà la sicurezza della quale adesso crediamo di rallegrarci. Quindi non resterà altro da fare che rimandare ai luoghi delle mie "*Lezioni*", in cui ho trattato il problema delle fantasie o delle scene originarie.]

VI

DIE ZWANGSNEUROSE

Zum drittenmal erfuhr er nun eine Beeinflussung, die seine Entwicklung in entscheidender Weise abänderte. Als er $4^1/_2$ Jahre alt war und sein Zustand von Reizbarkeit und Ängstlichkeit sich noch immer nicht gebessert hatte, entschloß sich die Mutter, ihn mit der biblischen Geschichte bekannt zu machen, in der Hoffnung, ihn so abzulenken und zu erheben. Es gelang ihr auch, die Einführung der Religion machte der bisherigen Phase ein Ende, brachte aber eine Ablösung der Angstsymptome durch Zwangssymptome mit sich. Er hatte bisher nicht leicht einschlafen können, weil er fürchtete, ähnlich schlechte Dinge zu träumen wie in jener Nacht vor Weihnachten: er mußte jetzt vor dem Zubettgehen alle Heiligenbilder im Zimmer küssen, Gebete hersagen und ungezählte Kreuze über seine Person und sein Lager schlagen.

Seine Kindheit gliedert sich uns nun übersichtlich in folgende Epochen: erstens die Vorzeit bis zur Verführung ($3^1/_4$ J.), in welche die Urszene fällt, zweitens die Zeit der Charakterveränderung bis zum Angsttraum (4 J.), drittens die Tierphobie bis zur Einführung in die Religion ($4^1/_2$ J.), und von da an die der Zwangsneurose bis nach dem zehnten Jahr. Eine momentane und glatte Ersetzung einer Phase durch die nächstfolgende liegt weder in der Natur der Verhältnisse, noch in der unseres Patienten, für den im Gegenteil die Erhaltung alles Vorangegangenen und die

VI

LA NEVROSI OSSESSIVA

Per la terza volta subì un'influenza che modificò il suo sviluppo in modo decisivo. Aveva quattro anni e mezzo e il suo stato di irritabilità e ansietà non era ancora migliorato quando la madre decise di fargli conoscere la storia biblica, nella speranza di distrarlo e sollevarlo. In un certo senso le riuscì, perché l'iniziazione alla religione concluse la fase in corso, ma comportò anche la sostituzione dei sintomi di angoscia con sintomi ossessivi. Se fino a quel momento aveva avuto difficoltà ad addormentarsi per paura di fare brutti sogni, come quello della notte che aveva preceduto il Natale, adesso, prima di andare a letto, doveva baciare tutte le immagini sacre della stanza, recitare preghiere, farsi infiniti segni della croce e farli anche sul suo letto.

Per chiarezza, possiamo suddividere la sua infanzia in quattro periodi: il primo, che va dalla preistoria fino alla seduzione (tre anni e tre mesi), nel quale si colloca la scena originaria; il secondo, caratterizzato dai mutamenti caratteriali, che si conclude con il sogno d'angoscia (quattro anni); il terzo, dalla zoofobia fino all'iniziazione religiosa (quattro anni e mezzo), e infine da quest'ultima alla nevrosi ossessiva, che si protrae fino ai dieci anni passati. Una sostituzione facile e repentina di una fase con la successiva non era nella natura delle cose e nemmeno in quella del nostro paziente, le cui caratteristiche erano, al contrario, di conservare il più possibile di quanto proveniva dalle fasi

Koexistenz der verschiedenartigsten Strömungen charakteristisch waren. Die Schlimmheit schwand nicht, als die Angst auftrat, und setzte sich langsam abnehmend in die Zeit der Frömmigkeit fort. Von der Wolfsphobie ist aber in dieser letzten Phase nicht mehr die Rede. Die Zwangsneurose verlief diskontinuierlich; der erste Anfall war der längste und intensivste, andere traten zu acht und zehn Jahren auf, jedesmal nach Veranlassungen, die in ersichtlicher Beziehung zum Inhalt der Neurose standen. Die Mutter erzählte ihm die heilige Geschichte selbst und ließ ihm außerdem durch die Nanja aus einem Buch, das mit Illustrationen geschmückt war, darüber vorlesen. Das Hauptgewicht bei der Mitteilung fiel natürlich auf die Passionsgeschichte. Die Nanja, die sehr fromm und abergläubisch war, gab ihre Erläuterungen dazu, mußte aber auch alle Einwendungen und Zweifel des kleinen Kritikers anhören. Wenn die Kämpfe, die ihn nun zu erschüttern begannen, schließlich in einen Sieg des Glaubens ausliefen, so war der Einfluß der Nanja nicht unbeteiligt daran.

Was er mir als Erinnerung von seinen Reaktionen auf die Einführung in die Religion mitteilte, traf zunächst auf meinen entschiedenen Unglauben. Das konnten, meinte ich, nicht die Gedanken eines 4½—5jährigen Kindes sein; wahrscheinlich schob er in diese frühe Vergangenheit zurück, was aus dem Nachdenken des bald 30jährigen Erwachsenen entsprang.[1] Allein der Patient wollte von dieser Korrektur nichts wissen; es gelang nicht, ihn wie bei so vielen anderen Urteilsverschiedenheiten zwischen uns zu überführen; der Zusammenhang seiner erinnerten Gedanken mit seinen berichteten Symptomen sowie deren Einfügung in seine sexuelle Entwicklung nötigten mich schließlich, vielmehr ihm Glauben zu schenken. Ich sagte mir dann auch, daß gerade die Kritik gegen die Lehren der Religion, die ich dem Kinde nicht zutrauen wollte, nur von einer verschwindenden Minderzahl der Erwachsenen zu stande gebracht wird.

[1] Ich machte auch wiederholt den Versuch, die Geschichte des Kranken wenigstens um ein Jahr vorzuschieben, also die Verführung auf 4 ¼ Jahre, den Traum auf den fünften Geburtstag usw. zu verlegen. An den Intervallen war ja nichts zu gewinnen, allein der Patient blieb auch hierin unbeugsam, ohne mich übrigens vom letzten Zweifel daran befreien zu können. Für den Eindruck, den seine Geschichte macht, und alle daran geknüpften Erörterungen und Folgerungen wäre ein solcher Aufschub um ein Jahr offenbar gleichgültig.

precedenti, facendo coesistere le più eterogenee correnti. Così la "cattiveria" non scomparve quando subentrò l'angoscia e proseguì, diminuendo lentamente, nel periodo caratterizzato dalle pratiche religiose. In quest'ultimo periodo, invece, uscì di scena la fobia del lupo. La nevrosi ossessiva ebbe un decorso discontinuo; il primo degli attacchi fu il più lungo e intenso, gli altri si produssero a otto e dieci anni, ogni volta per ragioni che erano in chiara relazione al contenuto della nevrosi. La madre stessa gli raccontò la storia sacra e inoltre gli fece fare in proposito delle letture dalla nanja, tratte da un libro illustrato. Naturalmente, nel racconto, l'attenzione cadde principalmente sulla storia della passione. La nanja, molto devota e superstiziosa, fornì le proprie personali interpretazioni della storia sacra, ma dovette anche prendere in considerazione i dubbi e le obiezioni del piccolo critico. Se i conflitti che cominciarono a scuoterlo alla fine si risolsero con la vittoria della fede, l'influsso della nanja non ne fu certo estraneo.

Quando mi riferì i ricordi che riguardavano le sue reazioni all'iniziazione religiosa, restai dapprima decisamente incredulo. Quelli, pensavo, non potevano essere i pensieri di un bambino di quattro anni e mezzo-cinque; probabilmente trasferiva in questo passato lontano il frutto delle riflessioni dell'adulto ormai prossimo ai trent'anni.[1] Ma il paziente non volle saperne di questa correzione; fu inamovibile, come in molti altri casi di divergenze di giudizio fra noi; alla fine, la coerenza tra i pensieri ricordati e i sintomi riferiti, così come la loro interconnessione nel suo sviluppo sessuale mi costrinsero a credergli. Pensai inoltre che, quella critica delle dottrine religiose di cui non volevo credere capace il bambino, riuscirebbe a farla solo un'esigua minoranza degli adulti.

[1] Ho già tentato più volte di spostare di almeno un anno tutta la storia del malato, ossia di porre la seduzione a quattro anni e mezzo, il sogno al compimento dei cinque anni ecc. (La durata degli intervalli non poteva essere variata.) Ma il soggetto si rifiutò sempre fermamente di modificare le proprie affermazioni, pur senza riuscire a persuadermi completamente. Comunque, una differenza di un anno sarebbe evidentemente irrilevante per l'impressione che produce la storia del malato e per tutte le discussioni e le deduzioni che ne conseguono.

Ich werde nun das Material seiner Erinnerungen vorbringen und erst dann nach einem Weg suchen, der zum Verständnis desselben führt.

Der Eindruck, den er von der Erzählung der heiligen Geschichte empfing, war, wie er berichtet, anfangs kein angenehmer. Er sträubte sich zuerst gegen den Leidenscharakter der Person Christi, dann gegen den ganzen Zusammenhang seiner Geschichte. Er richtete seine unzufriedene Kritik gegen Gottvater. Wenn er allmächtig sei, so sei es seine Schuld, daß die Menschen schlecht seien und andere quälen, wofür sie dann in die Hölle kommen. Er hätte sie gut machen sollen; er sei selbst verantwortlich für alles Schlechte und alle Qualen. Er nahm Anstoß an dem Gebot, die andere Wange hinzuhalten, wenn man einen Schlag auf die eine empfangen habe, daran, daß Christus am Kreuz gewünscht habe, der Kelch solle an ihm vorübergehen, aber auch daran, daß kein Wunder geschehen sei, um ihn als Gottes Sohn zu erweisen. So war also sein Scharfsinn geweckt und wußte mit unerbittlicher Strenge die Schwächen der heiligen Dichtung auszuspüren.

Zu dieser rationalistischen Kritik gesellten sich aber sehr bald Grübeleien und Zweifel, die uns die Mitarbeit geheimer Regungen verraten können. Eine der ersten Fragen, die er an die Nanja richtete, war, ob Christus auch einen Hintern gehabt habe. Die Nanja gab die Auskunft, er sei ein Gott gewesen und auch ein Mensch. Als Mensch habe er alles gehabt und getan wie die anderen Menschen. Das befriedigte ihn nun gar nicht, aber er wußte sich selbst zu trösten, indem er sich sagte, der Hintere sei ja nur die Fortsetzung der Beine. Die kaum beschwichtigte Angst, die heilige Person erniedrigen zu müssen, flammte wieder auf, als ihm die Frage auftauchte, ob Christus auch geschissen habe. Die Frage getraute er sich nicht, der frommen Nanja vorzulegen, aber er fand selbst eine Ausflucht, die sie ihm nicht hätte besser zeigen können. Da Christus Wein aus dem Nichts gemacht, hätte er auch das Essen zu nichts machen und sich so die Defäkation ersparen können.

Wir werden uns dem Verständnis dieser Grübeleien nähern, wenn wir an ein vorhin besprochenes Stück seiner Sexualent-

Per ora esporrò il materiale dei suoi ricordi, in seguito cercherò il modo di comprenderlo.

Secondo quanto riferisce, l'impressione che ricevette dal racconto della storia sacra non fu inizialmente gradevole. Per prima cosa insorse contro la natura dolorosa della figura di Cristo, poi contro tutto il contesto della sua storia, fino a dirigere il suo giudizio di insoddisfazione contro Dio padre stesso. Siccome è onnipotente, è colpa sua se gli uomini sono cattivi, maltrattano gli altri e poi finiscono all'inferno. Avrebbe dovuto farli buoni; quindi è lui il responsabile del male e del dolore. Si scandalizzò del precetto di porgere l'altra guancia se si è ricevuto uno schiaffo, del fatto che Cristo di fronte alla croce abbia desiderato che il calice fosse allontanato da lui, ma anche del fatto che non sia avvenuto alcun miracolo che ne comprovasse la natura divina. Dunque la sua intelligenza era sveglia e capace di rintracciare con rigore inesorabile i punti deboli del testo sacro.

Tuttavia, a questo giudizio di tipo razionale si associarono molto presto congetture e dubbi che ai nostri occhi possono tradire la cooperazione di impulsi nascosti. Una delle prime domande che rivolse alla nanja fu se anche Cristo avesse avuto un sedere. La nanja lo informò che era Dio, ma anche uomo, e in quanto tale aveva avuto e fatto tutto come gli altri uomini. Ora, questo non gli piacque per niente, ma riuscì a consolarsi dicendo a se stesso che il sedere è in realtà soltanto il proseguimento delle gambe. La paura di dover sminuire la figura sacra, appena pacificata, si riaccese subito di fronte al dubbio se Cristo facesse anche la cacca. Non osò porre la domanda alla pia nanja, ma trovò da solo una scappatoia che lei non gli avrebbe potuto indicare meglio: visto che Cristo aveva fatto il vino dal niente, poteva anche ridurre il pasto in niente, riuscendo così a risparmiarsi la defecazione.

Ricollegandoci a una parte del suo sviluppo sessuale trattata poco fa, possiamo cominciare a comprendere que-

wicklung anknüpfen. Wir wissen, daß sich sein Sexualleben seit der Zurückweisung durch die Nanja und die damit verbundene Unterdrückung der beginnenden Genitalbetätigung nach den Richtungen des Sadismus und Masochismus entwickelt hatte. Er quälte, mißhandelte kleine Tiere, phantasierte vom Schlagen der Pferde, anderseits vom Geschlagenwerden des Thronfolgers.[2] Im Sadismus hielt er die uralte Identifizierung mit dem Vater aufrecht, im Masochismus hatte er sich diesen zum Sexualobjekt erkoren. Er befand sich voll in einer Phase der prägenitalen Organisation, in welcher ich die Disposition zur Zwangsneurose erblicke. Durch die Einwirkung jenes Traumes, der ihn unter den Einfluß der Urszene brachte, hätte er den Fortschritt zur genitalen Organisation machen und seinen Masochismus gegen den Vater in feminine Einstellung gegen ihn, in Homosexualität, verwandeln können. Allein dieser Traum brachte den Fortschritt nicht, er ging in Angst aus. Das Verhältnis zum Vater, das von dem Sexualziel, von ihm gezüchtigt zu werden, zum nächsten Ziel hätte führen sollen, vom Vater koitiert zu werden wie ein Weib, wurde durch den Einspruch seiner narzißtischen Männlichkeit auf eine noch primitivere Stufe zurückgeworfen und unter Verschiebung auf einen Vaterersatz als Angst, vom Wolf gefressen zu werden, abgespalten, aber keineswegs auf diese Weise erledigt. Vielmehr können wir dem kompliziert erscheinenden Sachverhalt nur gerecht werden, wenn wir an der Koexistenz der drei auf den Vater zielenden Sexualstrebungen festhalten. Er war vom Traume an im Unbewußten homosexuell, in der Neurose auf dem Niveau des Kannibalismus; herrschend blieb die frühere masochistische Einstellung. Alle drei Strömungen hatten passive Sexualziele; es war dasselbe Objekt, die nämliche Sexualregung, aber es hatte sich eine Spaltung derselben nach drei verschiedenen Niveaus herausgebildet.

Die Kenntnis der heiligen Geschichte gab ihm nun die Möglichkeit, die vorherrschende masochistische Einstellung zum Vater zu sublimieren. Er wurde Christus, was ihm durch den gleichen

[2] Besonders von Schlägen auf den Penis. S. 86.

ste congetture. Sappiamo che, dopo essere stato rifiutato dalla nanja e avere, di conseguenza, represso l'attività genitale sul nascere, la sua vita sessuale si era sviluppata nelle direzioni del sadismo e del masochismo. Torturava e maltrattava piccoli animali, fantasticava da una parte di percosse inferte ai cavalli e dall'altra di percosse subite dal principino.[2] Nel sadismo manteneva viva la remota identificazione con il padre, nel masochismo se lo era scelto come oggetto sessuale. Si trovava in pieno in una fase dell'organizzazione pregenitale nella quale ravviso la disposizione alla nevrosi ossessiva. Attraverso l'azione di quel sogno, che lo aveva portato sotto l'influsso della scena originaria, avrebbe potuto progredire verso l'organizzazione genitale e trasformare il suo masochismo verso il padre in atteggiamento femminile verso di lui, in omosessualità. Questo sogno, però, non comportò il progresso, ma si risolse in angoscia. Il comportamento sessuale verso il padre, che avrebbe dovuto condurre dall'obiettivo di venir castigato da lui a quello successivo di avere con lui dei rapporti come li avrebbe potuti avere una donna, non fu eliminato affatto, ma casomai ricacciato a uno stadio ancora più primitivo dalla protesta della sua virilità narcisistica e, con il trasferimento su un sostituto del padre, scisso in angoscia di venir divorato dal lupo. Possiamo render meglio giustizia allo stato di cose, che appare complicato, soltanto attenendoci alla coesistenza di tre correnti sessuali orientate verso il padre. Dal sogno in poi, nell'inconscio era omosessuale, dal punto di vista della nevrosi si trovava al *niveau* del cannibalismo mentre a rimanere dominante fu l'atteggiamento masochistico precedente. Tutte e tre le correnti avevano obiettivi sessuali passivi; era lo stesso oggetto, il medesimo impulso sessuale che aveva subìto una scissione su tre diversi *niveaux*.

La conoscenza della storia sacra gli aveva ora dato la possibilità di sublimare l'atteggiamento masochistico verso il padre, che era predominante. Si identificò con Cristo, cosa che gli fu straordinariamente facilitata dall'avere lo

[2] Soprattutto sul pene, cfr. p. 87.

Geburtstag besonders erleichtert war. Damit war er etwas Großes geworden und auch — worauf vorläufig noch nicht genug Akzent fiel — ein Mann. In dem Zweifel, ob Christus einen Hintern haben kann, schimmert die verdrängte homosexuelle Einstellung durch, denn die Grübelei konnte nichts anderes bedeuten als die Frage, ob er vom Vater gebraucht werden könne wie ein Weib, wie die Mutter in der Urszene. Wenn wir zur Auflösung der anderen Zwangsideen kommen, werden wir diese Deutung bestätigt finden. Der Verdrängung der passiven Homosexualität entsprach nun das Bedenken, daß es schimpflich sei, die heilige Person mit solchen Zumutungen in Verbindung zu bringen. Man merkt, er bemühte sich, seine neue Sublimierung von dem Zusatz freizuhalten, den sie aus den Quellen des Verdrängten bezog. Aber es gelang ihm nicht.

Wir verstehen es noch nicht, warum er sich nun auch gegen den passiven Charakter Christi und gegen die Mißhandlung durch den Vater sträubte, und damit auch sein bisheriges masochistisches Ideal, selbst in seiner Sublimierung, zu verleugnen begann. Wir dürfen annehmen, daß dieser zweite Konflikt dem Hervortreten der erniedrigenden Zwangsgedanken aus dem ersten Konflikt (zwischen herrschender masochistischer und verdrängter homosexueller Strömung) besonders günstig war, denn es ist nur natürlich, daß sich in einem seelischen Konflikt alle Gegenstrebungen, wenn auch aus den verschiedensten Quellen, miteinander summieren. Das Motiv seines Sträubens und somit der an der Religion geübten Kritik werden wir aus neuen Mitteilungen kennen lernen.

Aus den Mitteilungen über die heilige Geschichte hatte auch seine Sexualforschung Gewinn gezogen. Bisher hatte er keinen Grund zur Annahme gehabt, daß die Kinder nur von der Frau kommen. Im Gegenteile, die Nanja hatte ihn glauben lassen, er sei das Kind des Vaters, die Schwester das der Mutter, und diese nähere Beziehung zum Vater war ihm sehr wertvoll gewesen. Nun hörte er, daß Maria die Gottesgebärerin hieß. Also kamen die Kinder von der Frau und die Angabe der Nanja war nicht

stesso giorno di nascita. In questo modo era diventato qualcosa d'importante e anche – cosa su cui, per il momento, l'accento non cadde ancora a sufficienza – una figura maschile. Il dubbio se Cristo potesse avere un sedere rivela l'atteggiamento omosessuale rimosso, poiché questa congettura non poteva denotare altro che la domanda sulla possibilità di avere con il padre rapporti come potrebbe averli una donna, come li aveva avuti la madre nella scena originaria. Questa interpretazione verrà confermata quando giungeremo a risolvere le altre idee ossessive. La rimozione dell'omosessualità passiva corrispondeva al timore che fosse ingiurioso mettere in relazione il personaggio sacro con quel genere di pretese. Notiamo che si era sforzato di preservare la sua nuova sublimazione dall'appendice proveniente dal rimosso che le si era aggiunta. Ma non gli era riuscito.

Non capiamo ancora perché si impuntasse pure contro la natura passiva di Cristo e contro il maltrattamento subìto a opera del padre, cominciando così a ripudiare anche quello che finora era stato il suo ideale masochistico, perfino nella sua forma sublimata. Possiamo supporre che questo secondo conflitto favorisse particolarmente la fuoriuscita dei pensieri ossessivi umilianti relativi al primo conflitto (quello tra corrente masochistica dominante e corrente omosessuale rimossa) poiché è naturale che in un conflitto dell'anima tutte le correnti contrarie, anche provenienti dalle fonti più diverse, si sommino l'una all'altra. Nuove informazioni ci faranno conoscere il motivo della sua opposizione e quindi della critica esercitata alla religione.

Dalle notizie sulla storia sacra aveva tratto profitto anche la sua indagine sessuale. Finora non aveva avuto alcun motivo di supporre che i bambini vengano fatti nascere solo dalla donna. Al contrario, la nanja gli aveva fatto credere che lui fosse figlio del padre, la sorella figlia della madre e questo più stretto rapporto col padre era stato prezioso per lui. Ora aveva sentito dire che Maria viene detta "colei che dà alla luce Dio". Quindi i bambini nascevano dalla donna e l'asserzione della nanja non era più credibile.

mehr zu halten. Ferner wurde er durch die Erzählungen irre gemacht, wer eigentlich der Vater Christi war. Er war geneigt, Josef dafür zu halten, denn er hörte ja, daß sie immer mitsammen gelebt hatten, aber die Nanja sagte: Josef war nur wie sein Vater, der eigentliche Vater sei Gott gewesen. Daraus konnte er nichts machen. Er verstand nur soviel: wenn man überhaupt darüber diskutieren konnte, so war das Verhältnis zwischen Vater und Sohn kein so inniges, wie er sich's immer vorgestellt hatte.

Der Knabe fühlte gewissermaßen die Gefühlsambivalenz gegen den Vater, die in allen Religionen niedergelegt ist, heraus und griff seine Religion wegen der Lockerung dieses Vaterverhältnisses an. Natürlich hörte seine Opposition bald auf, ein Zweifel an der Wahrheit der Lehre zu sein, und wandte sich dafür direkt gegen die Person Gottes. Gott hatte seinen Sohn hart und grausam behandelt, aber er war nicht besser gegen die Menschen. Er hatte seinen Sohn geopfert und dasselbe von Abraham gefordert. Er begann Gott zu fürchten.

Wenn er Christus war, so war der Vater Gott. Aber der Gott, den ihm die Religion aufdrängte, war kein richtiger Ersatz für den Vater, den er geliebt hatte, und den er sich nicht wollte rauben lassen. Die Liebe zu diesem Vater schuf ihm seinen kritischen Scharfsinn. Er wehrte sich gegen Gott, um am Vater festhalten zu können, verteidigte dabei eigentlich den alten Vater gegen den neuen. Er hatte da ein schwieriges Stück der Ablösung vom Vater zu vollbringen.

Es war also die alte, in frühester Zeit offenbar gewordene Liebe zu seinem Vater, der er die Energie zur Bekämpfung Gottes und den Scharfsinn zur Kritik der Religion entnahm. Aber anderseits war diese Feindseligkeit gegen den neuen Gott auch kein ursprünglicher Akt, sie hatte ein Vorbild in einer feindseligen Regung gegen den Vater, die unter dem Einfluß des Angsttraumes entstanden war, und war im Grunde nur ein Wiederaufleben derselben. Die beiden gegensätzlichen Gefühlsregungen, die sein ganzes späteres Leben regieren sollten, trafen sich hier zum Ambivalenzkampfe beim Thema der Religion. Was sich aus diesem Kampfe als Symptom ergab, die blas-

Inoltre, dal racconto, non aveva capito bene chi fosse veramente il padre di Cristo. Era propenso a credere che fosse Giuseppe, perché aveva appreso che erano sempre vissuti insieme, ma la nanja disse che Giuseppe era solo *come* un padre, il vero padre era Dio. Non sapeva cosa pensare. Capì solo questo, che se la cosa era oggetto di una disputa, il rapporto tra padre e figlio non era così intimo come lui se lo era sempre immaginato.

Il ragazzino aveva, in certo qual modo, avvertito quell'ambivalenza del sentimento nei confronti del padre che è depositata in tutte le religioni e attaccò la propria religione proprio in quanto implicava un allentamento di questo rapporto. Naturalmente la sua opposizione cessò presto di esprimersi in forma di dubbio sulla verità della dottrina per rivolgersi direttamente contro la figura di Dio. Quel Dio che aveva trattato suo figlio duramente e crudelmente non era stato migliore con gli uomini: avendo sacrificato il proprio figlio, aveva preteso che Abramo facesse lo stesso. Cominciò ad aver paura di Dio.

Visto che lui era Cristo, suo padre era Dio. Ma il Dio che la religione gli proponeva non era un buon sostituto del padre che aveva amato, e al quale non voleva rinunciare. L'amore per il padre stimolò dunque il suo acume critico. Si oppose a Dio per poter rimanere aggrappato al padre, e così facendo difese, in realtà, il vecchio padre contro il nuovo. In quell'occasione dovette portare a compimento una difficile parte del processo di distacco dal padre.

Era dunque dall'antico amore per suo padre, manifestatosi nei primissimi anni di vita, che aveva tratto l'energia per combattere Dio e l'acume per criticare la religione. D'altra parte, neanche questa ostilità verso il nuovo Dio era un atto originale, ma aveva un prototipo in un impulso ostile verso il padre formatosi per influsso del sogno d'angoscia ed era, fondamentalmente, solo una reviviscenza di questo impulso. I due impulsi di sentimento opposti, destinati a governare tutto il resto della sua vita, si incontrarono in lotta ambivalente sul terreno della religione. Anche il sintomo che fu il risultato di questa lotta, le idee blasfeme, la coa-

phemischen Ideen, der Zwang, der ihn überfiel, Gott—Dreck, Gott—Schwein zu denken, war darum auch ein richtiges Kompromißergebnis, wie die Analyse dieser Ideen im Zusammenhange der Analerotik uns zeigen wird.

Einige andere Zwangssymptome von minder typischer Art führen ebenso sicher auf den Vater, lassen aber auch den Zusammenhang der Zwangsneurose mit den früheren Zufällen erkennen.

Zu dem Frömmigkeitszeremoniell, mit dem er am Ende seine Gotteslästerungen sühnte, gehörte auch das Gebot, unter gewissen Bedingungen in feierlicher Weise zu atmen. Beim Kreuzeschlagen mußte er jedesmal tief einatmen oder stark aushauchen. Hauch ist in seiner Sprache gleich Geist. Das war also die Rolle des Heiligen Geistes. Er mußte den Heiligen Geist einatmen oder die bösen Geister, von denen er gehört und gelesen hatte,[3] ausatmen. Diesen bösen Geistern schrieb er auch die blasphemischen Gedanken zu, für die er sich soviel Buße auferlegen mußte. Er war aber genötigt auszuhauchen, wenn er Bettler, Krüppel, häßliche, alte, erbarmenswerte Leute sah, und diesen Zwang verstand er nicht, mit den Geistern zusammenzubringen. Er gab sich selbst nur die Rechenschaft, er tue es um nicht zu werden wie diese.

Dann brachte die Analyse im Anschluß an einen Traum die Aufklärung, daß das Ausatmen beim Anblick der bedauernswerten Personen erst nach dem sechsten Jahre begonnen hatte und an den Vater anschloß. Er hatte den Vater lange Monate nicht gesehen, als die Mutter einmal sagte, sie würde mit den Kindern in die Stadt fahren und ihnen etwas zeigen, was sie sehr erfreuen würde. Sie brachte sie dann in ein Sanatorium, in dem sie den Vater wiedersahen; er sah schlecht aus und tat dem Sohne sehr leid. Der Vater war also auch das Urbild all der Krüppel, Bettler und Armen, vor denen er ausatmen mußte, wie er sonst das Urbild der Fratzen ist, die man in Angstzuständen sieht, und der Karikaturen, die man zum Hohne zeichnet. Wir

[3] Dies Symptom hatte sich, wie wir hören werden, mit dem sechsten Jahr, als er lesen konnte, entwickelt.

zione, che lo assaliva di sorpresa, a pensare "Dio-sudicio", "Dio-maiale", era perciò un vero prodotto di compromesso, come ci mostrerà l'analisi di queste idee nel contesto dell'erotismo anale.

Alcuni altri sintomi ossessivi di carattere meno tipico conducono con altrettanta sicurezza al padre ma fanno anche capire la connessione tra la nevrosi ossessiva e gli eventi accaduti molto tempo prima.

Al cerimoniale della devozione, con il quale, in fin dei conti, espiava le sue bestemmie, apparteneva anche il precetto di respirare in modo solenne in date circostanze. Facendosi il segno della croce doveva ogni volta inspirare profondamente oppure alitare forte. Nella sua lingua "alito" equivale a "spirito". Si trattava perciò del ruolo dello Spirito Santo. Egli doveva inspirare lo Spirito Santo oppure espirare gli spiriti maligni, dei quali aveva letto e sentito parlare.[3] A questi spiriti maligni attribuiva anche i pensieri blasfemi per via dei quali doveva infliggersi così tante penitenze. Ma era costretto ad alitare anche quando vedeva mendicanti, storpi, persone deformi, vecchie e degne di compassione, e non seppe riconciliare questa coazione con gli spiriti. La ragione che dette a se stesso fu solo che faceva così per non diventare come loro.

Poi l'analisi relativa a un sogno portò alla scoperta che l'atto di espirare alla vista di persone che gli facevano compassione aveva avuto inizio solo dopo i sei anni ed era legato al padre. Per mesi non lo aveva più visto, quando la mamma un giorno disse ai bambini che li avrebbe portati in città per mostrar loro qualcosa che li avrebbe resi molto felici. Li condusse in una casa di cura, dove rividero il padre: aveva un brutto aspetto e al figlio fece molta pena. Perciò il padre era diventato il prototipo di tutti gli storpi, i mendicanti e i poveri davanti ai quali doveva espirare, o che è anche il prototipo delle smorfie che si vedono in stati di angoscia e delle caricature che si disegnano a scopo di

[3] Come vedremo, il sintomo si era sviluppato quando il bambino sapeva già leggere, all'età di sei anni.

werden noch an anderer Stelle erfahren, daß diese Mitleidseinstellung auf ein besonderes Detail der Urszene zurückgeht, welches so spät in der Zwangsneurose zur Wirkung kam.

Der Vorsatz, nicht zu werden wie diese, der sein Ausatmen vor den Krüppeln motivierte, war also die alte Vateridentifizierung, ins Negativ gewandelt. Doch kopierte er dabei den Vater auch im positiven Sinne, denn das starke Atmen war eine Nachahmung des Geräusches, das er beim Koitus vom Vater ausgehend gehört hatte.[4] Der Heilige Geist dankte seinen Ursprung diesem Zeichen der sinnlichen Erregung des Mannes. Durch die Verdrängung wurde dies Atmen zum bösen Geist, für den noch eine andere Genealogie bestand, die Malaria nämlich, an der er zur Zeit der Urszene gelitten hatte.

Die Ablehnung dieser bösen Geister entsprach einem unverkennbar asketischen Zug, der sich noch in anderen Reaktionen äußerte. Als er hörte, daß Christus einmal böse Geister in Säue gebannt hatte, die dann in einen Abgrund stürzten, dachte er daran, daß die Schwester in ihren ersten Kinderjahren vor seiner Erinnerung vom Klippenweg des Hafens an den Strand herabgerollt war. Sie war auch so ein böser Geist und eine Sau; von hier führte ein kurzer Weg zu Gott—Schwein. Der Vater selbst hatte sich als ebenso von Sinnlichkeit beherrscht erwiesen. Als er die Geschichte der ersten Menschen erfuhr, fiel ihm die Ähnlichkeit seines Schicksals mit dem Adams auf. Er wunderte sich heuchlerischerweise im Gespräch mit der Nanja, daß Adam sich durch ein Weib hatte ins Unglück stürzen lassen, und versprach der Nanja, er werde nie heiraten. Eine Verfeindung mit dem Weibe wegen der Verführung durch die Schwester schaffte sich um diese Zeit starken Ausdruck. Sie sollte ihn in seinem späteren Liebesleben noch oft genug stören. Die Schwester wurde ihm

4 Die reale Natur der Urszene vorausgesetzt!

derisione. Più avanti ancora avremo modo di apprendere che questo stato d'animo di commiserazione rimandava a un certo particolare della scena originaria, che sortì il proprio effetto assai tardi nel corso della nevrosi ossessiva.

Il proposito che aveva motivato il suo atto di espirare di fronte ai mendicanti, quello cioè di non diventare come loro, era perciò l'antica identificazione con il padre, trasformata in negativo. Tuttavia, respirando forte, copiava il padre anche in senso positivo, perché imitava i rumori che aveva sentito fare dal padre durante il coito.[4] Lo Spirito Santo deve appunto la propria origine a questo segno dell'eccitazione sessuale del maschio. Per opera della rimozione, questa respirazione si era tramutata in spirito maligno, per il quale vigeva anche un'altra genealogia, vale a dire la malaria, di cui aveva sofferto all'epoca della scena originaria.

Il rifiuto di questi spiriti maligni corrispondeva a un suo tratto inconfondibilmente ascetico, che si espresse anche in altre reazioni. Quando sentì che Cristo una volta aveva esorcizzato degli spiriti maligni costringendoli dentro scrofe, che poi si erano buttate in un precipizio, ripensò al fatto che la sorella nei primi anni dell'infanzia, quando lui non poteva ancora ricordarsene, da un sentiero tra la rocce vicino al porto era rotolata giù fino alla spiaggia. Dunque anche lei era uno spirito maligno e una maiala; da qui al "Dio-maiale" il passo era breve, perché anche il padre aveva mostrato di essere dominato dalla sensualità allo stesso modo. Quando apprese la storia del primo uomo, lo colpì la somiglianza tra il proprio destino e quello di Adamo. Parlando con la nanja, si meravigliò ipocritamente del fatto che Adamo si fosse fatto rovinare da una donna e promise alla bambinaia che non si sarebbe mai sposato. A causa della seduzione operata dalla sorella, in questo periodo si manifestò una spiccata misoginia che lo avrebbe ancora disturbato di frequente nel corso della vita affettiva. La so-

[4] Se si ammette, naturalmente, la realtà della scena originaria!

zur dauernden Verkörperung der Versuchung und der Sünde. Wenn er gebeichtet hatte, kam er sich rein und sündenfrei vor. Dann schien es ihm aber, als ob die Schwester darauf lauerte, ihn wieder in Sünde zu stürzen, und ehe er sich's versah, hatte er eine Streitszene mit der Schwester provoziert, durch die er wieder sündig wurde. So war er genötigt, die Tatsache der Verführung immer wieder von Neuem zu reproduzieren. Seine blasphemischen Gedanken hatte er übrigens, so sehr sie ihn drückten, niemals in der Beichte preisgegeben.

Wir sind unversehens in die Symptomatik der späteren Jahre der Zwangsneurose geraten und wollen darum mit Hinwegsetzung über soviel, was dazwischen liegt, über ihren Ausgang berichten. Wir wissen schon, daß sie, von ihrem permanenten Bestand abgesehen, zeitweise Verstärkungen erfuhr, das eine Mal, was uns noch nicht durchsichtig sein kann, als ein Knabe in derselben Straße starb, mit dem er sich identifizieren konnte. Als er zehn Jahre alt war, bekam er einen deutschen Hofmeister, der sehr bald großen Einfluß auf ihn gewann. Es ist sehr lehrreich, daß seine ganze schwere Frömmigkeit dahinschwand, um nie wieder aufzuleben, nachdem er gemerkt und in belehrenden Gesprächen mit dem Lehrer erfahren hatte, daß dieser Vaterersatz keinen Wert auf Frömmigkeit legte und nichts von der Wahrheit der Religion hielt. Die Frömmigkeit fiel mit der Abhängigkeit vom Vater, der nun von einem neuen, umgänglicheren Vater abgelöst wurde. Dies geschah allerdings nicht ohne ein letztes Aufflackern der Zwangsneurose, von dem der Zwang besonders erinnert wurde, an die Heilige Dreieinigkeit zu denken, so oft er auf der Straße drei Häufchen Kot beisammenliegen sah. Er gab eben nie einer Anregung nach, ohne noch einen Versuch zu machen, das Entwertete festzuhalten. Als der Lehrer ihm von den Grausamkeiten gegen die kleinen Tiere abredete, machte er auch diesen Untaten ein Ende, aber nicht, ohne sich vorher noch einmal im Zerschneiden von Raupen gründlich genug getan zu haben. Er benahm sich noch in der analytischen Behandlung ebenso, indem er eine passagere „negative Reaktion“ entwickelte; nach jeder

rella diventò per lui l'incarnazione permanente della tentazione e del peccato. Dopo essersi confessato, si riteneva puro e libero da ogni macchia. Ma poi gli sembrava che la sorella stesse continuamente in agguato per farlo ricadere nel peccato, così, nei momenti più impensati, attaccava briga con lei, tornando nuovamente impuro. Quindi era costretto a riprodurre ogni volta daccapo la vicenda della seduzione. D'altra parte, per quanto gli pesassero, i suoi pensieri blasfemi non li aveva mai sfogati in confessione.

Visto che siamo giunti casualmente alla sintomatologia tipica degli ultimi anni di nevrosi ossessiva, ne racconteremo la conclusione senza curarci di quel che accade framezzo. Sappiamo già che, a prescindere da quella che era la sua consistenza abituale, la nevrosi subiva di tanto in tanto intensificazioni; una volta, anche se per adesso ce ne sfugge il motivo, fu quando morì un ragazzo che abitava nella sua strada, con il quale si era potuto identificare. All'età di dieci anni ebbe un precettore tedesco che molto presto esercitò una grande influenza su di lui. Ne è buon indice il fatto che tutta la sua rigida religiosità scomparisse senza più ripresentarsi quando venne a sapere, durante utili colloqui con l'insegnante, che questo sostituto del padre non annetteva alcun valore alla pratica religiosa e non faceva alcun affidamento sulla verità della religione. La sua religiosità venne meno insieme alla dipendenza dal proprio padre, sostituito adesso da un padre nuovo e più socievole. Veramente questo non si verificò senza un'ultima fiammata di nevrosi ossessiva, un lascito della quale fu, in particolare, la coazione a pensare alla Santa Trinità tutte le volte che per strada vedeva tre mucchietti di sterco l'uno accanto all'altro. Non cedeva proprio mai a uno stimolo senza fare un ultimo tentativo di mantenere ciò che ormai era già superato. Quando l'insegnante lo dissuase dal compiere crudeltà sugli animali piccoli, pose fine anche a questi misfatti, ma non senza aver prima effettuato, con sufficiente perfezione, un ultimo tagliuzzamento di bruchi. Anche nel trattamento analitico si comportava allo stesso modo, sviluppando una "reazione negativa" transitoria; dopo ogni

einschneidenden Lösung versuchte er für eine kurze Weile, deren Wirkung durch eine Verschlechterung des gelösten Symptoms zu negieren. Man weiß, daß Kinder sich ganz allgemein ähnlich gegen Verbote benehmen. Wenn man sie angefahren hat, weil sie z. B. ein unleidliches Geräusch produzieren, so wiederholen sie es nach dem Verbot noch einmal, ehe sie damit aufhören. Sie haben dabei erreicht, daß sie anscheinend freiwillig aufgehört und dem Verbot getrotzt haben.

Unter dem Einfluß des deutschen Lehrers entstand eine neue und bessere Sublimierung seines Sadismus, der entsprechend der nahen Pubertät damals die Oberhand über den Masochismus gewonnen hatte. Er begann fürs Soldatenwesen zu schwärmen, für Uniformen, Waffen und Pferde, und nährte damit kontinuierliche Tagträume. So war er unter dem Einfluß eines Mannes von seinen passiven Einstellungen losgekommen und befand sich zunächst in ziemlich normalen Bahnen. Eine Nachwirkung der Anhänglichkeit an den Lehrer, der ihn bald darauf verließ, war es, daß er in seinem späteren Leben das deutsche Element (Ärzte, Anstalten, Frauen) gegen das heimische (Vertretung des Vaters) bevorzugte, woraus noch die Übertragung in der Kur großen Vorteil zog.

In die Zeit vor der Befreiung durch den Lehrer fällt noch ein Traum, den ich erwähne, weil er bis zu seinem Auftauchen in der Kur vergessen war. Er sah sich auf einem Pferd reitend von einer riesigen Raupe verfolgt. Er erkannte in dem Traum eine Anspielung auf einen früheren aus der Zeit vor dem Lehrer, den wir längst gedeutet hatten. In diesem früheren Traum sah er den Teufel im schwarzen Gewand und in der aufrechten Stellung, die ihn seinerzeit am Wolf und am Löwen so sehr erschreckt hatte. Mit dem ausgestreckten Finger wies er auf eine riesige Schnecke hin. Er hatte bald erraten, daß dieser Teufel der Dämon aus einer bekannten Dichtung, der Traum selbst die Umarbeitung eines sehr verbreiteten Bildes sei, das den Dämon in einer Liebesszene mit einem Mädchen darstellte. Die Schnecke war an der Stelle des Weibes als exquisit weibliches Sexualsymbol. Durch die zeigende Gebärde des Dämons geleitet, konnten

soluzione radicale, per un breve periodo tentava di contestarne l'effetto peggiorando il sintomo risolto. È il tipico comportamento dei bambini di fronte ai divieti: se vengono sgridati, per esempio perché fanno un chiasso insopportabile, dopo il divieto ce lo fanno risentire, prima di smettere, allo scopo di far credere di aver smesso di loro volontà, sfidando la proibizione.

Influenzato dall'insegnante tedesco, sviluppò una nuova e migliore sublimazione del suo sadismo, che, in corrispondenza con l'approssimarsi della pubertà, a quel tempo aveva preso il sopravvento sul masochismo. Cominciò a fare follie per tutte le cose legate al settore militare, uniformi, armi, cavalli, con le quali alimentava ininterrotte fantasticherie. Fu così che, influenzato da un uomo, arrivò a liberarsi dei propri atteggiamenti passivi e a ritrovarsi, per il momento, su vie abbastanza normali. Una conseguenza del notevole attaccamento verso l'insegnante, che poco dopo lo lasciò, fu la predilezione, manifestata in tutto il corso della vita, per l'elemento tedesco (medici, ospedali, donne) rispetto a quello del proprio paese (che rappresentava il padre), situazione dalla quale anche il transfert trasse un grosso vantaggio.

Nel periodo che precedette questa fase di emancipazione dovuta all'insegnante aveva fatto un sogno, che menziono perché era stato dimenticato fino a quando non emerse durante la cura: era a cavallo, inseguito da un gigantesco bruco. In esso colse un'allusione a un sogno anteriore, fatto prima ancora dell'arrivo dell'insegnante, che avevamo interpretato da molto tempo. In questo sogno anteriore vedeva il diavolo in abito nero e nella posizione eretta in cui, a suo tempo, il lupo e il leone lo avevano spaventato così tanto. Con il dito teso indicava una gigantesca lumaca. Aveva presto scoperto che questo diavolo rappresentava il demone di un famoso poema e il sogno era la rielaborazione di una immagine molto diffusa, che rappresenta il demonio con una giovane donna in una scena d'amore. La lumaca aveva preso il posto della donna come eccellente simbolo sessuale femminile. Guidati dal gesto ostensivo del de-

wir bald als den Sinn des Traumes angeben, daß er sich nach jemand sehne, der ihm die letzten noch fehlenden Belehrungen über die Rätsel des Geschlechtsverkehrs geben sollte, wie seinerzeit der Vater in der Urszene die ersten.

Zu dem späteren Traum, in dem das weibliche Symbol durch das männliche ersetzt war, erinnerte er ein bestimmtes Erlebnis kurz vorher. Er ritt eines Tages auf dem Landgut an einem schlafenden Bauern vorüber, neben dem sein Junge lag. Dieser weckte den Vater und sagte ihm etwas, worauf der Vater den Reitenden zu beschimpfen und zu verfolgen begann, so daß er sich rasch auf seinem Pferd entfernte. Dazu die zweite Erinnerung, daß es auf demselben Gut Bäume gab, die ganz weiß, ganz von Raupen umsponnen waren. Wir verstehen, daß er auch vor der Realisierung der Phantasie die Flucht ergriff, daß der Sohn beim Vater schlafe, und daß er die weißen Bäume heranzog, um eine Anspielung an den Angsttraum von den weißen Wölfen auf dem Nußbaum herzustellen. Es war also ein direkter Ausbruch der Angst vor jener femininen Einstellung zum Mann, gegen die er sich zuerst durch die religiöse Sublimierung geschützt hatte und bald durch die militärische noch wirksamer schützen sollte.

Es wäre aber ein großer Irrtum anzunehmen, daß nach der Aufhebung der Zwangssymptome keine permanenten Wirkungen der Zwangsneurose übrig geblieben wären. Der Prozeß hatte zu einem Sieg des frommen Glaubens über die kritisch forschende Auflehnung geführt und hatte die Verdrängung der homosexuellen Einstellung zur Voraussetzung gehabt. Aus beiden Faktoren ergaben sich dauernde Nachteile. Die intellektuelle Betätigung blieb seit dieser ersten großen Niederlage schwer geschädigt. Es entwickelte sich kein Lerneifer, es zeigte sich nichts mehr von dem Scharfsinn, der seinerzeit im zarten Alter von fünf Jahren die Lehren der Religion kritisch zersetzt hatte. Die während jenes Angsttraumes erfolgte Verdrängung der überstarken Homosexualität reservierte diese bedeutungsvolle Regung für das Unbewußte,

monio, potemmo presto indicare il senso del sogno nel desiderio di ricevere da qualcuno le ultime informazioni ancora mancanti sull'enigma del rapporto sessuale, così come il padre a suo tempo, nella scena originaria, gli aveva fornito le prime.

Quanto al sogno successivo, in cui il simbolo femminile veniva sostituito da uno maschile, si ricordò che era stato preceduto da una vicenda particolare. Un giorno, andando a cavallo per il podere vide un contadino addormentato con il figlio sdraiato vicino che, al suo passaggio, svegliò il padre e gli disse qualcosa. L'uomo allora lanciò insulti diretti a lui e cominciò anche a rincorrerlo tanto che lui fuggì rapidamente a cavallo. In collegamento, un secondo ricordo: nella stessa proprietà c'erano alberi completamente bianchi, completamente avvolti dai filamenti prodotti dai bruchi. È facile capire che il tentativo di fuga riguardava anche la realizzazione della fantasia del figlio che dorme vicino al padre e che la menzione degli alberi bianchi è un'allusione al sogno d'angoscia dei lupi bianchi sul noce. Si trattava dunque di un'esplosione diretta di angoscia davanti a quell'atteggiamento femminile verso l'uomo contro il quale si era difeso in un primo tempo con la sublimazione religiosa e contro il quale presto si sarebbe difeso, ancora più efficacemente, con quella militare.

Sarebbe però un grosso errore supporre che, dopo il superamento dei sintomi ossessivi, la nevrosi avesse cessato qualsiasi effetto stabile. Il processo aveva portato a una vittoria della fede bigotta sull'opposizione orientata all'indagine critica e aveva avuto come presupposto la rimozione dell'atteggiamento omosessuale. Da entrambi i fattori derivarono inconvenienti permanenti. L'attività intellettuale rimase pesantemente danneggiata da questa prima grossa sconfitta. Non si sviluppò nessun entusiasmo per l'apprendimento, non si manifestò più niente dell'acume che a suo tempo, alla tenera età di cinque anni, aveva analizzato criticamente le dottrine della religione. La rimozione della fortissima omosessualità, avvenuta durante quel sogno di angoscia, assegnò questo importante istinto all'inconscio,

erhielt sie so bei der ursprünglichen Zieleinstellung und entzog sie all den Sublimierungen, zu denen sie sich sonst bietet. Es fehlten dem Patienten darum alle die sozialen Interessen, welche dem Leben Inhalt geben. Erst als in der analytischen Kur die Lösung dieser Fesselung der Homosexualität gelang, konnte sich der Sachverhalt zum Besseren wenden, und es war sehr merkwürdig mitzuerleben, wie — ohne direkte Mahnung des Arztes — jedes befreite Stück der homosexuellen Libido eine Anwendung im Leben und eine Anheftung an die großen gemeinsamen Geschäfte der Menschheit suchte.

mantenendolo così orientato verso la mèta cui mirava originariamente e sottraendolo a tutte le sublimazioni, alle quali, altrimenti, si sarebbe offerto. Perciò al paziente vennero a mancare tutti gli interessi sociali che danno contenuto alla vita. Soltanto quando, nella cura analitica, si riuscì a risolvere questo incatenamento dell'omosessualità, lo stato di cose poté cambiare in meglio e fu molto sorprendente constatare come – senza diretta sollecitazione del medico – ogni parte liberata della libido omosessuale cercasse un'applicazione nella vita e un aggancio alle grandi occupazioni che accomunano l'umanità.

VII

ANALEROTIK UND KASTRATIONSKOMPLEX

Ich bitte den Leser sich zu erinnern, daß ich diese Geschichte einer infantilen Neurose sozusagen als Nebenprodukt während der Analyse einer Erkrankung im reiferen Alter gewonnen habe. Ich mußte sie also aus noch kleineren Brocken zusammensetzen, als sonst der Synthese zu Gebote stehen. Diese sonst nicht schwierige Arbeit findet eine natürliche Grenze, wo es sich darum handelt, ein vieldimensionales Gebilde in die Ebene der Deskription zu bannen. Ich muß mich also damit begnügen, Gliederstücke vorzulegen, die der Leser zum lebenden Ganzen zusammenfügen mag. Die geschilderte Zwangsneurose entstand, wie wiederholt betont, auf dem Boden einer sadistisch-analen Konstitution. Es war aber bisher nur von dem einen Hauptfaktor, dem Sadismus und seinen Umwandlungen, die Rede. Alles, was die Analerotik betrifft, ist mit Absicht beiseite gelassen worden und soll hier gesammelt nachgetragen werden.

Die Analytiker sind längst einig darüber, daß den vielfachen Triebregungen, die man als Analerotik zusammenfaßt, eine außerordentliche, gar nicht zu überschätzende Bedeutung für den Aufbau des Sexuallebens und der seelischen Tätigkeit überhaupt zukommt. Ebenso, daß eine der wichtigsten Äußerungen der umgebildeten Erotik aus dieser Quelle in der Behandlung des Geldes vorliegt, welcher wertvolle Stoff im Laufe des Lebens

VII

EROTISMO ANALE E COMPLESSO DI CASTRAZIONE

Vorrei ricordare al lettore che ho ricavato questa storia di una nevrosi infantile quasi come un sottoprodotto, durante l'analisi di una malattia insorta in età più matura. Perciò l'ho dovuta comporre da frammenti ancora più piccoli di quanto normalmente siano a disposizione per la sintesi. Questo lavoro, altrimenti non difficile, trova il proprio limite naturale al punto in cui si tratta di fissare sul piano della descrizione una struttura pluridimensionale. Perciò devo accontentarmi di presentare parti di membra, che il lettore può riconnettere a formare un tutto organico. La nevrosi ossessiva che abbiamo tracciato si formò, come ripetutamente sottolineato, sul terreno di una costituzione sadico-anale. Ma fino a questo momento abbiamo preso in considerazione solo uno dei suoi fattori principali, il sadismo e le relative trasformazioni. Quel che riguardava l'erotismo anale è stato intenzionalmente accantonato e ora dovrà venir raccolto tutto insieme per essere trattato.

Gli analisti da molto tempo concordano nell'attribuire ai molteplici impulsi istintivi, riuniti sotto il nome di "erotismo anale" un'importanza straordinaria, che non valuteremo mai abbastanza, per la costruzione della vita sessuale e dell'attività dell'anima. Concordano anche che una delle manifestazioni più importanti dell'erotismo trasformato proveniente da questa fonte sia il comportamento nei confronti del denaro, questa preziosa materia che nel corso

das psychische Interesse an sich gezogen hat, das ursprünglich dem Kot, dem Produkt der Analzone, gebührte. Wir haben uns gewöhnt, das Interesse am Gelde, soweit es libidinöser und nicht rationeller Natur ist, auf Exkrementallust zurückzuführen und vom normalen Menschen zu verlangen, daß er sein Verhältnis zum Gelde durchaus von libidinösen Einflüssen frei halte und es nach realen Rücksichten regle.

Bei unserem Patienten war zur Zeit seiner späteren Erkrankung dies Verhältnis in besonders argem Maße gestört, und dies war nicht das Geringste an seiner Unselbständigkeit und Lebensuntüchtigkeit. Er war durch Erbschaft von Vater und Onkel sehr reich geworden, legte manifesterweise viel Wert darauf, für reich zu gelten, und konnte sich sehr kränken, wenn man ihn darin unterschätzte. Aber er wußte nicht, wieviel er besaß, was er verausgabte, was er übrig behielt. Es war schwer zu sagen, ob man ihn geizig oder verschwenderisch heißen sollte. Er benahm sich bald so, bald anders, niemals in einer Art, die auf eine konsequente Absicht hindeuten konnte. Nach einigen auffälligen Zügen, die ich weiter unten anführen werde, konnte man ihn für einen verstockten Geldprotzen halten, der in dem Reichtum den größten Vorzug seiner Person erblickt und Gefühlsinteressen neben Geldinteressen nicht einmal in Betracht ziehen läßt. Aber er schätzte andere nicht nach ihrem Reichtum ein und zeigte sich bei vielen Gelegenheiten vielmehr bescheiden, hilfsbereit und mitleidig. Das Geld war eben seiner bewußten Verfügung entzogen und bedeutete für ihn irgend etwas anderes.

Ich habe schon erwähnt (S. 80), daß ich die Art sehr bedenklich fand, wie er sich über den Verlust der Schwester, die in den letzten Jahren sein bester Kamerad geworden war, mit der Überlegung tröstete: Jetzt brauche er die Erbschaft von den Eltern nicht mit ihr zu teilen. Auffälliger vielleicht war noch die Ruhe, mit welcher er dies erzählen konnte, als hätte er kein Verständnis für die so eingestandene Gefühlsroheit. Die Analyse rehabilitierte ihn zwar, indem sie zeigte, daß der Schmerz um die Schwester nur eine Verschiebung erfahren hatte, aber es wurde nun erst recht unverständlich, daß er in der Bereicherung

della vita attira su di sé l'interesse psichico originariamente riservato alle feci, al prodotto della zona anale. Siamo abituati a ricondurre l'interesse per il denaro – per quel tanto che è di natura libidica e non di natura razionale – al piacere escrementizio, e a richiedere alla persona normale un rapporto con esso libero da influssi libidici e disciplinato in base a considerazioni realistiche.

Nel nostro paziente questo rapporto, all'epoca della sua malattia ulteriore, era turbato in misura particolarmente seria, e questo ovviamente gravava notevolmente sulla sua mancanza di autonomia e incapacità di vivere. Avendo ereditato dal padre e dallo zio, era diventato molto ricco, ci teneva particolarmente a essere considerato tale e si contrariava anche molto se a questo proposito lo si sottovalutava. Ma non sapeva quanto possedesse, quanto spendesse, quanto gli rimanesse. Era difficile dire se andava considerato un avaro oppure uno scialacquatore. Si comportava ora in un modo ora nell'altro, mai in maniera da far pensare a un proposito coerente. A giudicare da certi tratti ostentati, che dopo citerò, lo si sarebbe potuto considerare un ricco spaccone incallito, che vedeva nella ricchezza il maggior pregio della propria persona e non permetteva che gli interessi sentimentali interferissero con quelli finanziari. Eppure non giudicava gli altri in base alla ricchezza e in molte circostanze si era mostrato piuttosto umile, soccorrevole e compassionevole. Il denaro non era, evidentemente, alla portata della sua coscienza e per lui significava qualcos'altro.

Ho già accennato (a p. 81) che mi sembrò sospetto il modo in cui si consolò per la morte della sorella, divenuta negli ultimi anni la sua migliore amica, facendo la considerazione che adesso non avrebbe dovuto spartire l'eredità dei genitori con lei. Forse ancor più eclatante era la calma con cui riuscì a riferire la cosa, come se non comprendesse affatto la brutalità che questo comportava. L'analisi, in verità, lo riabilitò mostrando che il dolore per la sorella aveva subìto semplicemente uno spostamento, ma così diventava più che mai incomprensibile il fatto che avesse voluto

einen Ersatz für die Schwester hätte finden wollen.

Sein Benehmen in einem anderen Falle erschien ihm selbst rätselhaft. Nach dem Tode des Vaters wurde das hinterlassene Vermögen zwischen ihm und der Mutter aufgeteilt. Die Mutter verwaltete es und kam seinen Geldansprüchen, wie er selbst zugab, in tadelloser, freigebiger Weise entgegen. Dennoch pflegte jede Besprechung über Geldangelegenheiten zwischen ihnen mit den heftigsten Vorwürfen von seiner Seite zu endigen, daß sie ihn nicht liebe, daß sie daran denke, an ihm zu sparen, und daß sie ihn wahrscheinlich am liebsten tot sehen möchte, um allein über das Geld zu verfügen. Die Mutter beteuerte dann weinend ihre Uneigennützigkeit, er schämte sich und konnte mit Recht versichern, daß er das gar nicht von ihr denke, aber er war sicher, dieselbe Szene bei nächster Gelegenheit zu wiederholen.

Daß der Kot für ihn lange Zeit vor der Analyse Geldbedeutung gehabt hat, geht aus vielen Zufällen hervor, von denen ich zwei mitteilen will. In einer Zeit, da der Darm noch unbeteiligt an seinem Leiden war, besuchte er einmal in einer großen Stadt einen armen Vetter. Als er wegging, machte er sich Vorwürfe, daß er diesen Verwandten nicht mit Geld unterstütze, und bekam unmittelbar darauf den „vielleicht stärksten Stuhldrang seines Lebens". Zwei Jahre später setzte er wirklich diesem Vetter eine Rente aus. Der andere Fall: Mit 18 Jahren während der Vorbereitung zur Maturitätsprüfung besuchte er einen Kollegen und verabredete mit ihm, was die gemeinsame Angst, bei der Prüfung durchzufallen, ratsam erscheinen ließ.[1] Man hatte beschlossen, den Schuldiener zu bestechen, und sein Anteil an der aufzubringenden Summe war natürlicherweise der größte. Auf dem Heimwege dachte er, er wolle gern noch mehr geben, wenn er nur durchkomme, wenn ihm bei der Prüfung nur nichts passiere, und wirklich passierte ihm ein anderes Malheur, ehe er noch bei seiner Haustüre war.[2]

1 Der Patient teilte mit, daß seine Muttersprache die im Deutschen bekannte Verwendung des Wortes „Durchfall" zur Bezeichnung von Darmstörungen nicht kennt.

2 Diese Redensart ist in der Muttersprache des Patienten gleichsinnig wie im Deutschen.

trovare nell'incremento di ricchezza un sostituto della sorella.

Il suo comportamento in un altro caso apparve a lui stesso enigmatico. Dopo la morte del padre, il patrimonio ereditato fu spartito tra lui e la madre. Lo amministrava la madre e veniva incontro alle sue esigenze finanziarie, come egli stesso ammetteva, in modo irreprensibile e generoso. Nondimeno, a ogni loro colloquio su questioni economiche, lui finiva sempre col rimproverarla pesantemente di non volergli bene, di voler risparmiare a sue spese, magari di desiderare perfino la sua morte, per disporre da sola del denaro. La madre piangendo protestava il proprio disinteresse, egli si vergognava e poteva, a ragione, assicurarle di non pensare affatto quel che aveva detto; tuttavia era sicuro che alla successiva occasione avrebbe ripetuto la stessa scena.

Che molto tempo prima dell'analisi le feci avessero avuto per lui il significato di denaro lo si ricava da svariati episodi, dei quali voglio citarne due. In un periodo in cui l'intestino era ancora estraneo ai suoi mali, una volta si recò a far visita, in una grande città, a un cugino indigente. Quando lo lasciò, si rimproverò di non aver aiutato finanziariamente questo parente ed ebbe immediatamente "forse il più forte bisogno di defecare della sua vita". Due anni dopo stanziò effettivamente una somma per questo cugino. L'altro caso: a diciotto anni, durante la preparazione dell'esame di maturità, andò a trovare un compagno per accordarsi su quello che li consigliava di fare la comune paura di essere bocciati.[1] Decisero di corrompere il bidello, ma la quota più alta della somma da pagare toccò naturalmente a lui. Tornando a casa meditava che avrebbe pagato volentieri anche di più, pur di evitare che all'esame gli accadesse qualcosa e in realtà gli accadde un altro tipo di *malheur*, prima ancora di arrivare a casa.[2]

[1] Il paziente mi informò che la sua lingua madre non prevede, come invece il tedesco, l'uso della parola *Durchfall* (bocciatura) per designare il disturbo intestinale.

[2] Questo modo di dire nella lingua madre del paziente ha lo stesso senso che in tedesco.

Wir sind darauf vorbereitet zu hören, daß er in seiner späteren Erkrankung an sehr hartnäckigen, wenn auch mit verschiedenen Anlässen schwankenden Störungen der Darmfunktion litt. Als er in meine Behandlung trat, hatte er sich an Lavements gewöhnt, die ihm ein Begleiter machte; spontane Entleerungen kamen Monate hindurch nicht vor, wenn nicht eine plötzliche Erregung von einer bestimmten Seite her dazukam, in deren Folge sich normale Darmtätigkeit für einige Tage herstellen konnte. Seine Hauptklage war, daß die Welt für ihn in einen Schleier gehüllt sei, oder er durch einen Schleier von der Welt getrennt sei. Dieser Schleier zerriß nur in dem einen Moment, wenn beim Lavement der Darminhalt den Darm verließ, und dann fühlte er sich auch wieder gesund und normal.[3]

Der Kollege, an den ich den Patienten zur Begutachtung seines Darmzustandes wies, war einsichtsvoll genug, denselben für einen funktionellen oder selbst psychisch bedingten zu erklären, und sich eingreifender Medikation zu enthalten. Übrigens nützte weder diese noch die angeordnete Diät. In den Jahren der analytischen Behandlung gab es keinen spontanen Stuhlgang (von jenen plötzlichen Beeinflussungen abgesehen). Der Kranke ließ sich überzeugen, daß jede intensivere Bearbeitung des störrischen Organs den Zustand noch verschlimmern würde, und gab sich damit zufrieden, ein- oder zweimal in der Woche durch ein Lavement oder ein Abführmittel eine Darmentleerung zu erzwingen.

Ich habe bei der Besprechung der Darmstörungen dem späteren Krankheitszustand des Patienten einen breiteren Raum gelassen, als es sonst im Plane dieser mit seiner Kindheitsneurose beschäftigten Arbeit liegt. Dafür waren zwei Gründe maßgebend, erstens, daß die Darmsymptomatik sich eigentlich wenig verändert aus der Kinderneurose in die spätere fortgesetzt hatte, und zweitens, daß ihr bei der Beendigung der Behandlung eine Hauptrolle zufiel.

3 Dieselbe Wirkung, ob er das Lavement von einem anderen machen ließ oder es selbst besorgte.

Non ci stupisce di venire a sapere che nella sua malattia ulteriore soffrisse di disturbi alla funzione intestinale di tipo ostinato, anche se variabile a seconda delle diverse occasioni. Quando iniziò il mio trattamento, si era abituato a *lavements* che gli praticava una persona al suo servizio; evacuazioni spontanee non si verificavano per mesi, a meno che non sopravvenisse da una determinata parte una eccitazione improvvisa, in seguito alla quale si poteva instaurare per alcuni giorni un'attività intestinale normale. La sua principale lamentela era che per lui il mondo era ricoperto da un velo o che un velo separava lui dal mondo. Questo velo si squarciava solo nel momento in cui liberava l'intestino dal suo contenuto con il *lavement*; allora si sentiva di nuovo sano e normale.[3]

Il collega dal quale indirizzai il paziente per un controllo del suo stato intestinale, fu sufficientemente perspicace da spiegarlo come un fatto funzionale o addirittura condizionato a livello psichico e perciò si astenne dal prescrivere un rimedio drastico. Del resto né quest'ultimo né una dieta appositamente prescritta servirono a nulla. Durante gli anni del trattamento non ci fu alcuna evacuazione spontanea (a prescindere dagli improvvisi influssi dei quali abbiamo parlato). Il malato si fece convincere che ogni trattamento dell'organo ostinato ne avrebbe ulteriormente peggiorato lo stato e finì col contentarsi di ottenere una evacuazione una o due volte alla settimana con un *lavement* o con un purgante.

Parlando dei disturbi intestinali ho concesso allo stadio successivo della malattia del paziente uno spazio più ampio di quanto prevedesse il piano di questo lavoro, incentrato sulla sua nevrosi infantile. Le ragioni determinanti sono state due: da un lato, infatti, la sintomatologia intestinale si era protratta dalla nevrosi infantile a quella successiva in modo sostanzialmente poco mutato, e dall'altro aveva svolto una parte decisiva per la conclusione del trattamento.

[3] Si aveva lo stesso effetto sia che il *lavement* venisse praticato da un'altra persona sia che se lo praticasse da solo lui stesso.

Man weiß, welche Bedeutung der Zweifel für den Arzt hat, der eine Zwangsneurose analysiert. Er ist die stärkste Waffe des Kranken, das bevorzugte Mittel seines Widerstandes. Dank diesem Zweifel konnte auch unser Patient, hinter einer respektvollen Indifferenz verschanzt, Jahre hindurch die Bemühungen der Kur von sich abgleiten lassen. Es änderte sich nichts, und es fand sich kein Weg, ihn zu überzeugen. Endlich erkannte ich die Bedeutung der Darmstörung für meine Absichten; sie repräsentierte das Stückchen Hysterie, welches regelmäßig zu Grunde einer Zwangsneurose gefunden wird. Ich versprach dem Patienten die völlige Herstellung seiner Darmtätigkeit, machte seinen Unglauben durch diese Zusage offenkundig, und hatte dann die Befriedigung, seinen Zweifel schwinden zu sehen, als der Darm wie ein hysterisch affiziertes Organ bei der Arbeit „mitzusprechen" begann, und im Laufe weniger Wochen seine normale, so lange beeinträchtigte Funktion wiedergefunden hatte.

Ich kehre nun zur Kindheit des Patienten zurück, in eine Zeit, zu welcher der Kot unmöglich Geldbedeutung für ihn gehabt haben kann.

Darmstörungen sind sehr frühzeitig bei ihm aufgetreten, vor allem die häufigste und für das Kind normalste, die Inkontinenz. Wir haben aber gewiß recht, wenn wir für diese frühesten Vorfälle eine pathologische Erklärung ablehnen und in ihnen nur einen Beweis für die Absicht sehen, sich in der an die Entleerungsfunktion geknüpften Lust nicht stören oder aufhalten zu lassen. Ein starkes Vergnügen an analen Witzen und Schaustellungen, wie es sonst der natürlichen Derbheit mancher Gesellschaftsklassen entspricht, hatte sich bei ihm über den Beginn der späteren Erkrankung erhalten.

Zur Zeit der englischen Gouvernante traf es sich wiederholt, daß er und die Nanja das Schlafzimmer der Verhaßten teilen mußten. Die Nanja konstatierte dann mit Verständnis, daß er gerade in diesen Nächten ins Bett gemacht hatte, was sonst nicht mehr der Fall gewesen war. Er schämte sich dessen gar nicht; es war eine Äußerung des Trotzes gegen die Gouvernante.

Si sa che il dubbio ha un'importanza fondamentale per il medico che analizza una nevrosi ossessiva: è l'arma più forte del malato, lo strumento privilegiato della sua resistenza. Grazie al dubbio, anche il nostro paziente, trincerato dietro a un'indifferenza rispettosa, per anni poté scrollarsi di dosso le fatiche della cura. Quindi non si producevano cambiamenti, e non si trovava neanche il modo di convincerlo. Finalmente mi resi conto dell'importanza che a questo scopo poteva avere il disturbo intestinale; rappresentava quella scheggia di isteria che è regolarmente reperibile alla base di una nevrosi ossessiva. Promisi al paziente quella cosa che suscitò la sua totale incredulità: il completo ripristino della sua funzione intestinale. Ebbi così la soddisfazione di veder scomparire il suo dubbio quando l'intestino, come un organo affetto da isteria, cominciò a "dialogare" durante il lavoro, ritrovando in poche settimane quella funzione normale rimasta così a lungo pregiudicata.

Torniamo adesso all'infanzia del paziente, nel periodo in cui le feci non possono aver avuto per lui il significato di denaro.

I disturbi intestinali, soprattutto quello più frequente e più normale nel bambino, l'incontinenza, si sono presentati nel suo caso molto presto. Ma è senz'altro giusto rifiutare, per questi fenomeni iniziali, una spiegazione in termini patologici, e vedervi unicamente una dimostrazione dell'intento di non farsi disturbare o trattenere nel piacere connesso alla funzione dell'evacuazione. Anche dopo l'inizio della malattia ulteriore gli era rimasta la tendenza a divertirsi notevolmente con barzellette ed esibizioni di genere anale, che è un gusto di solito appropriato a classi sociali incolte.

Al tempo della detestata governante inglese, accadde più volte che lui e la nanja dovessero dividere la camera da letto con lei. La nanja aveva intelligentemente constatato che proprio in quelle notti lui aveva fatto nel letto quello che ormai normalmente non aveva più l'abitudine di fare. E lui non se ne vergognava affatto; era una manifestazione di sfida verso la governante.

Ein Jahr später (zu $4^1/_2$ Jahren), in der Angstzeit, passierte es ihm, daß er bei Tage die Hose schmutzig machte. Er schämte sich entsetzlich, und jammerte, als er gereinigt wurde: er könne so nicht mehr leben. Dazwischen hatte sich also etwas verändert, auf dessen Spur wir durch die Verfolgung seiner Klage geführt wurden. Es stellte sich heraus, daß er die Worte: so könne er nicht mehr leben, jemand anderem nachgeredet hatte. Irgend einmal[4] hatte ihn die Mutter mitgenommen, während sie den Arzt, der sie besucht hatte, zur Bahnstation begleitete. Sie klagte während dieses Weges über ihre Schmerzen und Blutungen und brach in die nämlichen Worte aus: So kann ich nicht mehr leben, ohne zu erwarten, daß das an der Hand geführte Kind sie im Gedächtnis behalten werde. Die Klage, die er übrigens in seiner späteren Krankheit ungezählte Male wiederholen sollte, bedeutete also eine — Identifizierung mit der Mutter.

Ein der Zeit und dem Inhalt nach fehlendes Mittelglied zwischen beiden Vorfällen stellte sich bald in der Erinnerung ein. Es geschah einmal zu Beginn seiner Angstzeit, daß die besorgte Mutter Warnungen ausgehen ließ, die Kinder vor der Dysenterie zu behüten, die in der Nähe des Gutes aufgetreten war. Er erkundigte sich, was das sei, und als er gehört hatte, bei der Dysenterie finde man Blut im Stuhl, wurde er sehr ängstlich und behauptete, daß auch in seinem Stuhlgang Blut sei; er fürchtete, an der Dysenterie zu sterben, ließ sich aber durch die Untersuchung überzeugen, daß er sich geirrt habe und nichts zu fürchten brauche. Wir verstehen, daß sich in dieser Angst die Identifizierung mit der Mutter durchsetzen wollte, von deren Blutungen er im Gespräch mit dem Arzt gehört hatte. Bei seinem späteren Identifizierungsversuch (mit $4^1/_2$ Jahren) hatte er das Blut fallen gelassen; er verstand sich nicht mehr, vermeinte sich

4 Es ist nicht näher bestimmt worden, wann es war, aber jedenfalls vor dem Angsttraum mit vier Jahren, wahrscheinlich vor der Reise der Eltern.

Un anno più tardi (a quattro anni e mezzo), nel periodo dell'angoscia, gli successe di sporcare i pantaloni di giorno. Si vergognò terribilmente e mentre lo pulivano si lamentò del fatto che "così non poteva più vivere". Nel frattempo, perciò, doveva essersi verificato un qualche cambiamento, sulla cui traccia ci misero proprio le sue parole. Risultò che la frase che aveva pronunciato – "così non poteva più vivere"– l' aveva già sentita dire da qualcun altro. Una volta[4] la madre lo conduceva con sé mentre accompagnava alla stazione il medico, che l'aveva appena visitata. Strada facendo si era lamentata dei propri dolori e delle proprie emorragie, sbottando nelle stesse parole: "Non posso più vivere così". Non si aspettava certo che quella frase sarebbe rimasta impressa nella memoria del bambino che conduceva per mano. Perciò la lamentela, che avrebbe ripetuto innumerevoli volte durante la malattia ulteriore, non denotava niente altro che... una identificazione con la madre.

Presto affiorò alla memoria quello che, per tempo e contenuto, costituisce l'anello di congiunzione mancante tra i due fatti. Una volta, all'inizio della fase dell'angoscia, accadde che la madre, ansiosa, facesse prendere precauzioni per proteggere i bambini dalla dissenteria, di cui si erano verificati casi nel vicinato. Lui si era informato su che cosa fosse, e quando aveva sentito dire che si tratta di un disturbo in cui compare il sangue nelle feci, si era angosciato molto e aveva affermato che anche nelle sue feci c'era sangue; temette di morire di dissenteria ma si fece convincere, da un'indagine, di essersi sbagliato e di poter stare tranquillo. È chiaro che con questa angoscia aveva voluto riaffermare l'identificazione con la madre, delle cui emorragie l'aveva sentita parlare con il medico. Nel tentativo di identificazione successivo (a quattro anni e mezzo) aveva lasciato perdere il sangue; non capiva più se stesso, per questo pensò che fosse vergogna quello che provava; non sapeva che in realtà a scuoterlo era

[4] Non è stato determinato esattamente quando, ma in ogni caso prima del sogno d'angoscia fatto a quattro anni, probabilmente prima del viaggio dei genitori.

zu schämen und wußte nicht, daß er von Todesangst geschüttelt wurde, die sich in seiner Klage aber unzweideutig verriet.

Die unterleibsleidende Mutter war damals überhaupt ängstlich für sich und die Kinder; es ist durchaus wahrscheinlich, daß seine Ängstlichkeit sich neben ihren eigenen Motiven auf die Identifizierung mit der Mutter stützte.

Was sollte nun die Identifizierung mit der Mutter bedeuten? Zwischen der kecken Verwendung der Inkontinenz mit $3^1/_2$ Jahren und dem Entsetzen vor ihr mit $4^1/_2$ Jahren liegt der Traum, mit dem seine Angstzeit begann, der ihm nachträgliches Verständnis der mit $1^1/_2$ Jahren erlebten Szene[5] und Aufklärung über die Rolle der Frau beim Geschlechtsakt brachte. Es liegt nahe, auch die Wandlung in seinem Verhalten gegen die Defäkation mit dieser großen Umwälzung zusammenzubringen. Dysenterie war ihm offenbar der Name der Krankheit, über die er die Mutter klagen gehört hatte, mit der man nicht leben könne; die Mutter galt ihm nicht als unterleibs-, sondern als darmkrank. Unter dem Einfluß der Urszene erschloß sich ihm der Zusammenhang, daß die Mutter durch das, was der Vater mit ihr vorgenommen,[6] krank geworden sei, und seine Angst, Blut ihm Stuhle zu haben, ebenso krank zu sein wie die Mutter, war die Ablehnung der Identifizierung mit der Mutter in jener sexuellen Szene, dieselbe Ablehnung, mit der er aus dem Traum erwacht war. Die Angst war aber auch der Beweis, daß er in der späteren Bearbeitung der Urszene sich an die Stelle der Mutter gesetzt, ihr diese Beziehung zum Vater geneidet hatte. Das Organ, an dem sich die Identifizierung mit dem Weibe, die passiv homosexuelle Einstellung zum Manne äußern konnte, war die Analzone. Die Störungen in der Funktion dieser Zone hatten nun die Bedeutung von femininen Zärtlichkeitsregungen bekommen und behielten sie auch während der späteren Erkrankung bei.

An dieser Stelle müssen wir nun einen Einwand anhören, dessen Diskussion viel zur Klärung der scheinbar verworrenen

[5] Siehe vorhin Seite 126.

[6] Wobei er ja wahrscheinlich nicht irre ging.

la paura della morte, che comunque si palesava inequivocabilmente nel suo lamento.

In quel periodo la madre, sofferente al basso ventre, era ansiosa per sé e per i bambini; è molto probabile che l'ansietà di lui si basasse anche sull'identificazione con la madre, oltre che su motivi suoi propri.

Ma che cosa significava l'identificazione con la madre?

Fra l'uso sfacciato dell'incontinenza a tre anni e mezzo e l'orrore che ne aveva a quattro anni e mezzo si colloca il sogno, che inaugurò il periodo dell'angoscia e che gli permise la comprensione ritardata della scena vissuta a un anno e mezzo[5] e la chiarificazione sul ruolo della donna nell'atto sessuale. È naturale ricollegare a questo grande sovvertimento anche il suo diverso comportamento riguardo alla defecazione. "Dissenteria" era per lui chiaramente il nome di quella malattia di cui aveva sentito la madre lagnarsi che con essa non si può più vivere; per lui la madre non era malata al basso ventre, ma all'intestino. Sotto l'influsso della scena originaria gli si dischiuse la possibilità del collegamento che la madre si fosse ammalata per via di quello che il padre aveva fatto con lei[6] e la sua paura di aver sangue nelle feci, di essere malato alla stessa maniera della madre, era il rifiuto dell'identificazione con la madre in quella scena sessuale, lo stesso rifiuto con il quale si era risvegliato dal sogno. Ma la paura era anche la dimostrazione del fatto che, nella rielaborazione successiva della scena originaria, si era messo al posto della madre, le aveva invidiato questo rapporto con il padre. L'organo nel quale poteva manifestarsi l'identificazione con la femmina, l'atteggiamento omosessuale passivo verso l'uomo, era la zona anale. I disturbi funzionali di questa zona avevano ora il significato di ottenere emozioni affettive femminili e lo mantennero anche durante la malattia successiva.

A questo punto dobbiamo esaminare un'obiezione, la cui discussione può contribuire notevolmente al chiari-

[5] Cfr. la nota di p. 127.
[6] Cosa su cui, probabilmente, non aveva torto.

Sachlage beitragen kann. Wir haben ja annehmen müssen, daß er während des Traumvorganges verstanden, das Weib sei kastriert, habe anstatt des männlichen Gliedes eine Wunde, die dem Geschlechtsverkehr diene, die Kastration sei die Bedingung der Weiblichkeit, und dieses drohenden Verlustes wegen habe er die feminine Einstellung zum Manne verdrängt und sei mit Angst aus der homosexuellen Schwärmerei erwacht. Wie verträgt sich dies Verständnis des Geschlechtsverkehrs, diese Anerkennung der Vagina, mit der Auswahl des Darmes zur Identifizierung mit dem Weib? Ruhen die Darmsymptome nicht auf der wahrscheinlich älteren, der Kastrationsangst voll widersprechenden Auffassung, daß der Darmausgang die Stelle des sexuellen Verkehrs sei?

Gewiß, dieser Widerspruch besteht, und die beiden Auffassungen vertragen sich gar nicht miteinander. Die Frage ist nur, ob sie sich zu vertragen brauchen. Unser Befremden rührt daher, daß wir immer geneigt sind, die unbewußten seelischen Vorgänge wie die bewußten zu behandeln und an die tiefgehenden Verschiedenheiten der beiden psychischen Systeme zu vergessen.

Als die erregte Erwartung des Weihnachtstraumes ihm das Bild des einst beobachteten (oder konstruierten) Geschlechtsverkehres der Eltern vorzauberte, trat gewiß zuerst die alte Auffassung desselben auf, derzufolge die das Glied aufnehmende Körperstelle des Weibes der Darmausgang war. Was konnte er auch anderes geglaubt haben, als er mit 1 1/2 Jahren Zuschauer dieser Szene war?[7] Aber nun kam das, was sich mit vier Jahren neu ereignete. Seine seitherigen Erfahrungen, die vernommenen Andeutungen der Kastration, wachten auf und warfen einen Zweifel auf die „Kloakentheorie", legten ihm die Erkenntnis des Geschlechtsunterschiedes und der sexuellen Rolle des Weibes nahe. Er benahm sich dabei, wie sich überhaupt Kinder benehmen,

[7] Oder solange er den Koitus der Hunde nicht verstand.

mento dello stato apparentemente confuso delle cose. Abbiamo già dovuto supporre che durante il processo onirico avesse capito che la femmina è castrata, che al posto del membro maschile ha una ferita che serve all'atto sessuale, che la castrazione è la condizione della femminilità e che lui, a causa di questa perdita minacciosa, avesse rimosso la disposizione femminile verso l'uomo e si fosse risvegliato con angoscia dall'entusiasmo per l'omosessualità. Come si accorda questa comprensione dell'atto sessuale, questo riconoscimento della vagina, con la scelta dell'intestino per l'identificazione con la femmina? I sintomi intestinali non poggiano sulla concezione, probabilmente più antica e del tutto in contraddizione con la paura della castrazione, che l'orifizio anale sia il luogo del rapporto sessuale?

Certamente questa contraddizione sussiste e le due concezioni non si accordano affatto tra loro. Ma la questione è se l'accordo sia davvero necessario. Il nostro disappunto nasce dal fatto che siamo sempre propensi a trattare i processi inconsci dell'anima alla stessa stregua di quelli consci e a dimenticarci delle diversità sottese ai due sistemi psichici.

Quando l'eccitata aspettativa del sogno di Natale gli rievocò l'immagine del rapporto sessuale dei genitori a suo tempo osservato (o costruito), in primo luogo gli si presentò certamente la concezione più antica del rapporto, secondo la quale è l'orifizio anale la parte del corpo femminile che accoglie il membro. Che cos'altro avrebbe potuto capire quando osservò la scena a un anno e mezzo?[7] Ma ora che aveva quattro anni intervenne qualcosa di nuovo. Le esperienze fatte nel frattempo, le allusioni alla castrazione udite, si risvegliarono, sollevando un dubbio sulla "teoria cloacale", facendogli capire la nozione di differenza tra i sessi e del ruolo sessuale della donna. Di fronte a questo si comportò come si comportano comunemente i bambini quando viene

[7] O fino a quando non comprese il coito dei cani.

denen man eine unerwünschte Aufklärung — eine sexuelle oder andersartige — gibt. Er verwarf das Neue — in unserem Falle aus Motiven der Kastrationsangst — und hielt am Alten fest. Er entschied sich für den Darm gegen die Vagina in derselben Weise und aus ähnlichen Motiven, wie er später gegen Gott für den Vater Partei nahm. Die neue Aufklärung wurde abgewiesen, die alte Theorie festgehalten; die letztere durfte das Material für die Identifizierung mit dem Weib abgeben, die später als Angst vor dem Darmtod auftrat, und für die ersten religiösen Skrupel, ob Christus einen Hintern gehabt habe u. dgl. Nicht als ob die neue Einsicht wirkungslos geblieben wäre; ganz im Gegenteile, sie entfaltete eine außerordentlich starke Wirkung, indem sie zum Motiv wurde, den ganzen Traumvorgang in der Verdrängung zu erhalten und von späterer bewußter Verarbeitung auszuschließen. Aber damit war ihre Wirkung erschöpft; auf die Entscheidung des sexuellen Problems nahm sie keinen Einfluß. Es war freilich ein Widerspruch, daß von da an Kastrationsangst bestehen konnte neben der Identifizierung mit dem Weib mittels des Darmes, aber doch nur ein logischer Widerspruch, was nicht viel besagt. Der ganze Vorgang ist vielmehr jetzt charakteristisch dafür, wie das Unbewußte arbeitet. Eine Verdrängung ist etwas anderes als eine Verwerfung.

Als wir die Genese der Wolfsphobie studierten, verfolgten wir die Wirkung der neuen Einsicht in den geschlechtlichen Akt; jetzt, wo wir die Störungen der Darmtätigkeit untersuchen, befinden wir uns auf dem Boden der alten Kloakentheorie. Die beiden Standpunkte bleiben durch eine Verdrängungsstufe voneinander getrennt. Die durch den Verdrängungsakt abgewiesene weibliche Einstellung zum Manne zieht sich gleichsam in die Darmsymptomatik zurück und äußert sich in den häufig auftretenden Diarrhöen, Obstipationen und Darmschmerzen der Kinderjahre. Die späteren sexuellen Phantasien, die auf der Grundlage richtiger Sexualerkenntnis aufgebaut sind, können sich nun in regressiver Weise als Darmstörungen äußern. Wir verstehen

data loro una spiegazione – di natura sessuale o di altro genere – non gradita. Respinse il nuovo – nel nostro caso, per motivi relativi alla paura della castrazione – e si attenne al vecchio. Si decise per l'ano contro la vagina nello stesso modo e per gli analoghi motivi in base a cui, più tardi, prese partito per il padre contro Dio. La nuova spiegazione venne rifiutata, la vecchia teoria mantenuta; quest'ultima poté fornirgli il materiale sia per l'identificazione con la femmina, che più tardi si manifestò con paura di morire per disturbi intestinali, sia per i primi scrupoli religiosi del tipo se Cristo avesse avuto un di dietro e simili. Non che la nuova visione fosse rimasta vana; al contrario, sviluppò un effetto straordinariamente intenso, costituendo il motivo per conservare l'intero processo onirico nella rimozione ed escluderlo da una successiva elaborazione cosciente. Ma il suo effetto si esaurì con questo; sulla soluzione del problema sessuale non ebbe alcun influsso. Certamente era contraddittorio che, da allora in poi, la paura della castrazione sussistesse accanto all'identificazione con la femmina attraverso l'intestino, ma era soltanto una contraddizione logica, il che non significa molto. L'intero processo è, casomai, caratteristico del modo in cui lavora l'inconscio. Una rimozione è qualcosa di diverso da un rifiuto.

Quando abbiamo studiato la genesi della fobia del lupo, abbiamo inseguito l'effetto del nuovo modo di considerare l'atto sessuale; ora che indaghiamo i disturbi della funzione intestinale, ci troviamo sul terreno della vecchia teoria cloacale. I due punti di vista vengono mantenuti separati da uno stadio di rimozione. La disposizione femminile verso l'uomo, respinta attraverso l'atto di rimozione, si ritrae, in un certo qual modo, nella sintomatologia intestinale, manifestandosi nella frequente comparsa, durante l'infanzia, di diarree, costipazioni e dolori intestinali. Le fantasie sessuali successive, costruite sulla base di una conoscenza sessuale più esatta, possono manifestarsi regressivamente come disturbi intestinali. Tuttavia questi ultimi possiamo

dieselben aber nicht, ehe wir den Bedeutungswandel des Kotes seit den ersten Kindheitstagen aufgedeckt haben.[8]

Ich habe an einer früheren Stelle erraten lassen, daß vom Inhalt der Urszene ein Stück zurückgehalten ist, das ich nun nachtragen kann. Das Kind unterbrach endlich das Beisammensein der Eltern durch eine Stuhlentleerung, die sein Geschrei motivieren konnte. Für die Kritik dieses Zusatzes gilt alles das, was ich vorhin von dem anderen Inhalt derselben Szene in Diskussion gezogen habe. Der Patient akzeptierte diesen von mir konstruierten Schlußakt und schien ihn durch „passagere Symptombildung" zu bestätigen. Ein weiterer Zusatz, den ich vorgeschlagen hatte, daß der Vater über die Störung unzufrieden seinem Unmut durch Schimpfen Luft gemacht hatte, mußte wegfallen. Das Material der Analyse reagierte nicht darauf.

Das Detail, das ich jetzt hinzugefügt habe, darf natürlich mit dem anderen Inhalt der Szene nicht in eine Linie gestellt werden. Es handelt sich bei ihm nicht um einen Eindruck von außen, dessen Wiederkehr man in soviel späteren Zeichen zu erwarten hat, sondern um eine eigene Reaktion des Kindes. Es würde sich an der ganzen Geschichte nichts ändern, wenn diese Äußerung damals unterblieben oder wenn sie von später her in den Vorgang der Szene eingesetzt wäre. Ihre Auffassung ist aber nicht zweifelhaft. Sie bedeutet eine Erregtheit der Analzone (im weitesten Sinne). In anderen Fällen ähnlicher Art hat eine solche Beobachtung des Sexualverkehrs mit einer Harnentleerung geendigt; ein erwachsener Mann würde unter den gleichen Verhältnissen eine Erektion verspüren. Daß unser Knäblein als Zeichen seiner sexuellen Erregung eine Darmentleerung produziert, ist als Charakter seiner mitgebrachten Sexualkonstitution zu beurteilen. Er stellt sich sofort passiv ein, zeigt mehr Neigung zur späteren Identifizierung mit dem Weibe als mit dem Manne.

Er verwendet dabei den Darminhalt wie jedes andere Kind in einer seiner ersten und ursprünglichsten Bedeutungen. Der Kot ist das erste Geschenk, das erste Zärtlichkeitsopfer des

8 Vgl.: Über Triebumsetzungen usw. [Bd. X. der Gesamtausgabe.]

comprenderli solo dopo aver scoperto il cambiamento di significato subìto dalle feci a partire dall'epoca della prima infanzia.[8]

Precedentemente ho lasciato indovinare di aver nascosto un frammento del contenuto della scena originaria, che adesso posso rivelare. Il bambino alla fine interruppe l'unione dei genitori con una defecazione che poté giustificare il suo pianto. Per la critica di questa aggiunta valgono tutte le argomentazioni discusse poco sopra a proposito del rimanente contenuto della scena. Il paziente accettò questo atto conclusivo da me costruito e sembrò confermarlo con una "produzione passeggera di sintomi". Dovette invece essere abbandonata un'altra aggiunta che avevo proposto, e cioè che il padre, seccato del disturbo, avesse sfogato il proprio malumore sgridandolo. Il materiale dell'analisi di fronte a questo non produsse reazioni.

Il particolare che ho aggiunto adesso non può essere messo sullo stesso piano del rimanente contenuto della scena. Non si tratta di un'impressione esterna, della cui ricomparsa ci si debbano pertanto aspettare altri segni, bensì di una reazione sua propria del bambino. In tutta la storia non cambierebbe nulla se questa reazione allora non avesse avuto luogo o se fosse stata inserita nel processo della scena traendola da un periodo posteriore. Come sia da intendere è fuori dubbio. Denota una eccitazione della zona anale (nel senso più lato). In altri casi analoghi, l'osservazione del rapporto sessuale si concluse con una minzione; un adulto, nelle stesse circostanze, avrebbe un'erezione. Che il nostro bambino producesse una defecazione come segno di eccitazione sessuale, va giudicato come un carattere della sua costituzione sessuale congenita. Si atteggiò subito passivamente, mostrò più inclinazione a identificarsi con la femmina piuttosto che con il maschio.

Così facendo, utilizzò, come ogni altro bambino, il contenuto intestinale nel suo primo e più originario significato. Le feci sono il primo *dono*, il primo sacrificio amoroso

[8] Cfr. *Über Triebumsetzungen...*, (Sulle trasposizioni istintive), bd. x.

Kindes, ein Teil des eigenen Leibes, dessen man sich entäußert, aber auch nur zu Gunsten einer geliebten Person.[9] Die Verwendung zum Trotz wie in unserem Falle mit $3^1/_2$ Jahren gegen die Gouvernante ist nur die negative Wendung dieser früheren Geschenkbedeutung. Der *grumus merdae*, den die Einbrecher am Tatorte hinterlassen, scheint beides zu bedeuten: den Hohn und die regressiv ausgedrückte Entschädigung. Immer, wenn eine höhere Stufe erreicht ist, kann die frühere noch im negativ erniedrigten Sinne Verwendung finden. Die Verdrängung findet ihren Ausdruck in der Gegensätzlichkeit.[10]

Auf einer späteren Stufe der Sexualentwicklung nimmt der Kot die Bedeutung des Kindes an. Das Kind wird ja durch den After geboren wie der Stuhlgang. Die Geschenkbedeutung des Kotes läßt diese Wandlung leicht zu. Das Kind wird im Sprachgebrauch als ein „Geschenk" bezeichnet; es wird häufiger vom Weibe ausgesagt, daß sie dem Manne „ein Kind geschenkt" hat, aber im Gebrauch des Unbewußten wird mit Recht die andere Seite des Verhältnisses, daß das Weib das Kind vom Manne als Geschenk „empfangen" hat, ebenso berücksichtigt.

Die Geldbedeutung des Kotes zweigt nach einer anderen Richtung von der Geschenkbedeutung ab.

Die frühe Deckerinnerung unseres Kranken, daß er einen ersten Wutanfall produziert, weil er zu Weihnachten nicht genug Geschenke bekommen habe, enthüllt nun ihren tieferen Sinn.

9 Ich glaube, es läßt sich leicht bestätigen, daß Säuglinge nur die Personen, die von ihnen gekannt und geliebt werden, mit ihren Exkrementen beschmutzen; Fremde würdigen sie dieser Auszeichnung nicht. In den „Drei Abhandlungen zur Sexualtheorie" habe ich die allererste Verwendung des Kotes zur autoerotischen Reizung der Darmschleimhaut erwähnt; als Fortschritt schließt sich nun an, daß die Rücksicht auf ein Objekt für die Defäkation maßgebend wird, dem das Kind dabei gehorsam oder gefällig ist. Diese Relation setzt sich dann fort, indem sich auch das ältere Kind nur von gewissen bevorzugten Personen auf den Topf setzen, beim Urinieren helfen läßt, wobei aber auch andere Befriedigungsabsichten in Betracht kommen.

10 Es gibt im Unbewußten bekanntlich kein „Nein"; Gegensätze fallen zusammen. Die Negation wird erst durch den Vorgang der Verdrängung eingeführt.

del bambino, una parte del proprio corpo della quale ci si priva, ma solo a favore di una persona amata.[9] L'utilizzazione per far dispetto, come nel nostro caso a tre anni e mezzo contro la governante, è soltanto la svolta negativa di questo primissimo significato di dono. Il *grumus merdae* che gli scassinatori lasciano sul luogo del misfatto sembra significare entrambe le cose: lo scherno e il risarcimento, espresso in modo regressivo. Ogni volta che si raggiunge uno stadio superiore, quello precedente può ancora trovare applicazione al negativo in senso degradato. La rimozione trova appunto espressione nell'antitesi.[10]

A uno stadio successivo dello sviluppo sessuale le feci assumono il significato di bambino. Il bambino nasce nello stesso modo in cui avviene l'evacuazione dall'ano. Il significato delle feci come "dono" rende agevole questa trasformazione. Il bambino, nell'uso linguistico, viene designato come "regalo"; spesso della donna si dice che "regala" un bambino all'uomo, ma nell'uso dell'inconscio viene, a ragione, preso ugualmente in considerazione l'aspetto opposto del rapporto, e cioè che la donna abbia "ricevuto" dall'uomo il bambino come regalo.

Il significato di "denaro", proprio delle feci, si dirama dal significato di "dono" prendendo un'altra direzione.

Il primo ricordo di copertura del nostro malato, quello di aver avuto un primo attacco di collera per non aver ricevuto abbastanza regali per Natale, svela ora il suo senso più

[9] Penso che si possa facilmente appurare che i poppanti imbrattano con i loro escrementi solo le persone che conoscono e amano; agli estranei non riservano questa attenzione. Nelle *Drei Abhandlungen zur Sexualtheorie* (Tre contributi alla teoria sessuale),1905, ho accennato al primo di tutti gli usi delle feci, quello di stimolo autoerotico della mucosa intestinale; un successivo progresso si ha quando per la defecazione diventa decisiva la considerazione di un oggetto, al quale il bambino vuole ubbidire o compiacere. Questa relazione poi prosegue nel comportamento del bambino più grandicello che permette solo a certe persone privilegiate di metterlo sul vaso o aiutarlo a fare la pipì, cosa in cui, del resto, entrano in considerazione anche altri propositi di soddisfacimento.

[10] Notoriamente, nell'inconscio, non si dà alcun "no"; i contrari coincidono. La negazione viene introdotta solo con il processo della rimozione.

Was er vermißte, war die Sexualbefriedigung, die er anal gefaßt hatte. Seine Sexualforschung war vor dem Traum darauf vorbereitet und hatte es während des Traumvorganges begriffen, daß der Sexualakt das Rätsel der Herkunft der kleinen Kinder löse. Er hatte die kleinen Kinder schon vor dem Traum nicht gemocht. Einmal fand er einen kleinen, noch nackten Vogel, der aus dem Nest gefallen war, hielt ihn für einen kleinen Menschen und grauste sich vor ihm. Die Analyse wies nach, daß all die kleinen Tiere, Raupen, Insekten, gegen die er wütete, ihm kleine Kinder bedeutet hatten.[11] Sein Verhältnis zur älteren Schwester hatte ihm Anlaß gegeben, viel über die Beziehung der älteren Kinder zu den jüngeren nachzudenken; als ihm die Nanja einmal gesagt hatte, die Mutter habe ihn so lieb, weil er der jüngste sei, hatte er ein begreifliches Motiv bekommen zu wünschen, daß ihm kein jüngeres Kind nachfolgen möge. Die Angst vor diesem jüngsten wurde dann unter dem Einfluß des Traumes, der ihm den Verkehr der Eltern vorführte, neu belebt.

Wir sollen also zu den uns bereits bekannten eine neue Sexualströmung hinzufügen, die wie die anderen von der im Traum reproduzierten Urszene ausgeht. In der Identifizierung mit dem Weibe (der Mutter) ist er bereit, dem Vater ein Kind zu schenken, und eifersüchtig auf die Mutter, die das schon getan hat und vielleicht wieder tun wird.

Auf dem Umweg über den gemeinsamen Ausgang der Geschenkbedeutung kann nun das Geld die Kindbedeutung an sich ziehen und solcher Art den Ausdruck der femininen (homosexuellen) Befriedigung übernehmen. Dieser Vorgang vollzog sich bei unserem Patienten, als er einmal zur Zeit, da beide Geschwister in einem deutschen Sanatorium weilten, sah, daß der Vater der Schwester zwei große Geldnoten gab. Er hatte den Vater in seiner Phantasie immer mit der Schwester verdächtigt; nun erwachte seine Eifersucht, er stürzte sich auf die Schwester, als sie allein waren, und forderte mit solchem Ungestüm und mit solchen Vorwürfen seinen Anteil am Gelde, daß ihm die

[11] Ebenso das Ungeziefer, das in Träumen und Phobien häufig für die kleinen Kinder steht.

profondo. Quello che gli era mancato era il soddisfacimento sessuale, concepito come soddisfacimento anale. Ancora prima del sogno la sua investigazione sessuale era preparata al fatto, poi compreso durante il processo onirico, che l'atto sessuale risolvesse l'enigma dell'origine dei bambini piccoli. Già prima del sogno non gli piacevano i neonati. Una volta aveva trovato un uccellino ancora implume che era caduto dal nido, lo aveva scambiato per un piccolo feto umano e ne aveva provato ribrezzo. L'analisi provò che tutti gli animali piccoli, bruchi, insetti contro cui infieriva, avevano avuto per lui il significato di neonati.[11] Il contatto con la sorella maggiore gli aveva fornito l'occasione di riflettere molto sul rapportarsi dei bambini maggiori verso i minori; poiché la nanja gli aveva detto una volta che la madre gli voleva così bene perché era il minore, aveva un comprensibile motivo di desiderare che nessun bambino più piccolo dovesse succedergli. La paura di questo bambino minore fu ravvivata sotto l'influsso del sogno, che gli esibì il rapporto dei genitori.

Dobbiamo dunque aggiungere una nuova corrente sessuale a quelle già conosciute derivante, anch'essa come le altre, dalla scena originaria riprodotta nel sogno. Nella identificazione con la femmina (la madre) egli è pronto a regalare un bambino al padre, ed è geloso della madre che lo ha già fatto e che forse lo farà di nuovo.

Per via indiretta, attraverso la comune derivazione dal significato di "dono", il denaro può ora rivestire il significato di bambino e in questo modo assumere su di sé l'espressione del soddisfacimento femminile (omosessuale). Questo processo nel nostro paziente si verificò una volta che, trovandosi in una casa di cura tedesca insieme con la sorella, vide il padre darle due grosse banconote. Nella sua fantasia, aveva sempre sospettato che tra il padre e la sorella ci fosse qualcosa; ora la sua gelosia si era risvegliata e, quando furono soli, si gettò addosso alla sorella, reclamando la propria parte di denaro con

[11] Allo stesso modo nei sogni e nelle fobie l'insetto parassita spesso rappresenta i bambini piccoli.

Schwester weinend das Ganze hinwarf. Es war nicht allein das reale Geld gewesen, das ihn gereizt hatte, viel mehr noch das Kind, die anale Sexualbefriedigung vom Vater. Mit dieser konnte er sich dann trösten, als — zu Lebzeiten des Vaters — die Schwester gestorben war. Sein empörender Gedanke bei der Nachricht ihres Todes bedeutete eigentlich nichts anderes als: Jetzt bin ich das einzige Kind, jetzt muß der Vater mich allein lieb haben. Aber der homosexuelle Hintergrund dieser durchaus bewußtseinsfähigen Erwägung war so unerträglich, daß ihre Verkleidung in schmutzige Habsucht wohl als große Erleichterung ermöglicht wurde.

Ähnlich wenn er nach dem Tode des Vaters der Mutter jene ungerechten Vorwürfe machte, daß sie ihn ums Geld betrügen wolle, daß sie das Geld lieber habe als ihn. Die alte Eifersucht, daß sie noch ein anderes Kind als ihn geliebt, die Möglichkeit, daß sie sich noch nach ihm ein anderes Kind gewünscht, zwangen ihn zu Beschuldigungen, deren Haltlosigkeit er selbst erkannte.

Durch diese Analyse der Kotbedeutung wird uns nun klargelegt, daß die Zwangsgedanken, die Gott in Verbindung mit Kot bringen mußten, noch etwas anderes bedeuteten als die Schmähung, für die er sie erkannte. Sie waren vielmehr echte Kompromißergebnisse, an denen eine zärtliche, hingebende Strömung ebenso Anteil hatte wie eine feindselig beschimpfende. „Gott—Kot" war wahrscheinlich eine Abkürzung für ein Anerbieten, wie man es im Leben auch in ungekürzter Form zu hören bekommt. „Auf Gott scheißen", „Gott etwas scheißen" heißt auch, ihm ein Kind schenken, sich von ihm ein Kind schenken lassen. Die alte negativ erniedrigte Geschenkbedeutung und die später aus ihr entwickelte Kindbedeutung sind in den Zwangsworten miteinander vereinigt. In der letzteren kommt eine feminine Zärtlichkeit zum Ausdruck, die Bereitwilligkeit, auf seine Männlichkeit zu verzichten, wenn man dafür als Weib geliebt werden kann. Also gerade jene Regung gegen Gott, die in dem Wahnsystem des paranoischen Senatspräsidenten Schreber[12] in unzweideutigen Worten ausgesprochen wird.

[12] S. Bd. VIII. S. 239 ff.

una furia e delle accuse tali che la sorella gli gettò il tutto piangendo. Non era solo il denaro reale che lo aveva irritato, ma il denaro come bambino, come soddisfacimento sessuale anale a opera del padre. Pensando a questo soddisfacimento poté consolarsi quando la sorella morì mentre il padre era ancora vivo. Il suo ignobile pensiero alla notizia della morte di lei, in verità, non significava nient'altro che: adesso sono io il solo bambino, adesso papà deve amare solo me. Ma lo sfondo omosessuale di questa considerazione, che poteva benissimo essere anche conscia, era insopportabile al punto che mascherarla da sordida avarizia fu sicuramente un gran sollievo.

Un po' come quando, morto il padre, fece alla madre quelle accuse ingiuste di volerlo defraudare dei soldi, di amare i soldi più di lui. L'antica gelosia per il fatto che lei avesse amato un'altra creatura oltre a lui, la possibilità del fatto che avesse desiderato un altro bambino anche dopo di lui, lo costringevano ad accuse la cui inconsistenza era riconosciuta da lui stesso.

L'analisi del significato delle feci ci chiarisce ora che i pensieri ossessivi, per cui Dio doveva essere ricollegato alle feci, avevano anche un significato diverso da quello di "insulto" che lui vi aveva riconosciuto. Erano piuttosto meri risultati di compromesso, costituiti sia da una corrente di affetto e dedizione che da una di tipo ostile e ingiurioso. "Dio-merda" era probabilmente l'espressione abbreviata di un'offerta che nella vita capita di udire anche in forma non abbreviata. "Cacare su Dio", "cacare qualcosa a Dio" significa anche regalargli un bambino o farsi regalare un bambino da lui. Nella frase ossessiva sono fusi insieme sia l'antico significato di "regalo", sminuito in senso negativo, sia quello di "bambino", che ne è derivato successivamente. Il secondo significato esprime una tenerezza femminile, la disponibilità a rinunciare alla propria virilità se in cambio si può essere amati come può esserlo una donna. Quindi lo stesso identico sentimento verso Dio che veniva espresso esplicitamente nel sistema delirante del paranoico presidente Schreber.

Wenn ich später von der letzten Symptomlösung bei meinem Patienten berichten werde, wird sich noch einmal zeigen lassen, wie die Darmstörung sich in den Dienst der homosexuellen Strömung gestellt und die feminine Einstellung zum Vater ausgedrückt hatte. Eine neue Bedeutung des Kotes soll uns jetzt den Weg zur Besprechung des Kastrationskomplexes bahnen.

Indem die Kotsäule die erogene Darmschleimhaut reizt, spielt sie die Rolle eines aktiven Organs für dieselbe, benimmt sie sich wie der Penis gegen die Vaginalschleimhaut und wird gleichsam zum Vorläufer desselben in der Epoche der Kloake. Das Hergeben des Kotes zu Gunsten (aus Liebe zu) einer anderen Person wird seinerseits zum Vorbild der Kastration, es ist der erste Fall des Verzichts auf ein Stück des eigenen Körpers,[13] um die Gunst eines geliebten Anderen zu gewinnen. Die sonst narzißtische Liebe zu seinem Penis entbehrt also nicht eines Beitrages von seiten der Analerotik. Der Kot, das Kind, der Penis ergeben also eine Einheit, einen unbewußten Begriff — sit venia verbo —, den des vom Körper abtrennbaren Kleinen. Auf diesen Verbindungswegen können sich Verschiebungen und Verstärkungen der Libidobesetzung vollziehen, die für die Pathologie von Bedeutung sind und von der Analyse aufgedeckt werden.

Die anfängliche Stellungnahme unseres Patienten gegen das Problem der Kastration ist uns bekannt geworden. Er verwarf sie und blieb auf dem Standpunkt des Verkehrs im After. Wenn ich gesagt habe, daß er sie verwarf, so ist die nächste Bedeutung dieses Ausdrucks, daß er von ihr nichts wissen wollte im Sinne der Verdrängung. Damit war eigentlich kein Urteil über ihre Existenz gefällt, aber es war so gut, als ob sie nicht existierte. Diese Einstellung kann aber nicht die definitive, nicht einmal für die Jahre seiner Kindheitsneurose geblieben sein. Späterhin finden sich gute. Beweise dafür, daß er die Kastration als Tatsache anerkannt hatte. Er hatte sich auch in diesem Punkte benommen, wie es für sein Wesen kennzeichnend war, was uns allerdings die Darstellung wie die Einfühlung so außerordentlich

13 Als welches der Kot durchaus vom Kinde behandelt wird.

Più tardi, quando mi occuperò della risoluzione conclusiva della sintomatologia del mio paziente, vedremo ancora una volta come il disturbo intestinale si fosse posto al servizio della corrente omosessuale, esprimendo la disposizione femminile verso il padre. Nel frattempo, un nuovo significato delle feci ci aprirà la strada alla discussione del complesso di castrazione.

Poiché la solidità delle feci eccita la mucosa intestinale erogena, svolge su di essa il ruolo di un organo attivo, agisce come agisce il pene sulla mucosa vaginale e durante la fase cloacale ne costituisce quasi il precursore. Dare le feci in favore (per amore) di un'altra persona diventa a sua volta il prototipo della castrazione, è il primo caso di rinuncia a una parte del proprio corpo[12] per guadagnarsi il favore di un altro al quale si vuole bene. L'amore, solitamente narcisistico, per il proprio pene non è dunque privo di un contributo da parte dell'erotismo anale. Le feci, il bambino, il pene risultano perciò una unità, un concetto inconscio – *sit venia verbo* –, quello di una "piccolezza" separabile dal corpo. Attraverso questi percorsi associativi possono verificarsi, nella distribuzione della libido, spostamenti e rafforzamenti che in patologia sono significativi e vengono svelati dall'analisi.

La presa di posizione iniziale del nostro paziente sul problema della castrazione ci è già nota. La rigettò, attenendosi al punto di vista del rapporto anale. Ho usato intenzionalmente la parola rigetto, perché non ne volle saper niente nel senso che ne operò la rimozione. Non espresse alcun giudizio sulla sua esistenza, ma fece semplicemente come se non esistesse. Tuttavia questo atteggiamento non poteva essere definitivo, neppure durante gli anni della sua nevrosi infantile. In seguito troveremo valide prove del fatto che avesse riconosciuto realtà alla castrazione. Anche su questo punto si era comportato in quel suo modo caratteristico che ci rende così straordinariamente complicato sia immedesimarci in questo caso che esporlo. Inizialmente

[12] Come tali vengono considerate dal bambino le feci.

erschwert. Er hatte sich zuerst gesträubt und dann nachgegeben, aber die eine Reaktion hatte die andere nicht aufgehoben. Am Ende bestanden bei ihm zwei gegensätzliche Strömungen nebeneinander, von denen die eine die Kastration verabscheute, die andere bereit war, sie anzunehmen und sich mit der Weiblichkeit als Ersatz zu trösten. Die dritte, älteste und tiefste, welche die Kastration einfach verworfen hatte, wobei das Urteil über ihre Realität noch nicht in Frage kam, war gewiß auch noch aktivierbar. Ich habe von eben diesem Patienten an anderer Stelle[14] eine Halluzination aus seinem fünften Jahr erzählt, zu der ich hier nur einen kurzen Kommentar hinzuzufügen habe:

„Als ich fünf Jahre alt war, spielte ich im Garten neben meiner Kinderfrau und schnitzelte mit meinem Taschenmesser an der Rinde eines jener Nußbäume, die auch in meinem Traum[15] eine Rolle spielen.[16] Plötzlich bemerkte ich mit unaussprechlichem Schrecken, daß ich mir den kleinen Finger der (rechten oder linken?) Hand so durchgeschnitten hatte, daß er nur noch an der Haut hing. Schmerz spürte ich keinen, aber eine große Angst. Ich getraute mich nicht, der wenige Schritte entfernten Kinderfrau etwas zu sagen, sank auf die nächste Bank und blieb da sitzen, unfähig, noch einen Blick auf den Finger zu werfen. Endlich wurde ich ruhig, faßte den Finger ins Auge, und siehe da, er war ganz unverletzt."

Wir wissen, daß mit $4^1/_2$ Jahren nach der Mitteilung der heiligen Geschichte bei ihm jene intensive Denkarbeit einsetzte, die in die Zwangsfrömmigkeit auslief. Wir dürfen also annehmen, daß diese Halluzination in die Zeit fällt, in der er sich zur Anerkennung der Realität der Kastration entschloß, und daß sie vielleicht gerade diesen Schritt markieren sollte. Auch die kleine Korrektur des Patienten ist nicht ohne Interesse. Wenn er das-

[14] Über fausse reconnaissance („déjà raconté") während der psychoanalytischen Arbeit. Intern. Zschr. f. ärztliche Psychoanalyse. I, 1913. [Bd. X. dieser Gesamtausgabe.]

[15] Vgl. Märchenstoffe in Träumen. Intern. Zeitschrift für ärztliche Psychoanalyse. I, 2. Heft. [Bd. X. dieser Gesamtausgabe.]

[16] Korrektur bei späterer Erzählung: „Ich glaube, ich schnitt nicht in den Baum. Das ist eine Verschmelzung mit einer anderen Erinnerung, die auch halluzinatorisch gefälscht sein muß, daß ich in einen Baum einen Schnitt mit dem Messer machte, und daß dabei Blut aus dem Baume kam."

aveva opposto resistenza, poi aveva ceduto, ma l'una reazione non aveva abolito l'altra. Alla fine coesistevano in lui due correnti opposte, una delle quali aborriva la castrazione, l'altra era disposta ad accettarla, consolandosi con la femminilità come surrogato. La terza, più antica e profonda, che aveva semplicemente respinto la castrazione senza nemmeno prendere in considerazione il problema della sua realtà, di sicuro restava ancora potenzialmente attiva. Di questo stesso paziente ho raccontato altrove[13] un'allucinazione che risale al suo quinto anno d'età, alla quale in questo contesto ho aggiunto solo un breve commento:

"Avevo cinque anni, stavo giocando in giardino vicino alla governante e intagliavo[14] col temperino la corteccia di uno di quei noci che compaiono anche nel sogno.[15] Improvvisamente, con orrore indicibile, mi resi conto di essermi tagliato il mignolo della mano (destra o sinistra?) in modo che restava attaccato solo per la pelle. Non provavo alcun dolore, ma solo una grande paura. Non osai dir niente alla governante che stava lì a pochi passi, mi accasciai sulla prima panchina e rimasi seduto, incapace di gettare un solo sguardo sul dito. Alla fine mi calmai, guardai il dito e così vidi che era intatto".

Sappiamo che a quattro anni e mezzo, dopo che gli era stata narrata la storia sacra, si insediò in lui quella intensa attività di pensiero che sfociò nella religiosità ossessiva. Possiamo perciò supporre che questa allucinazione si verificasse all'epoca in cui si decise a riconoscere realtà alla castrazione e che essa, forse, sottolineasse proprio questo passo. Anche la piccola correzione apportata dal paziente

[13] *Über fausse reconnaissance ("déjà raconté") während der psychoanalytischen Arbeit* (Sulla *fausse reconnaissance* [*"déjà raconté"*] durante il lavoro psicoanalitico), in "Intern. Zschr. f. ärztliche Psychoanalyse", I, 2: Heft, 1913.

[14] Correzione apportata in una successiva narrazione dell'episodio: "Penso che non stessi intagliando l'albero. È una fusione con un altro ricordo, che dev'essere anch'esso falsato in modo allucinatorio, in cui facevo col coltello un taglio su un albero che per questo cominciò a sanguinare".

[15] Cfr. *Märchenstoffe*, cit., p. 95.

selbe schaurige Erlebnis halluzinierte, das Tasso im „Befreiten Jerusalem“ von seinem Helden Tancred berichtet, so ist wohl die Deutung gerechtfertigt, daß auch für meinen kleinen Patienten der Baum ein Weib bedeutete. Er spielte also dabei den Vater und brachte die ihm bekannten Blutungen der Mutter mit der von ihm erkannten Kastration der Frauen, „der Wunde“, in Beziehung.

Die Anregung zur Halluzination vom abgeschnittenen Finger gab ihm, wie er später berichtete, die Erzählung, daß einer Verwandten, die mit sechs Zehen geboren wurde, dieses überzählige Glied gleich nachher mit einem Beil abgehackt wurde. Die Frauen hatten also keinen Penis, weil er ihnen bei der Geburt abgenommen worden war. Auf diesem Wege akzeptierte er zur Zeit der Zwangsneurose, was er schon während des Traumvorganges erfahren und damals durch Verdrängung von sich gewiesen hatte. Auch die rituelle Beschneidung Christi, wie der Juden überhaupt, konnte ihm während der Lektüre der heiligen Geschichte und der Gespräche über sie nicht unbekannt bleiben.

Es ist ganz unzweifelhaft, daß ihm um diese Zeit der Vater zu jener Schreckensperson wurde, von der die Kastration droht. Der grausame Gott, mit dem er damals rang, der die Menschen schuldig werden läßt, um sie dann zu bestrafen, der seinen Sohn und die Söhne der Menschen opfert, warf seinen Charakter auf den Vater zurück, den er anderseits gegen diesen Gott zu verteidigen suchte. Der Knabe hat hier ein phylogenetisches Schema zu erfüllen und bringt es zu stande, wenngleich seine persönlichen Erlebnisse nicht dazu stimmen mögen. Die Kastrationsdrohungen oder Andeutungen, die er erfahren hatte, waren vielmehr von Frauen ausgegangen,[17] aber das konnte das Endergebnis nicht für lange aufhalten. Am Ende wurde es doch der Vater, von dem er die Kastration befürchtete. In diesem Punkte siegte die Heredität über das akzidentelle Erleben; in der Vorgeschichte der Menschheit ist es gewiß der Vater gewesen, der die Kastration als Strafe übte und sie dann zur Beschneidung ermäßigte. Je

17 Wir wissen es von der Nanja und werden es von einer anderen Frau noch erfahren.

non è priva di interesse. Se la sua allucinazione riguarda la stessa orribile esperienza che il Tasso racconta del proprio eroe, Tancredi, ne *La Gerusalemme liberata*, si ha motivo di presumere che anche per il mio piccolo paziente l'albero significasse la donna. In questo caso fece la parte del padre e mise in relazione le note emorragie della madre con la castrazione delle donne, da lui ammessa, con "la ferita".

Lo stimolo per l'allucinazione del dito tagliato glielo aveva fornito, come raccontò più tardi, la storia che una sua parente sarebbe nata con sei dita del piede e subito dopo la nascita le sarebbe stato reciso con una scure il membro in eccesso. Perciò, se le donne non avevano pene dipendeva dal fatto che era stato loro tolto alla nascita. Lungo questo percorso, all'epoca della nevrosi ossessiva accettò ciò che aveva vissuto durante il processo del sogno e allora respinto con la rimozione. Anche la circoncisione rituale di Cristo, e degli ebrei in generale, non doveva essergli rimasta ignota durante le letture e i discorsi sulla storia sacra.

È senz'altro indubbio che in questo periodo il padre diventò per lui quel personaggio terribile dal quale proveniva una minaccia di castrazione. Il Dio crudele, contro il quale allora lottava, che fa peccare gli uomini per poi punirli, che sacrifica suo figlio e i figli degli uomini, riversò il proprio carattere sul padre, per altro da lui difeso contro questo Dio. Qui il bambino ha uno schema filogenetico da adempiere e vi riesce, nonostante che le sue esperienze personali non vi si accordino. Le allusioni e le minacce di castrazione che aveva sentito erano perlopiù provenute da donne,[16] ma questo non poteva impedire a lungo il risultato finale. Alla fine fu proprio dal padre che temette la castrazione. Su questo punto l'eredità vinse sull'esperienza contingente: nella preistoria dell'umanità è stato sicuramente il padre a praticare la castrazione come castigo, ridimensionandola poi a circoncisione. Quanto più, nel decorso del

[16] Sappiamo che era successo con la nanja e, come scopriremo in seguito, anche con un'altra donna.

weiter er auch im Verlauf des Prozesses der Zwangsneurose in der Verdrängung der Sinnlichkeit kam,[18] desto natürlicher mußte es ihm werden, den Vater, den eigentlichen Vertreter der sinnlichen Betätigung, mit solchen bösen Absichten auszustatten.

Die Identifizierung des Vaters mit dem Kastrator[19] wurde bedeutungsvoll als die Quelle einer intensiven, bis zum Todeswunsch gesteigerten, unbewußten Feindseligkeit gegen ihn und der darauf reagierenden Schuldgefühle. Soweit benahm er sich aber normal, d. h. wie jeder Neurotiker, der von einem positiven Ödipuskomplex besessen ist. Das Merkwürdige war dann, daß auch hiefür bei ihm eine Gegenströmung existierte, bei der der Vater vielmehr der Kastrierte war und als solcher sein Mitleid herausforderte.

Ich habe bei der Analyse des Atemzeremoniells beim Anblick von Krüppeln, Bettlern usw. zeigen können, daß auch dieses Symptom auf den Vater zurückging, der ihm als Kranker bei dem Besuch in der Anstalt leid getan hatte. Die Analyse gestattete, diesen Faden noch weiter zurückzuverfolgen. Es gab in sehr früher Zeit, wahrscheinlich noch vor der Verführung (3¼ Jahre) auf dem Gute einen armen Taglöhner, der das Wasser ins Haus zu tragen hatte. Er konnte nicht sprechen, angeblich weil man ihm die Zunge abgeschnitten hatte. Wahrscheinlich war es ein Taubstummer. Der Kleine liebte ihn sehr und bedauerte ihn von Herzen. Als er gestorben war, suchte er ihn am Himmel.[20] Das war also der erste von ihm bemitleidete Krüppel; nach dem Zusammenhang und der Anreihung in der Analyse unzweifelhaft ein Vaterersatz.

18 Siehe die Belege dafür S. 174.

19 Zu den quälendsten, aber auch groteskesten Symptomen seines späteren Leidens gehörte sein Verhältnis zu jedem — Schneider, bei dem er ein Kleidungsstück bestellt hatte, sein Respekt und seine Schüchternheit vor dieser hohen Person, seine Versuche, sie durch unmäßige Trinkgelder für sich einzunehmen, und seine Verzweiflung über den Erfolg der Arbeit, wie immer sie ausgefallen sein mochte.

20 Ich erwähne in diesem Zusammenhange Träume, die später als der Angsttraum, aber noch auf dem ersten Gut vorfielen und die Koitusszene als Vorgang zwischen Himmelskörpern darstellten.

processo della nevrosi ossessiva, perveniva a rimuovere la sensualità,[17] tanto più dovette diventargli naturale investire il padre, vera e propria personificazione dell'attività dei sensi, di queste perverse intenzioni.

L'identificazione del padre con l'eviratore[18] divenne significativa come fonte di una intensa ostilità inconscia verso di lui, spinta fino a desiderarne la morte, e dei relativi sensi di colpa che ne seguirono come reazione. Ma in questo si comportava normalmente, cioè come qualsiasi nevrotico che sia ossessionato da un complesso di Edipo positivo. Il fatto singolare era piuttosto quello dell'esistenza in lui, anche a questo riguardo, di una corrente contraria, per la quale il padre era, casomai, l'oggetto della castrazione e come tale suscitava la sua compassione.

Analizzando il cerimoniale respiratorio alla vista di storpi, mendicanti e simili, ho potuto mostrare che anche questo sintomo faceva risalire al padre, che gli aveva fatto compassione quando lo aveva visto malato durante la visita nella casa di cura. L'analisi permise di seguire questo filo ancora più all'indietro. In un tempo molto lontano, probabilmente ancor prima della seduzione (a tre anni e tre mesi) nella tenuta c'era un povero bracciante che aveva il compito di portare l'acqua in casa. Non poteva parlare, a quanto si diceva, perché gli era stata tagliata la lingua. Probabilmente era un sordomuto. Il piccolo lo amava molto e si rammaricava di cuore per lui. Quando morì, lo cercò in cielo.[19] Questo fu dunque il primo storpio del quale ebbe compassione; un sostituto del padre, come risultò dal contesto e dall'ordinamento prodotti in analisi.

[17] La pezza d'appoggio per questo fatto è a pp. 175 e sgg.

[18] Dei sintomi più penosi ma anche più grotteschi della sua malattia ulteriore facevano parte i comportamenti tenuti nei confronti... dei sarti ai quali avesse ordinato qualche abito, tipo: il rispetto e la soggezione per questi eminenti personaggi, i tentativi di ingraziarseli con mance spropositate, la disperazione per il risultato del lavoro, qualunque esso fosse stato.

[19] Menziono in questo contesto sogni posteriori al sogno d'angoscia ma avvenuti ancora al tempo della prima tenuta, che rappresentano la scena del coito come processo accaduto tra corpi celesti.

Die Analyse schloß an ihn die Erinnerung an andere ihm sympathische Diener an, von denen er hervorhob, daß sie kränklich oder Juden (Beschneidung!) gewesen waren. Auch der Lakai, der ihn bei seinem Malheur mit 4½ Jahren reinigen half, war ein Jude und schwindsüchtig und genoß sein Mitleid. Alle diese Personen fallen in die Zeit vor dem Besuch des Vaters im Sanatorium, also vor die Symptombildung, die vielmehr durch das Ausatmen eine Identifizierung mit den Bedauerten fernhalten sollte. Dann wandte sich die Analyse plötzlich im Anschluß an einen Traum in die Vorzeit zurück und ließ ihn die Behauptung aufstellen, daß er bei dem Koitus der Urszene das Verschwinden des Penis beobachtet, den Vater darum bemitleidet und sich über das Wiedererscheinen des verloren Geglaubten gefreut habe. Also eine neue Gefühlsregung, die wiederum von dieser Szene ausgeht. Der narzißtische Ursprung des Mitleids, für den das Wort selbst spricht, ist hier übrigens ganz unverkennbar.

A costui l'analisi associò il ricordo di altri servitori che gli erano stati simpatici, a proposito dei quali rilevò che erano malaticci o ebrei (circoncisione). Anche il servitore che lo aiutò a pulirsi in occasione del *malheur* dei quattro anni e mezzo era ebreo e tisico e godette della sua compassione. Tutti questi personaggi risalgono al periodo che precedette la visita al padre nel sanatorio, cioè prima della formazione del sintomo che, tramite l'espirazione, doveva piuttosto tenere a distanza l'identificazione con le persone commiserate. A questo punto l'analisi, in collegamento con un sogno, fece improvvisamente ritorno alla sua preistoria, facendogli asserire di aver osservato la sparizione del pene durante il coito della scena originaria, di aver per questo commiserato il padre e di essersi poi rallegrato per la ricomparsa di quel che era stato dato per perso. Dunque una nuova emozione, ancora proveniente da questa scena. L'origine narcisistica della compassione, espressa dal vocabolo stesso, qui, d'altronde, è del tutto inequivocabile.

VIII
NACHTRÄGE AUS DER URZEIT — LÖSUNG

In vielen Analysen geht es so zu, daß, wenn man sich dem Ende nähert, plötzlich neues Erinnerungsmaterial auftaucht, welches bisher sorgfältig verborgen gehalten wurde. Oder es wird einmal eine unscheinbare Bemerkung hingeworfen, in gleichgültigem Ton, als wäre es etwas Überflüssiges, zu dieser kommt ein andermal etwas hinzu, was den Arzt bereits aufhorchen läßt, und endlich erkennt man in jenem geringgeschätzten Brocken Erinnerung den Schlüssel zu den wichtigsten Geheimnissen, welche die Neurose des Kranken umkleidete.

Frühzeitig hatte mein Patient eine Erinnerung aus der Zeit erzählt, da seine Schlimmheit in Angst umzuschlagen pflegte. Er verfolgte einen schönen großen Schmetterling mit gelben Streifen, dessen große Flügel in spitze Fortsätze ausliefen, — also einen Schwalbenschwanz. Plötzlich erfaßte ihn, als der Schmetterling sich auf eine Blume gesetzt hatte, eine schreckliche Angst vor dem Tier und er lief schreiend davon.

Diese Erinnerung kehrte von Zeit zu Zeit in der Analyse wieder und forderte ihre Erklärung, die sie lange nicht erhielt. Es war doch von vornherein anzunehmen, daß ein solches Detail nicht seinetwegen selbst einen Platz im Gedächtnis behalten hatte, sondern als Deckerinnerung Wichtigeres vertrat, womit es irgendwie verknüpft war. Er sagte eines Tages, ein Schmetterling heiße in seiner Sprache: Babuschka, altes Mütterchen; überhaupt seien

VIII

SUPPLEMENTI DALLA PRIMISSIMA INFANZIA SOLUZIONE

In molte analisi accade che quando ci si avvicina alla fine affiori improvvisamente del nuovo materiale mnemonico, fino a quel momento tenuto scrupolosamente nascosto. Oppure che a un certo momento venga espressa con perfetta noncuranza, come se si trattasse di qualcosa di superfluo, una modesta osservazione, seguita in un secondo tempo da qualcosa che attira l'attenzione del medico, finché non si riconosce in quel negletto squarcio di ricordo la chiave per accedere ai più importanti segreti che la nevrosi del malato mascherava.

Il mio paziente aveva raccontato per tempo un ricordo del periodo in cui la sua "cattiveria" si stava evolvendo in angoscia. Un giorno stava inseguendo una bella farfalla grande, striata di giallo, le cui grandi ali terminavano con appendici a punta, probabilmente un macaone. Ma non appena la farfalla si fu posata su un fiore, lui ne ebbe improvvisamente una terribile paura e scappò via urlando.

Per molto tempo non si riuscì a spiegare adeguatamente questo ricordo, che in analisi si ripresentò a più riprese. Si poteva supporre in anticipo che un particolare di questo genere non avesse occupato nella memoria un posto autonomo, ma che supplisse, come ricordo di copertura, qualcosa di più importante, con cui era in qualche modo connesso. Un giorno il paziente disse che nella sua lingua c'è una farfalla che si chiama Babuška, nonnetta; in generale

ihm die Schmetterlinge wie Frauen und Mädchen, die Käfer und Raupen wie Knaben erschienen. Also mußte wohl die Erinnerung an ein weibliches Wesen bei jener Angstszene wach geworden sein. Ich will nicht verschweigen, daß ich damals die Möglichkeit vorschlug, die gelben Streifen des Schmetterlings hätten an die ähnliche Streifung eines Kleidungsstückes, das eine Frau trug, gemahnt. Ich tue das nur, um an einem Beispiel zu zeigen, wie unzureichend in der Regel die Kombination des Arztes zur Lösung der aufgeworfenen Fragen ist, wie sehr man Unrecht tut, die Phantasie und die Suggestion des Arztes für die Ergebnisse der Analyse verantwortlich zu machen.

In einem ganz anderen Zusammenhange, viele Monate später, machte dann der Patient die Bemerkung, das Öffnen und Schließen der Flügel, als der Schmetterling saß, hätte den unheimlichen Eindruck auf ihn gemacht. Dies wäre so gewesen, wie wenn eine Frau die Beine öffnet, und die Beine ergäben dann die Figur einer römischen V, bekanntlich die Stunde, um welche schon in seinen Knabenjahren, aber auch jetzt noch, eine Verdüsterung seiner Stimmung einzutreten pflegte.

Das war ein Einfall, auf den ich nie gekommen wäre, dessen Schätzung aber durch die Erwägung gewann, daß der darin bloßgelegte Assoziationsvorgang so recht infantilen Charakter hatte. Die Aufmerksamkeit der Kinder, habe ich oft bemerkt, wird durch Bewegungen weit mehr angezogen als durch ruhende Formen, und sie stellen oft Assoziationen auf Grund von ähnlicher Bewegung her, die von uns Erwachsenen vernachlässigt oder unterlassen werden.

Dann ruhte das kleine Problem wieder für lange Zeit. Ich will noch die wohlfeile Vermutung erwähnen, daß die spitzen oder stangenartigen Fortsätze der Schmetterlingsflügel eine Bedeutung als Genitalsymbole gehabt haben könnten.

Eines Tages tauchte schüchtern und undeutlich eine Art von Erinnerung auf, es müßte sehr frühe, noch vor der Kinderfrau, ein Kindermädchen gegeben haben, das ihn sehr lieb hatte. Sie hatte denselben Namen wie die Mutter. Gewiß erwiderte er ihre Zärtlichkeit. Also eine verschollene erste Liebe. Wir einigten uns

le farfalle gli erano sempre parse donne e ragazze, i coleotteri e i bruchi, invece, ragazzi. Quindi in quella scena di angoscia doveva essersi risvegliato il ricordo di una persona di sesso femminile. Non voglio nascondere che allora prospettai la possibilità che le striature gialle della farfalla rimandassero alle rigature di un capo di vestiario indossato da una donna. Dico questo solo per dare un esempio della scarsa utilità delle ipotesi formulate dal medico per la soluzione delle questioni che si pongono e per ribadire che è davvero ingiustificato far dipendere i risultati dell'analisi dalla fantasia e dalla suggestione esercitate da lui.

Molti mesi dopo, in tutt'altro contesto, il paziente osservò che in quella scena lo aveva inquietato il movimento delle ali, il loro aprirsi e richiudersi quando la farfalla si era posata. Era come quando, disse, una donna apre le gambe a formare la figura del numero cinque romano (una "V"), notoriamente l'ora in cui, nella sua fanciullezza ma ancora adesso, si verificava di solito un rabbuiamento del suo umore.

Era un'idea alla quale io non sarei mai pervenuto e che fu possibile valutare correttamente solo rapportandola a un processo associativo di carattere tipicamente infantile. Ho constatato spesso che l'attenzione dei bambini è attirata molto più dal movimento che non dalla forma fissa, e spesso, in base alla somiglianza cinetica, stabiliscono associazioni che agli adulti sfuggono o che non compirebbero mai.

Il piccolo problema fu accantonato ancora per molto. In aggiunta, menzionerò anche la supposizione, banale, che le appendici puntute o ritte come aste delle ali di farfalla potessero aver avuto un significato come simboli genitali.

Un giorno, timidamente e confusamente, affiorò una specie di ricordo che risaliva a un'epoca remota, prima ancora che ci fosse la bambinaia anziana, e riguardava una bambinaia giovane, che lo aveva molto amato. Si chiamava come la madre. Sicuramente lui ne aveva contraccambiato l'affetto. Si trattava perciò di un primo amore dimen-

aber, irgend etwas müßte da vorgefallen sein, was später von Wichtigkeit wurde.

Dann korrigierte er ein anderes Mal seine Erinnerung. Sie könne nicht so geheißen haben wie die Mutter, das war ein Irrtum von ihm, der natürlich bewies, daß sie ihm in der Erinnerung mit der Mutter zusammengeflossen war. Ihr richtiger Name sei ihm auch auf einem Umwege eingefallen. Er habe plötzlich an einen Lagerraum auf dem ersten Gute denken müssen, in dem das abgenommene Obst aufbewahrt wurde, und an eine gewisse Sorte Birnen von ausgezeichnetem Geschmack, große Birnen mit gelben Streifen auf ihrer Schale. Birne heißt in seiner Sprache Gruscha, und dies war auch der Name des Kindermädchens.

Also wurde es klar, daß sich hinter der Deckerinnerung des gejagten Schmetterlings das Gedächtnis des Kindermädchens verbarg. Die gelben Streifen saßen aber nicht auf ihrem Kleid, sondern auf dem der Birne, die so hieß wie sie selbst. Aber woher die Angst bei der Aktivierung der Erinnerung an sie? Die nächste plumpe Kombination hätte lauten können, bei diesem Mädchen habe er als kleines Kind zuerst die Bewegungen der Beine gesehen, die er sich mit dem Zeichen der römischen V fixiert hatte, Bewegungen, die das Genitale zugänglich machen. Wir ersparten uns diese Kombination und warteten auf weiteres Material.

Sehr bald kam nun die Erinnerung an eine Szene, unvollständig, aber soweit sie erhalten war, bestimmt. Gruscha lag auf dem Boden, neben ihr ein Kübel und ein aus Ruten gebundener kurzer Besen; er war dabei und sie neckte ihn oder machte ihn aus.

Was daran fehlte, war von anderen Stellen her leicht einzusetzen. Er hatte in den ersten Monaten der Kur von einer zwanghaft aufgetretenen Verliebtheit in ein Bauernmädchen erzählt, bei der er sich mit 18 Jahren den Anlaß zu seiner späteren Erkrankung geholt hatte. Damals hatte er sich in der auffälligsten Weise gesträubt, den Namen des Mädchens mitzuteilen. Es war

ticato. Fummo comunque d'accordo nel ritenere che allora dovesse essere accaduto qualcosa che più tardi avrebbe acquistato importanza.

Poi, in un'altra occasione, corresse questo ricordo. Non poteva essersi chiamata come la madre, doveva essere uno sbaglio che ovviamente dimostrava come nel ricordo per lui le due figure si fossero fuse. Il nome giusto gli era venuto in mente indirettamente. Improvvisamente era dovuto riandare col pensiero a un ripostiglio, nella prima tenuta, dove si conservava la frutta che era stata raccolta, e a un certo tipo di pere dal sapore eccellente, grosse e con striature gialle sulla buccia. "Pera" nella sua lingua si dice "Gruša", e questo era anche il nome della ragazza.

Fu così chiarito che, dietro il ricordo di copertura della farfalla inseguita, si nascondeva quello della giovane bambinaia. Le strisce gialle non erano il particolare di un suo capo di vestiario, ma quelle della pera che aveva lo stesso nome. Ma da dove scaturiva la paura legata all'attivazione del ricordo che la riguardava? Il primo collegamento, un po' banale, che si sarebbe potuto fare era che da piccolo avesse per la prima volta osservato sulla ragazza i movimenti delle gambe contrassegnati dal numero cinque romano, movimenti che rendono visibili i genitali. Ci risparmiammo questo collegamento e attendemmo altro materiale.

Molto presto si presentò il ricordo di una scena, incompleto ma, per quel tanto che si era conservato, definito. Gruša era sul pavimento, accanto a lei c'erano una tinozza e una ramazza corta fatta di bacchette legate; era presente anche il bambino, che lei prese in giro o rimproverò.

Quello che mancava poteva essere preso a prestito da altri contesti e inserito senza problemi in questo. Nei primi mesi di cura aveva raccontato di un innamoramento, avvenuto in modo ossessivo, per una giovane contadina dalla quale, a diciotto anni, si era buscato quell'infezione che poi era stata la causa della sua successiva malattia. A quel tempo si era rifiutato, nel modo più eclatante, di fare il nome

ein ganz vereinzelter Widerstand; er war der analytischen Grundregel sonst ohne Rückhalt gehorsam. Aber er behauptete, er müsse sich so sehr schämen, diesen Namen auszusprechen, weil er rein bäuerlich sei; ein vornehmeres Mädchen würde ihn nie tragen. Der Name, den man endlich erfuhr, war Matrona. Er hatte mütterlichen Klang. Das Schämen war offenbar deplaciert. Der Tatsache selbst, daß diese Verliebtheiten ausschließlich die niedrigsten Mädchen betrafen, schämte er sich nicht, nur des Namens. Wenn das Abenteuer mit der Matrona etwas Gemeinsames mit der Gruschaszene haben konnte, dann war das Schämen in diese frühe Begebenheit zurückzuversetzen.

Er hatte ein anderes Mal erzählt, als er die Geschichte von Johannes Huß erfuhr, wurde er von ihr sehr ergriffen, und seine Aufmerksamkeit blieb an den Bündeln von Reisig hängen, die man zu seinem Scheiterhaufen schleppte. Die Sympathie für Huß erweckt nun einen ganz bestimmten Verdacht; ich habe sie bei jugendlichen Patienten oft gefunden und immer auf dieselbe Weise aufklären können. Einer derselben hatte sogar eine dramatische Bearbeitung der Schicksale des Huß geliefert; er begann sein Drama an dem Tage zu schreiben, der ihm das Objekt seiner geheim gehaltenen Verliebtheit entzog. Huß stirbt den Feuertod, er wird wie andere, welche die gleiche Bedingung erfüllen, der Held der ehemaligen Enuretiker. Die Reisigbündel beim Scheiterhaufen des Huß stellte mein Patient selbst mit dem Besen (Rutenbündel) des Kindermädchens zusammen.

Dieses Material fügte sich zwanglos zusammen, um die Lücke in der Erinnerung der Szene mit der Gruscha auszufüllen. Er hatte, als er dem Mädchen beim Aufwaschen des Bodens zusah, ins Zimmer uriniert und sie darauf eine gewiß scherzhafte Kastrationsdrohung ausgesprochen.[1]

[1] Es ist sehr merkwürdig, daß die Reaktion der Beschämung so innig mit der unfreiwilligen (täglichen wie nächtlichen) Harnentleerung verbunden ist und nicht, wie man erwarten sollte, ebenso mit der Stuhlinkontinenz. Die Erfahrung läßt hierüber gar keinen Zweifel bestehen. Auch die regelmäßige Beziehung der Harninkontinenz zum Feuer gibt zu denken. Es ist möglich, daß in diesen Reaktionen und Zusammenhängen Niederschläge aus der Kulturgeschichte der Menschheit vorliegen, die tiefer hinab reichen als alles, was uns durch seine Spuren im Mythus und im Folklore erhalten ist.

della ragazza. Si trattava di una resistenza del tutto isolata; normalmente si atteneva senza riserve alla regola basilare dell'analisi. Pensava che tutta questa vergogna a pronunciarlo dipendesse dal fatto che era un nome assolutamente popolare; nessuna ragazza di buona famiglia si sarebbe chiamata così. Il nome, alla fine si seppe: era Matrona. Aveva un suono materno. La vergogna era chiaramente spostata, visto che non si vergognava tanto del fatto che questi innamoramenti interessassero esclusivamente ragazze di origine molto bassa, ma solo del loro nome. Se l'avventura con Matrona poteva avere qualcosa in comune con la scena di Gruša, allora la vergogna andava trasferita in quella lontana vicenda.

Un'altra volta aveva raccontato che quando conobbe la storia di Johannes Huss ne fu molto colpito e la sua attenzione si era fissata sul particolare della fascina di sterpi trascinata fino al rogo. La simpatia per Huss fa nascere un sospetto ben preciso; l'ho riscontrata spesso in pazienti giovani e l'ho sempre potuta spiegare alla stessa maniera. Uno di loro aveva perfino composto un dramma sul destino di Huss; cominciò a scriverlo il giorno in cui perse l'oggetto di un suo amore segreto. Huss, morendo fra le fiamme diventa, come tutti quelli che hanno subìto la stessa sorte, l'eroe di chi, in passato, ha sofferto di enuresi. Quanto al mio paziente, combinò le fascine di sterpi del rogo di Huss con la ramazza (una fascina di bacchette) della giovane bambinaia.

Questo materiale si ricompose in modo spontaneo a colmare la lacuna presente nel ricordo della scena con Gruša. Quando il bambino vide la ragazza intenta a pulire il pavimento, fece la pipì nella stanza e lei espresse una minaccia di castrazione, naturalmente scherzosa.[1]

[1] È molto singolare che la reazione di vergogna sia così intimamente legata alla minzione involontaria (sia diurna che notturna) e non, come ci si sarebbe potuto aspettare, all'incontinenza intestinale. L'esperienza non lascia dubbi in proposito. Anche il regolare rapporto tra fuoco e incontinenza di urina fa riflettere. È possibile che in queste reazioni e interconnessioni siano presenti residui della storia culturale dell'umanità che risalgono ancora a molto prima di tutto ciò che ci è stato conservato attraverso le tracce presenti nel mito e nel folklore.

Ich weiß nicht, ob die Leser schon erraten können, warum ich diese frühinfantile Episode so ausführlich mitgeteilt habe.[2] Sie stellt eine wichtige Verbindung her zwischen der Urszene und dem späteren Liebeszwang, der so entscheidend für sein Schicksal geworden ist und führt überdies eine Liebesbedingung ein, welche diesen Zwang aufklärt.

Als er das Mädchen auf dem Boden liegen sah, mit dem Aufwaschen desselben beschäftigt, kniend, die Nates vorgestreckt, den Rücken horizontal gehalten, fand er an ihr die Stellung wieder, welche die Mutter in der Koitusszene eingenommen hatte. Sie wurde ihm zur Mutter, die sexuelle Erregung infolge der Aktivierung jenes Bildes[3] ergriff ihn, und er benahm sich männlich gegen sie wie der Vater, dessen Aktion er damals ja nur als ein Urinieren verstanden haben konnte. Sein auf den Boden Urinieren war eigentlich ein Verführungsversuch und das Mädchen antwortete darauf mit einer Kastrationsdrohung, als ob sie ihn verstanden hätte.

Der von der Urszene ausgehende Zwang übertrug sich auf diese Szene mit der Gruscha und wirkte durch sie fort. Die Liebesbedingung erfuhr aber eine Abänderung, welche den Einfluß der zweiten Szene bezeugt; sie übertrug sich von der Position des Weibes auf dessen Tätigkeit in solcher Position. Dies wurde z. B. in dem Erlebnis mit der Matrona evident. Er machte einen Spaziergang durch das Dorf, welches zu dem (späteren) Gut gehörte, und sah am Rand des Teiches ein kniendes Bauernmädchen, damit beschäftigt, Wäsche im Teich zu waschen. Er verliebte sich in die Wäscherin augenblicklich und mit unwiderstehlicher Heftigkeit, obwohl er ihr Gesicht noch gar nicht sehen konnte. Sie war ihm durch Lage und Tätigkeit an die Stelle der Gruscha getreten. Wir verstehen nun, wie sich das Schämen, das dem Inhalt der Szene mit der Gruscha galt, an den Namen der Matrona knüpfen konnte.

Den zwingenden Einfluß der Gruschaszene zeigt noch deut-

[2] Sie fällt etwa in die Zeit um 2 1/2 Jahre, zwischen der angeblichen Koitusbeobachtung und der Verführung.

[3] Vor dem Traume!

Forse i lettori possono già indovinare perché io abbia riportato così dettagliatamente questo episodio della prima infanzia.[2] Esso stabilisce un importante collegamento fra la scena originaria e la successiva coazione affettiva, che si è rivelata così decisiva per il suo destino, e inoltre mette in evidenza quella condizione di innamoramento che spiega la coazione.

Quando vide la ragazza sul pavimento, occupata a lavarlo inginocchiata, con le natiche protese e il dorso in posizione orizzontale, vi ravvisò la posizione assunta dalla madre nella scena del coito. La ragazza per lui diventò la madre, grazie all'attivazione dell'altra immagine[3] si eccitò e nei suoi confronti si comportò in modo maschile, come il padre, il cui atto, a quel tempo, non poteva essergli apparso altro che un urinare. Perciò il suo urinare sul pavimento era un vero e proprio tentativo di seduzione, al quale la ragazza rispose con una minaccia di castrazione, come se avesse compreso benissimo il suo intento.

La coazione derivante dalla scena originaria si applicò dunque a questa scena con Gruša e in questo modo continuò a operare. Ma la condizione di innamoramento subì una variazione che attesta l'influsso esercitato da questa seconda scena; si trasferì dalla posizione della donna all'attività svolta in quella posizione. L'episodio di Matrona ne è una chiara riprova. Facendo una passeggiata nel villaggio che apparteneva alla tenuta (la successiva), vide lungo uno stagno una giovane contadina inginocchiata, intenta a lavar panni. Si innamorò subito irresistibilmente della lavandaia, prima ancora di averla vista in viso. Per posizione e attività, ai suoi occhi aveva preso il posto di Gruša. Adesso capiamo come mai la vergogna, che valeva per il contenuto della scena con Gruša, s'era potuta legare al nome di Matrona.

L'influsso coercitivo della scena di Gruša si mostrò an-

[2] Accade all'incirca all'età di due anni e mezzo, tra la supposta osservazione del coito e la seduzione.

[3] Prima del sogno!

licher ein anderer Anfall von Verliebtheit, einige Jahre vorher. Ein junges Bauernmädchen, das im Hause Dienste leistete, hatte ihm schon lange gefallen, aber er hatte es über sich vermocht, sich ihr nicht zu nähern. Eines Tages packte ihn die Verliebtheit, als er sie allein im Zimmer traf. Er fand sie auf dem Boden liegend, mit Aufwaschen beschäftigt, Kübel und Besen neben sich, also ganz wie das Mädchen in seiner Kindheit.

Selbst seine definitive Objektwahl, die für sein Leben so bedeutungsvoll wurde, erweist sich durch ihre näheren Umstände, die hier nicht anzuführen sind, als abhängig von der gleichen Liebesbedingung, als ein Ausläufer des Zwanges, der von der Urszene aus über die Szene mit Gruscha seine Liebeswahl beherrschte. Ich habe an früherer Stelle bemerkt, daß ich das Bestreben zur Erniedrigung des Liebesobjekts bei dem Patienten wohl anerkenne. Es ist auf Reaktion gegen den Druck der ihm überlegenen Schwester zurückzuführen. Aber ich versprach damals zu zeigen, daß dies Motiv (S. 80) selbstherrlicher Natur nicht das einzig bestimmende gewesen ist, sondern eine tiefere Determinierung durch rein erotische Motive verdeckt. Die Erinnerung an das den Boden aufwaschende, allerdings in seiner Position erniedrigte, Kindermädchen brachte diese Motivierung zum Vorschein. Alle späteren Liebesobjekte waren Ersatzpersonen dieser einen, die selbst durch den Zufall der Situation zum ersten Mutterersatz geworden war. Der erste Einfall des Patienten zum Problem der Angst vor dem Schmetterling läßt sich nachträglich leicht als fernliegende Anspielung an die Urszene erkennen (die fünfte Stunde). Die Beziehung der Gruschaszene zur Kastrationsdrohung bestätigte er durch einen besonders sinnreichen Traum, den er auch selbst zu übersetzen verstand. Er sagte: Ich habe geträumt, *ein Mann reißt einer Espe die Flügel aus.* Espe? mußte ich fragen, was meinen Sie damit? — Nun, das Insekt mit den gelben Streifen am Leib, das stechen kann. Es muß eine Anspielung an die Gruscha, die gelbgestreifte Birne, sein. — *Wespe*, meinen Sie also, konnte ich korrigieren. — Heißt es Wespe? Ich habe wirklich geglaubt, es heißt Espe. (Er bediente

cor più chiaramente in un altro caso di innamoramento, avvenuto alcuni anni prima. In casa faceva i servizi una giovane contadina che gli piaceva già da parecchio tempo, ma che si era imposto di non avvicinare. Un giorno che la trovò sola in una stanza se ne innamorò. Era sul pavimento, intenta a lavarlo, con un secchio e una scopa vicini, quindi proprio come la ragazza della sua infanzia.

Anche la scelta definitiva dell'oggetto, che per la sua vita si rivelò così importante, mostra di dipendere, per particolarità che non importa riferire, dalla stessa condizione di innamoramento, di essere un derivato della coazione che, a partire dalla scena originaria e passando per la scena con Gruša, dominò le sue scelte affettive. Precedentemente ho rilevato di aver perfettamente individuato nel mio paziente la tendenza a sminuire l'oggetto d'amore, tendenza riducibile alla reazione contro l'oppressione esercitata su di lui dalla superiorità della sorella. Ma allora promisi di mostrare (vedi a p. 81) come quello legato all'autoaffermazione non fosse l'unico motivo decisivo, ma nascondesse un elemento determinante più profondo, dettato da ragioni puramente erotiche. Il ricordo della giovane bambinaia intenta a lavare il pavimento, quindi in una situazione degradante, portò alla luce questa motivazione. Tutti gli oggetti d'amore successivi furono dei sostituti di questo, il quale, a sua volta, per una situazione contingente, era diventato il primo sostituto della madre. L'idea che era subito venuta in mente al paziente riguardo alla paura della farfalla può essere facilmente interpretata, retrospettivamente, come lontana allusione alla scena originaria (le ore cinque). Il rapporto della scena di Gruša con la minaccia di castrazione fu confermato da un sogno particolarmente significativo, che il paziente riuscì a interpretare da solo. Disse: "Ho sognato che *un uomo strappa le ali a un'espa*". "Espa?" chiesi io. "Cosa vuol dire?" "Beh," rispose, "l'insetto con strisce gialle sul corpo, che punge. Deve essere un'allusione a Gruša, la pera a strisce gialle." "Quindi lei vuol dire *vespa*," corressi. "Si chiama vespa? Credevo che si chiamasse espa. (Si serviva, come molti altri, della sua situa-

sich wie so viele andere seiner Fremdsprachigkeit zur Deckung von Symptomhandlungen.) Aber Espe, das bin ja ich, S. P. (die Initialen seines Namens). Die Espe ist natürlich eine verstümmelte Wespe. Der Traum sagt klar, er räche sich an der Gruscha für ihre Kastrationsandrohung.

Die Aktion des $2^1/_2$jährigen in der Szene mit Gruscha ist die erste uns bekanntgewordene Wirkung der Urszene, sie stellt ihn als Kopie des Vaters dar und läßt uns eine Entwicklungstendenz in der Richtung erkennen, die später den Namen der männlichen verdienen wird. Durch die Verführung wird er in eine Passivität gedrängt, die allerdings auch schon durch sein Benehmen als Zuschauer beim elterlichen Verkehr vorbereitet ist.

Ich muß aus der Behandlungsgeschichte noch hervorheben, daß man den Eindruck empfing, mit der Bewältigung der Gruschaszene, des ersten Erlebnisses, das er wirklich erinnern konnte und ohne mein Vermuten und Dazutun erinnerte, sei die Aufgabe der Kur gelöst gewesen. Es gab von da an keine Widerstände mehr, man brauchte nur noch zu sammeln und zusammenzusetzen. Die alte Traumatheorie, die ja auf Eindrücke aus der psychoanalytischen Therapie aufgebaut war, kam mit einem Male wieder zur Geltung. Aus kritischem Interesse machte ich noch einmal den Versuch, dem Patienten eine andere Auffassung seiner Geschichte aufzudrängen, die dem nüchternen Verstand willkommener wäre. An der Szene mit Gruscha sei ja nicht zu zweifeln, aber sie bedeute an und für sich nichts und sei hinterher verstärkt worden durch Regression von den Ereignissen seiner Objektwahl, die sich infolge der Erniedrigungstendenz von der Schwester weg auf die Dienstmädchen geworfen hätte. Die Koitusbeobachtung aber sei eine Phantasie seiner späteren Jahre, deren historischer Kern die Beobachtung oder das Erlebnis etwa eines harmlosen Lavements gewesen sein könnte. Vielleicht

zione di alloglotta per coprire atti sintomatici.) Ma espa sono proprio io, S.P.[4] (le sue iniziali)." L'espa è naturalmente una vespa mutilata. Il sogno esprime chiaramente una vendetta nei confronti di Gruša per la minaccia di castrazione ricevuta da lei.

L'azione del bambino di due anni e mezzo nella scena con Gruša è il primo effetto a noi noto della scena originaria e ce lo presenta intento a copiare il padre, lasciandoci intravvedere una tendenza di sviluppo in quella direzione che più tardi meriterà di essere chiamata virile. La seduzione lo costrinse poi ad assumere un atteggiamento passivo, che senza dubbio era già stato preparato anche dal suo ruolo di spettatore del rapporto dei genitori.

Dal punto di vista della storia del trattamento devo rilevare che, una volta venuti a capo della scena con Gruša, la prima esperienza che egli riuscisse veramente a ricordare e che ricordò senza alcuna mia congettura o intervento, si ebbe l'impressione che il compito della cura fosse ormai concluso. Da questo momento in poi non ci furono più resistenze, non restava niente altro da fare che raccogliere e ricomporre. La vecchia teoria traumatica, organizzata, del resto, su impressioni tratte dalla terapia psicoanalitica, riacquistava a un tratto valore. Per un interesse di tipo critico, feci ancora una volta il tentativo di proporre al paziente un'interpretazione della propria storia che risultasse più accettabile a una mente, per così dire, sobria. La scena con Gruša non andava certo messa in dubbio, ma di per sé non avrebbe significato niente e sarebbe stata invece rafforzata, regressivamente, dagli eventi relativi alla sua scelta oggettuale, che per via della tendenza a svalutare l'oggetto, si sarebbe orientata su ragazze di servizio, sviandosi dalla sorella. Invece l'osservazione del coito dei genitori sarebbe stata una fantasia prodotta in epoca più tarda, il cui germe storico potrebbe essere stata l'osservazione o magari l'esperienza diretta di un innocente *lavement*. Forse

[4] In tedesco le due lettere si pronunciano, rispettivamente, *es* epe. [*N.d.T.*]

meinen manche Leser; erst mit diesen Annahmen hätte ich mich dem Verständnis des Falles genähert; der Patient sah mich verständnislos und etwas verächtlich an, als ich ihm diese Auffassung vortrug, und reagierte niemals wieder auf dieselbe. Meine eigenen Argumente gegen solche Rationalisierung habe ich oben im Zusammenhange entwickelt.

[Die Gruschaszene enthält aber nicht nur die für das Leben des Patienten entscheidenden Bedingungen der Objektwahl und behütet uns so vor dem Irrtum, die Bedeutung der Erniedrigungstendenz gegen das Weib zu überschätzen. Sie vermag mich auch zu rechtfertigen, wenn ich es vorhin abgelehnt habe, die Zurückführung der Urszene auf eine kurz vor dem Traum angestellte Tierbeobachtung ohne jedes Bedenken als die einzig mögliche Lösung zu vertreten (S. 158). Sie war in der Erinnerung des Patienten spontan und ohne mein Dazutun aufgetaucht. Die auf sie zurückgehende Angst vor dem gelbgestreiften Schmetterling bewies, daß sie einen bedeutungsvollen Inhalt gehabt hatte, oder daß es möglich geworden war, ihrem Inhalt nachträglich solche Bedeutung zu verleihen. Dies Bedeutungsvolle, was in der Erinnerung fehlte, war durch die sie begleitenden Einfälle und die daran zu knüpfenden Schlüsse mit Sicherheit zu ergänzen. Es ergab sich dann, daß die Schmetterlingsangst durchaus analog war der Wolfsangst, in beiden Fällen Angst vor der Kastration, zunächst bezogen auf die Person, welche die Kastrationsdrohung zuerst ausgesprochen hatte, sodann auf die andere verlegt, an der sie nach dem phylogenetischen Vorbild Anheftung finden mußte. Die Szene mit Gruscha war mit 2½ Jahren vorgefallen, das Angsterlebnis mit dem gelben Schmetterling aber sicherlich nach dem Angsttraum. Es ließ sich leicht verstehen, daß das spätere Verständnis für die Möglichkeit der Kastration nachträglich aus der Szene mit Gruscha die Angst entwickelt hatte; aber diese Szene selbst enthielt nichts Anstößiges oder Unwahrscheinliches, vielmehr durchaus banale Einzelheiten, an denen zu zweifeln man keinen Grund hatte. Nichts forderte dazu auf, sie auf eine Phantasie des Kindes zurückzuführen; es erscheint auch kaum möglich.

alcuni lettori penseranno che solo formulando queste ipotesi io mi sia avvicinato alla comprensione del caso; il paziente, quando gli esposi questa idea, mi guardò un po' sprezzante e senza capire, e neanche in seguito vi reagì mai. I miei argomenti contro razionalizzazioni di questo genere li ho sviluppati sopra, contestualizzandoli.

[La scena con Gruša, non solo contiene le condizioni della scelta dell'oggetto, decisive per la vita del paziente, e ci evita l'errore di sopravvalutare l'importanza della tendenza a sminuire la donna, ma può anche giustificare il mio precedente rifiuto di ridurre la scena originaria a una osservazione di animali avvenuta poco prima del sogno, e di ritenere questa soluzione l'unica possibile (vedi a p. 159). Il ricordo di Gruša era affiorato spontaneamente nel mio paziente e senza il mio intervento. La paura della farfalla striata di giallo rimandava a quella scena dimostrando che in quell'occasione doveva essere accaduto qualcosa di significativo o perlomeno che un significato simile poteva essergli attribuito retrospettivamente. Se questo contenuto non veniva messo in luce dal ricordo, poteva sicuramente esservi integrato grazie alle associazioni che ne avevano accompagnato la formulazione e alle conseguenti conclusioni che se ne potevano trarre. Risultò così che la paura della farfalla era del tutto analoga alla paura del lupo: in entrambi i casi si trattava di paura della castrazione, riferita in primo luogo alla persona che per prima aveva espresso la minaccia di castrazione, poi trasferita su quella in cui doveva trovare aggancio in base al prototipo filogenetico. La scena con Gruša era accaduta quando aveva due anni e mezzo, mentre l'esperienza di paura della farfalla gialla era sicuramente posteriore al sogno d'angoscia. Si comprende facilmente che la comprensione ritardata della possibilità della castrazione si era sviluppata retrospettivamente, a partire dalla scena con Gruša; ma la scena in sé conteneva particolari del tutto banali, dei quali non c'era alcun motivo di dubitare, e non aveva niente di scandaloso o improbabile. Niente intimava di ricondurla a una fantasia del bambino: era davvero una possibilità remota.

Es entsteht nun die Frage, sind wir berechtigt, in dem Urinieren des stehenden Knaben, während das auf den Knien liegende Mädchen den Boden aufwäscht, einen Beweis seiner sexuellen Erregtheit zu sehen? Dann würde diese Erregung den Einfluß eines früheren Eindrucks bezeugen, der ebensowohl die Tatsächlichkeit der Urszene, wie eine vor $2^1/_2$ Jahren gemachte Beobachtung an Tieren sein könnte. Oder war jene Situation durchaus harmlos, die Harnentleerung des Kindes eine rein zufällige, und die ganze Szene wurde erst später in der Erinnerung sexualisiert, nachdem ähnliche Situationen als bedeutungsvoll erkannt worden waren?

Hier getraue ich mich nun zu keiner Entscheidung. Ich muß sagen, ich rechne es der Psychoanalyse bereits hoch an, daß sie zu solchen Fragestellungen gekommen ist. Aber ich kann es nicht verleugnen, daß die Szene mit Gruscha, die Rolle, die ihr in der Analyse zufiel, und die Wirkungen, die im Leben von ihr ausgingen, sich doch am ungezwungensten und vollständigsten erklären, wenn man die Urszene, die andere Male eine Phantasie sein mag, hier als Realität gelten läßt. Sie behauptet im Grunde nichts Unmögliches; die Annahme ihrer Realität verträgt sich auch ganz mit dem anregenden Einfluß der Tierbeobachtungen, auf welche die Schäferhunde des Traumbildes hindeuten.

Von diesem unbefriedigenden Abschluß wende ich mich zur Behandlung der Frage, die ich in den „Vorlesungen zur Einführung in die Psychoanalyse" versucht habe. Ich möchte selbst gerne wissen, ob die Urszene bei meinem Patienten Phantasie oder reales Erlebnis war, aber mit Rücksicht auf andere ähnliche Fälle muß man sagen, es sei eigentlich nicht sehr wichtig, dies zu entscheiden. Die Szenen von Beobachtung des elterlichen Sexualverkehrs, von Verführung in der Kindheit und von Kastrationsandrohung sind unzweifelhafter ererbter Besitz, phylogenetische Erbschaft, aber sie können ebensowohl Erwerb persönlichen Erlebens sein. Bei meinem Patienten war die Verführung durch die ältere Schwester eine unbestreitbare Realität; warum

Si pone comunque il problema se siamo giustificati a interpretare la minzione del bambino, in piedi mentre la ragazza lava inginocchiata il pavimento, come prova del suo eccitamento sessuale. Questo eccitamento attesterebbe l'influsso di un'impressione precedente, che potrebbe essere sia il reale accadimento della scena originaria, come anche un'osservazione compiuta su animali prima dei due anni e mezzo. Oppure quella situazione era del tutto innocente, lo svuotamento della vescica del bambino qualcosa di puramente casuale e la scena sarebbe stata sessualizzata nel ricordo solo più tardi, quando il bambino era diventato ormai in grado di riconoscere un significato a questo tipo di situazioni.

Qui non mi azzardo a prendere nessuna decisione. Devo dire che considero un gran merito della psicoanalisi anche il solo fatto di essere arrivata a porre tali questioni. Ma non posso negare che la scena con Gruša, il ruolo che ha ricoperto nell'analisi e gli effetti che ne sono scaturiti nella vita del paziente, si spiegano nel modo più naturale e completo se alla scena originaria, che in altri casi può essere pura fantasia, si annette invece, in questo caso, realtà. In sostanza non comporta nulla di improbabile; l'ipotesi della sua realtà non esclude poi la coesistenza di un'influenza stimolante prodotta dalle osservazioni di animali, alla quale alludono i cani da pastore del sogno.

Da questa deludente conclusione, passo a trattare il problema che ho già affrontato nelle *Lezioni di introduzione alla psicoanalisi*. Anche a me, ovviamente, piacerebbe sapere se la scena originaria del mio paziente sia stata un'esperienza reale oppure una fantasia, ma tenendo conto di altri casi simili, si deve convenire che dirimere la questione non è davvero molto importante. Le scene di osservazione del rapporto sessuale dei genitori, di seduzione durante l'infanzia, e di minaccia di castrazione sono un indubbio patrimonio tramandato, una eredità filogenetica, ma possono altrettanto bene essere frutto dell'esperienza personale. Nel mio paziente la seduzione a opera della sorella maggiore era una realtà incontestabile;

nicht auch die Beobachtung des elterlichen Koitus?

Wir sehen nur in der Urgeschichte der Neurose, daß das Kind zu diesem phylogenetischen Erleben greift, wo sein eigenes Erleben nicht ausreicht. Es füllt die Lücken der individuellen Wahrheit mit prähistorischer Wahrheit aus, setzt die Erfahrung der Vorahnen an die Stelle der eigenen Erfahrung ein. In der Anerkennung dieser phylogenetischen Erbschaft stimme ich mit Jung (Die Psychologie der unbewußten Prozesse, 1917, eine Schrift, die meine „Vorlesungen" nicht mehr beeinflussen konnte) völlig zusammen; aber ich halte es für methodisch unrichtig, zur Erklärung aus der Phylogenese zu greifen, ehe man die Möglichkeiten der Ontogenese erschöpft hat; ich sehe nicht ein, warum man der kindheitlichen Vorzeit hartnäckig eine Bedeutung bestreiten will, die man der Ahnenvorzeit bereitwillig zugesteht; ich kann nicht verkennen, daß die phylogenetischen Motive und Produktionen selbst der Aufklärung bedürftig sind, die ihnen in einer ganzen Reihe von Fällen aus der individuellen Kindheit zu teil werden kann, und zum Schlusse verwundere ich mich nicht darüber, wenn die Erhaltung der nämlichen Bedingungen beim einzelnen organisch wiedererstehen läßt, was diese einst in Vorzeiten geschaffen und als Disposition zum Wiedererwerb vererbt haben.]

In die Zwischenzeit zwischen Urszene und Verführung (1½ — 3¼ Jahre) ist noch der stumme Wasserträger einzuschieben, der für ihn Vaterersatz war wie die Gruscha Mutterersatz. Ich glaube, es ist unberechtigt, hier von einer Erniedrigungstendenz zu reden, wiewohl sich beide Eltern durch dienende Personen vertreten finden. Das Kind setzt sich über die sozialen Unterschiede hinweg, die ihm noch wenig bedeuten, und reiht auch geringere Leute an die Eltern an, wenn sie ihm ähnlich wie die Eltern Liebe entgegenbringen. Ebensowenig Bedeutung hat diese Tendenz für die Ersetzung der Eltern durch Tiere, deren Geringschätzung dem Kinde ganz ferne liegt. Ohne Rücksicht auf solche Erniedrigung werden Onkel und Tanten zum Elternersatz herangezogen, wie auch für unseren Patienten durch mehrfache Erinnerungen bezeugt ist.

In dieselbe Zeit gehört noch eine dunkle Kunde von einer

e perché non potrebbe esserlo anche l'osservazione del coito dei genitori?

Nella preistoria delle nevrosi vediamo che il bambino si riallaccia a questa esperienza filogenetica quando la propria è insufficiente. Colma le lacune della verità individuale con la verità preistorica, inserisce l'esperienza dei progenitori al posto della propria. Concordo pienamente con Jung (*La psicologia dei processi inconsci*, 1917, uno scritto che non poteva più influenzare le mie *Lezioni*) nell'accettare questa eredità filogenetica; ma ritengo metodologicamente scorretto ricorrere a spiegazioni tratte dalla filogenesi prima di aver esaurito le possibilità riposte nell'ontogenesi; non capisco perché si contesti ostinatamente alla preistoria infantile un significato che invece si concede prontamente alla preistoria ancestrale; non posso misconoscere il fatto che i moventi e le produzioni filogenetiche necessitano anch'essi di una spiegazione, che in tutta una serie di casi può provenire loro dall'infanzia individuale, e infine non mi stupisco che nell'esperienza del singolo possa riprodursi, a parità di condizioni, un evento accaduto in tempi preistorici e in seguito tramandato come disposizione a riviverlo.]

Nell'intervallo tra la scena originaria e la seduzione (dall'anno e mezzo ai tre anni e tre mesi) va anche inserito l'episodio del portatore di acqua muto, che era un sostituto del padre, come Gruša lo era della madre. Penso che non sia giusto, in questo caso, parlare di tendenza alla svalutazione, nonostante che entrambi i genitori vengano sostituiti da persone di servizio. Il bambino non tiene conto delle differenze sociali, che per lui significano ancora poco, e se persone di condizione anche umile gli offrono lo stesso affetto dei genitori, le mette sul loro stesso piano. La stessa cosa vale per la sostituzione dei genitori con animali, i quali sono tenuti in grande considerazione dal bambino. Anche il ricorso a zii e zie come sostituti dei genitori avviene senza che entri in gioco alcuna svalutazione, come, tra l'altro, provano svariati ricordi nel caso del nostro paziente.

Allo stesso periodo appartiene, inoltre, l'oscura consa-

Phase, in der er nichts essen wollte außer Süßigkeiten, so daß man Sorge für sein Fortkommen hatte. Man erzählte ihm von einem Onkel, der ebenso das Essen verweigert hatte und dann jung an der Auszehrung starb. Er hörte auch, daß er im Alter von drei Monaten so schwer krank gewesen war (an einer Lungenentzündung?), daß man schon das Totenhemd für ihn bereit gemacht hatte. Es gelang, ihn ängstlich zu machen, so daß er wieder aß; in späteren Kindheitsjahren übertrieb er sogar diese Verpflichtung, wie um sich gegen den angedrohten Tod zu schützen. Die Todesangst, die man damals zu seinem Schutz wachgerufen hatte, zeigte sich später wieder, als die Mutter vor der Dysenteriegefahr warnte; sie provozierte noch später einen Anfall der Zwangsneurose (S. 174). Wir wollen versuchen, ihren Ursprüngen und Bedeutungen an späterer Stelle nachzugehen.

Für die Eßstörung möchte ich die Bedeutung einer allerersten neurotischen Erkrankung in Anspruch nehmen; so daß Eßstörung, Wolfsphobie, Zwangsfrömmigkeit die vollständige Reihe der infantilen Erkrankungen ergeben, welche die Disposition für den neurotischen Zusammenbruch in den Jahren nach der Pubertät mit sich bringen. Man wird mir entgegenhalten, daß wenige Kinder solchen Störungen wie einer vorübergehenden Eßunlust oder einer Tierphobie entgehen. Aber dies Argument ist mir sehr willkommen. Ich bin bereit zu behaupten, daß jede Neurose eines Erwachsenen sich über seiner Kinderneurose aufbaut, die aber nicht immer intensiv genug ist, um aufzufallen und als solche erkannt zu werden. Die theoretische Bedeutung der infantilen Neurosen für die Auffassung der Erkrankungen, die wir als Neurosen behandeln und nur von den Einwirkungen des späteren Lebens ableiten wollen, wird durch jenen Einwand nur gehoben. Hätte unser Patient nicht zu seiner Eßstörung und seiner Tierphobie noch die Zwangsfrömmigkeit hinzubekommen, so würde sich seine Geschichte von der anderer Menschenkinder nicht auffällig unterscheiden, und wir wären um wertvolle Materialien, die uns vor naheliegenden Irrtümern bewahren können, ärmer.

Die Analyse wäre unbefriedigend, wenn sie nicht das Verständnis jener Klage brächte, in die der Patient sein Leiden zusammenfaßte. Sie lautete, daß ihm die Welt durch einen Schleier

pevolezza di una fase in cui non voleva mangiare niente altro che dolci, tanto che si temette per la sua crescita. Gli raccontarono di uno zio, che aveva anch'egli rifiutato il cibo ed era poi morto giovane di consunzione. Seppe anche che, quando aveva tre mesi, era stato così gravemente malato (di polmonite?) che gli avevano già preparato l'indumento funebre. Riuscirono a spaventarlo, così riprese a mangiare; negli anni successivi dell'infanzia si impegnò perfino esageratamente a difendersi dalla minaccia di morte. La paura di morire, che a quel tempo gli era stata risvegliata per proteggerlo, si ripresentò più tardi, quando la madre lo mise in guardia contro il pericolo della dissenteria; successivamente provocò un accesso di nevrosi ossessiva (vedi a p. 175). In seguito cercheremo di occuparci dell'origine e del significato di questa paura.

Per quanto riguarda l'inappetenza, oserei darle il significato di primissima malattia nevrotica; per cui l'inappetenza, la fobia del lupo e la religiosità ossessiva formano quella serie completa di malattie infantili che poi comportò la disposizione al crollo nevrotico degli anni successivi alla pubertà. Mi si obietterà che pochi bambini sfuggono a disturbi quali una temporanea disappetenza o una fobia di animali. Accolgo questa obiezione di buon grado. Sono pronto a sostenere che ogni nevrosi dell'adulto si costruisce a partire dalla sua nevrosi infantile, che però non sempre è sufficientemente intensa da attirare l'attenzione e da farsi riconoscere come tale. Quella obiezione non fa che mettere in risalto l'importanza teorica delle nevrosi infantili per la comprensione delle malattie che trattiamo come nevrosi, e che vorremmo far derivare unicamente da influenze subite da adulti. Se oltre all'inappetenza e alla fobia di animali il nostro paziente non avesse sofferto anche di religiosità ossessiva, la sua storia non si sarebbe distinta in modo particolare da quella comune a tutti i bambini e saremmo rimasti privi di materiali preziosi, che possono salvaguardarci da ovvi errori.

L'analisi sarebbe insoddisfacente se non ci facesse anche comprendere la lamentela con cui il paziente riassumeva il proprio male. Diceva che il mondo per lui era ricoper-

verhüllt sei, und die psychoanalytische Schulung weist die Erwartung ab, daß diese Worte bedeutungslos und wie zufällig gewählt sein sollten. Der Schleier zerriß — merkwürdigerweise — nur in einer Situation, nämlich, wenn infolge eines Lavements der Stuhlgang den After passierte. Dann fühlte er sich wieder wohl und sah die Welt für eine ganz kurze Weile klar. Mit der Deutung dieses „Schleiers“ ging es ähnlich schwierig wie bei der Schmetterlingsangst. Auch hielt er nicht an dem Schleier fest, dieser verflüchtigte sich ihm weiter zu einem Gefühl von Dämmerung, „*tenèbres*“, und anderen ungreifbaren Dingen.

Erst kurz vor dem Abschied von der Kur besann er sich, er habe gehört, daß er in einer „Glückshaube“ zur Welt gekommen sei. Darum habe er sich immer für ein besonderes Glückskind gehalten, dem nichts Böses widerfahren könne. Erst dann verließ ihn diese Zuversicht, als er die gonorrhoische Erkrankung als schwere Beschädigung an seinem Körper anerkennen mußte. Vor dieser Kränkung seines Narzißmus brach er zusammen. Wir werden sagen, er wiederholte damit einen Mechanismus, der schon einmal bei ihm gespielt hatte. Auch seine Wolfsphobie brach aus, als er vor die Tatsache, daß eine Kastration möglich sei, gestellt wurde, und die Gonorrhöe reihte er offenbar der Kastration an.

Die Glückshaube ist also der Schleier, der ihn vor der Welt und ihm die Welt verhüllte. Seine Klage ist eigentlich eine erfüllte Wunschphantasie, sie zeigt ihn wieder in den Mutterleib zurückgekehrt, allerdings die Wunschphantasie der Weltflucht. Sie ist zu übersetzen: Ich bin so unglücklich im Leben, ich muß wieder in den Mutterschoß zurück.

Was soll es aber bedeuten, daß dieser symbolische, einmal real gewesene, Schleier in dem Moment der Stuhlentleerung nach dem Klysma zerreißt, daß seine Krankheit unter dieser Bedingung von ihm weicht? Der Zusammenhang gestattet uns zu antworten: Wenn der Geburtsschleier zerreißt, so erblickt er die Welt und wird wiedergeboren. Der Stuhlgang ist das Kind, als welches er zum zweitenmal zu einem glücklicheren Leben geboren wird. Das wäre also die Wiedergeburtsphantasie, auf die Jung kürzlich die Aufmerksamkeit gelenkt und der er eine so dominierende Stellung im Wunschleben der Neurotiker eingeräumt hat.

to da un velo, e la pratica psicoanalitica ci impedisce di pensare che queste parole siano state scelte casualmente e senza un significato. Il velo si squarciava – in via del tutto eccezionale – in un unico caso, e cioè, quando in seguito a un *lavement* le feci attraversavano l'ano. Allora stava di nuovo bene e per un brevissimo lasso di tempo vedeva il mondo chiaramente. L'interpretazione di questo "velo" presentò lo stesso tipo di difficoltà della paura della farfalla. Neanche al velo si attenne in modo preciso; gli si volatilizzava in un sentimento di crepuscolo, *ténèbres* e altre cose inafferrabili.

Solo poco prima del congedo dalla cura si ricordò che aveva saputo di essere nato "con la camicia". Perciò si era sempre considerato un bambino particolarmente fortunato, al quale non avrebbe potuto succedere niente di male. Perse l'illusione solo quando dovette constatare l'entità del danno inferto al proprio fisico dalla blenorragia. Di fronte a questa mortificazione del suo narcisismo, crollò. Diciamo che con questo comportamento non fece che ripetere un meccanismo già adottato in passato. Anche la fobia del lupo scoppiò quando fu posto di fronte alla concreta possibilità della castrazione ed, evidentemente, abbinò gonorrea e castrazione.

"La camicia" è dunque il velo, che nasconde lui al mondo e il mondo a lui. Il suo lamento è propriamente la realizzazione di una fantasia di desiderio di vita intrauterina, in ogni caso una fantasia di desiderio di fuga dal mondo. È l'espressione di un'infelicità esistenziale tale da imporre il ritorno nel grembo materno.

Ma cosa significa che questo velo simbolico, in passato reale, si lacera al momento dell'evacuazione dopo il clisma e in questa condizione la sua malattia retrocede? Il contesto ci permette di rispondere che, quando il velo della nascita si lacera, egli vede il mondo e rinasce. Il contenuto intestinale è il bambino e come tale egli rinasce una seconda volta a una vita più felice. Si tratterebbe dunque della fantasia di rinascita, sulla quale Jung ha ultimamente richiamato l'attenzione e alla quale ha concesso una posizione così predominante nella vita immaginativa del nevrotico.

Das wäre schön, wenn es vollständig wäre. Gewisse Einzelheiten der Situation und die Rücksicht auf den erforderlichen Zusammenhang mit der speziellen Lebensgeschichte nötigen uns, die Deutung weiter zu führen. Die Bedingung der Wiedergeburt ist, daß ihm ein Mann ein Klysma verabreicht (diesen Mann hat er erst später notgedrungen selbst ersetzt). Das kann nur heißen, er hat sich mit der Mutter identifiziert, der Mann spielt den Vater, das Klysma wiederholt den Begattungsakt, als dessen Frucht das Kotkind — wiederum er — geboren wird. Die Wiedergeburtsphantasie ist also eng mit der Bedingung der sexuellen Befriedigung durch den Mann verknüpft. Die Übersetzung lautet jetzt also: Nur wenn er sich dem Weib substituieren, die Mutter ersetzen darf, um sich vom Vater befriedigen zu lassen und ihm ein Kind zu gebären, dann ist seine Krankheit von ihm gewichen. Die Wiedergeburtsphantasie war also hier nur eine verstümmelte, zensurierte Wiedergabe der homosexuellen Wunschphantasie.

Sehen wir näher zu, so müssen wir eigentlich bemerken, daß der Kranke in dieser Bedingung seiner Heilung nur die Situation der sogenannten Urszene wiederholt: Damals wollte er sich der Mutter unterschieben; das Kotkind hat er, wie wir längst vorher angenommen hatten, in jener Szene selbst produziert. Er ist noch immer fixiert, wie gebannt, an die Szene, die für sein Sexualleben entscheidend wurde, deren Wiederkehr in jener Traumnacht sein Kranksein eröffnete. Das Zerreißen des Schleiers ist analog dem Öffnen der Augen, dem Aufgehen der Fenster. Die Urszene ist zur Heilbedingung umgebildet worden.

Das, was durch die Klage, und was durch die Ausnahme dargestellt ist, kann man leicht zu einer Einheit zusammenziehen, die dann ihren ganzen Sinn offenbart. Er wünscht sich in den Mutterleib zurück, nicht um dann einfach wiedergeboren zu werden, sondern um dort beim Koitus vom Vater getroffen zu werden, von ihm die Befriedigung zu bekommen, ihm ein Kind zu gebären.

Vom Vater geboren worden zu sein, wie er anfänglich gemeint hatte, von ihm sexuell befriedigt zu werden, ihm ein Kind zu schenken, dies unter Preisgebung seiner Männlichkeit, und in der

Sarebbe bello se il caso si chiudesse così. Purtroppo certe particolarità della situazione e la considerazione di dover necessariamente contestualizzare il tutto alla sua personale biografia ci costringono a continuare l'interpretazione. La condizione della rinascita è che un uomo gli pratichi il clisma (a questo uomo sostituì più tardi, costretto dalla necessità, se stesso). Questo può significare unicamente che si era identificato con la madre, che l'uomo giocava il ruolo del padre e il clisma ripeteva l'atto del coito, come frutto del quale nasceva di nuovo il bambino-feci, lui stesso. La fantasia della rinascita era perciò strettamente legata alla condizione del soddisfacimento sessuale. Adesso la reinterpretazione che si ricava è che solo quando può sostituire la femmina, mettersi al posto della madre per farsi soddisfare dal padre e fargli nascere un bambino si libera della propria malattia. La fantasia di rinascita era perciò in questo caso solo una riproduzione mutilata, censurata della fantasia di desiderio omosessuale.

Se guardiamo più da vicino, non possiamo non notare che con questa condizione di guarigione il malato ripeteva la situazione della cosiddetta scena originaria: allora aveva voluto sostituirsi alla madre; il bambino-feci, come abbiamo già supposto da tempo, lo aveva prodotto, in quella scena, lui stesso. Ancora e sempre è fissato, come incantato, alla scena che doveva essere determinante per la sua vita sessuale, il cui ritorno, in quella notte del sogno, avviò la sua malattia. Lo squarciarsi del velo è analogo all'aprirsi degli occhi, allo spalancarsi della finestra. La scena originaria è stata trasformata in condizione di guarigione.

Quello che rappresentano il lamento per la presenza del velo e l'eccezione in cui esso si squarcia può essere facilmente ricondotto a una unità che ne rende completamente esplicito il senso. Vuol rientrare nel ventre materno non soltanto per rinascere, ma per essere ritrovato in quel luogo dal padre al momento del coito, ottenere da lui l'appagamento, fargli nascere un bambino.

Essere nato dal padre, come inizialmente aveva anche creduto, venire soddisfatto sessualmente da lui, regalargli un bambino, tutto questo a prezzo della sua virilità: per dir-

Sprache der Analerotik ausgedrückt: mit diesen Wünschen ist der Kreis der Fixierung an den Vater geschlossen, hiemit hat die Homosexualität ihren höchsten und intimsten Ausdruck gefunden.[4]

Ich meine, von diesem Beispiel her fällt auch ein Licht auf Sinn und Ursprung der Mutterleibs- wie der Wiedergeburtsphantasie. Die erstere ist häufig so wie in unserem Falle aus der Bindung an den Vater hervorgegangen. Man wünscht sich in den Leib der Mutter, um sich ihr beim Koitus zu substituieren, ihre Stelle beim Vater einzunehmen. Die Wiedergeburtsphantasie ist wahrscheinlich regelmäßig eine Milderung, sozusagen ein Euphemismus, für die Phantasie des inzestuösen Verkehrs mit der Mutter, eine anagogische Abkürzung derselben, um den Ausdruck von H. Silberer zu gebrauchen. Man wünscht sich in die Situation zurück, in der man sich in den Genitalien der Mutter befand, wobei sich der Mann mit seinem Penis identifiziert, durch ihn vertreten läßt. Dann enthüllen sich die beiden Phantasien als Gegenstücke, die je nach der männlichen oder weiblichen Einstellung des Betreffenden dem Wunsch nach dem Sexualverkehr mit dem Vater oder der Mutter Ausdruck geben. Es ist die Möglichkeit nicht abzuweisen, daß in der Klage und Heilbedingung unseres Patienten beide Phantasien, also auch beide Inzestwünsche, vereinigt sind.

Ich will noch einmal den Versuch machen, die letzten Ergebnisse der Analyse nach dem gegnerischen Vorbild umzudeuten: Der Patient beklagt seine Weltflucht in einer typischen Mutterleibsphantasie, erblickt seine Heilung allein in einer typischgefaßten Wiedergeburt. Diese letztere drückt er in analen Symptomen entsprechend seiner vorwiegenden Veranlagung aus. Nach dem Vorbild der analen Wiedergeburtsphantasie hat er sich eine Kinderszene zurechtgemacht, die seine Wünsche in archaisch symbolischen Ausdrucksmitteln wiederholt. Seine Symptome verketten sich dann, als ob sie von einer solchen Urszene ausgingen. Zu diesem ganzen Rückweg mußte er sich entschließen, weil er auf eine Lebensaufgabe

4 Der mögliche Nebensinn, daß der Schleier das Hymen darstellt, welches beim Verkehr mit dem Manne zerreißt, trifft nicht genau mit der Heilbedingung zusammen und hat keine Beziehung zum Leben des Patienten, für den die Virginität keine Bedeutung hatte.

la nei termini dell'erotismo anale, con questi desideri il cerchio della fissazione sul padre si chiude, l'omosessualità ha trovato la sua più alta e intima espressione.[5]

Penso che da questo esempio venga fatta luce sul senso e l'origine sia della fantasia di ritorno nel corpo materno, come pure di quella di rinascita. La prima deriva spesso, come nel nostro caso, dal legame per il padre. Si desidera essere nel ventre della madre per sostituirsi a lei nel coito, per prendere il suo posto presso il padre. La fantasia di rinascita è normalmente una mitigazione, un eufemismo per così dire, della fantasia di un rapporto incestuoso con la madre, un'abbreviazione *anagogica*, per usare l'espressione di H. Silberer. Desiderando ritornare nella situazione in cui si trovava all'interno dell'organo genitale della madre, l'uomo si identifica con il proprio pene, si fa rappresentare da esso. Quindi le due fantasie si rivelano due facce della stessa medaglia, che a seconda dell'atteggiamento maschile o femminile esprimono il desiderio di un rapporto sessuale col padre o con la madre. Non è da escludere la possibilità che nel lamento e nelle condizioni di guarigione del nostro paziente fossero riunite entrambe le fantasie e quindi anche entrambi i desideri incestuosi.

Voglio fare ancora un tentativo di interpretare gli ultimi risultati dell'analisi secondo il modello antagonista al mio: il paziente compiangeva la sua separazione dal mondo con una tipica fantasia di rientro nel ventre materno, vedeva, tipicamente, la sua guarigione solo in una rinascita. Quest'ultima la esprime in sintomi anali che corrispondono alla sua disposizione predominante. Secondo il modello della fantasia di rinascita anale si sarebbe fabbricato una scena infantile, che ripeteva i suoi desideri esprimendoli in simboli arcaici. I suoi sintomi si sarebbero allora concatenati come se derivassero da una scena simile. La decisione di compiere tutto questo cammino a ritroso sarebbe dovu-

[5] Il possibile significato accessorio per cui il velo rappresenterebbe l'imene, che si lacera nel rapporto con l'uomo, non ha né un preciso riscontro con la condizione posta alla guarigione, né alcun rapporto con la vita del paziente, per il quale la verginità non significava niente.

stieß, für deren Lösung er zu faul war, oder weil er allen Grund hatte, seinen Minderwertigkeiten zu mißtrauen und sich durch solche Veranstaltungen am besten vor Zurücksetzung zu schützen meinte.

Das wäre alles gut und schön, wenn der Unglückliche nur nicht schon mit vier Jahren einen Traum gehabt hätte, mit dem seine Neurose begann, der durch die Erzählung des Großvaters vom Schneider und vom Wolf angeregt wurde, und dessen Deutung die Annahme einer solchen Urszene notwendig macht. An diesen kleinlichen, aber unantastbaren Tatsachen scheitern leider die Erleichterungen, die uns die Theorien von Jung und Adler verschaffen wollen. Wie die Sachen liegen, scheint mir die Wiedergeburtsphantasie eher ein Abkömmling der Urszene, als umgekehrt die Urszene eine Spiegelung der Wiedergeburtsphantasie zu sein. Vielleicht darf man auch annehmen, der Patient sei damals, vier Jahre nach seiner Geburt, doch zu jung gewesen, um sich bereits eine Wiedergeburt zu wünschen. Aber dieses letztere Argument muß ich doch zurückziehen; meine eigenen Beobachtungen beweisen, daß man die Kinder unterschätzt hat, und daß man nicht mehr weiß, was man ihnen zutrauen darf.[5]

[5] Ich gebe zu, daß diese Frage die heikelste der ganzen analytischen Lehre ist. Ich habe nicht der Mitteilungen von Adler oder Jung bedurft, um mich mit der Möglichkeit kritisch zu beschäftigen, daß die von der Analyse behaupteten, vergessenen Kindheitserlebnisse — in unwahrscheinlich früher Kindheit erlebt! — vielmehr auf Phantasien beruhen, die bei späten Anlässen geschaffen werden, und daß man überall dort die Äußerung eines konstitutionellen Moments oder einer phylogenetisch erhaltenen Disposition anzunehmen habe, wo man die Nachwirkung eines solchen infantilen Eindrucks in den Analysen zu finden glaubt. Im Gegenteile, kein Zweifel hat mich mehr in Anspruch genommen, keine andere Unsicherheit entschiedener von Publikationen zurückgehalten. Sowohl die Rolle der Phantasien für die Symptombildung als auch das „Zurückphantasieren“ von späten Anregungen her in die Kindheit und das nachträgliche Sexualisieren derselben habe ich als erster kennen gelehrt, worauf keiner der Gegner hingewiesen hat. (Siehe Traumdeutung, I. Auflage, S. 49, [Bd. II/III dieser Gesamtausgabe] und Bemerkungen über einen Fall von Zwangsneurose‘ 1908 [Bd. VII, S. 381]). Wenn ich dennoch die schwierigere und unwahrscheinlichere Auffassung als die meinige festgehalten habe, so geschah es mit Argumenten, wie sie der hier beschriebene Fall oder jede andere infantile Neurose dem Untersucher aufdrängen und die ich jetzt neuerdings den Lesern zur Entscheidung vorlege.

ta al fatto di essersi imbattuto in un compito esistenziale che lui era troppo pigro per portare a termine, o perché aveva tutte le ragioni di sospettare la propria inadeguatezza a questo fine e con questi espedienti pensava di far fronte nel miglior modo possibile allo svantaggio.

Tutto questo non farebbe una piega, se l'infelice non avesse già fatto a quattro anni un sogno, influenzato dalla storia del sarto e del lupo raccontatagli dal nonno, che inaugurò la sua nevrosi e rese necessario ipotizzare una simile scena originaria per poter essere interpretato. Contro questi fatti, minimi ma incontestabili, cozzano, purtroppo, le semplificazioni che le teorie di Jung e Adler ci propongono. Per come stanno le cose, mi sembra che sia la fantasia di rinascita a discendere dalla scena originaria e non, viceversa, che la scena originaria sia un riflesso della fantasia di rinascita. Forse si può anche presumere che il paziente a quel tempo, a soli quattro anni di vita, fosse stato davvero troppo giovane per desiderare già una rinascita. Ma questa argomentazione va lasciata perdere: le mie osservazioni dimostrano che i bambini sono stati sottovalutati e che non si sa più cosa non possa essere attribuito loro.[6]

[6] Ammetto che questo problema è il più spinoso di tutta la dottrina analitica. Non ho avuto bisogno delle esposizioni di Adler o di Jung per esaminare criticamente la possibilità che quelle esperienze che la psicoanalisi sostiene siano vissute dai bambini – in età inverosimilmente tenera – e poi dimenticate, si fondino piuttosto su fantasie costruite in occasioni posteriori; e che perciò, in analisi, dovunque si crede di riconoscere le conseguenze di certe impressioni infantili debba invece vedersi la manifestazione di un fattore costituzionale o di una predisposizione ereditata filogeneticamente. Nulla, al contrario, mi ha mai turbato più di questo dubbio e nessuna incertezza mi ha mai trattenuto più di questa dal pubblicare le mie conclusioni. Ho riconosciuto per primo ciò che nessuno dei miei avversari ha concesso, la parte che hanno le fantasie nella formazione dei sintomi, come anche a porre in rilievo quel processo del "fantasticare all'indietro" per cui impressioni ulteriori vengono proiettate su avvenimenti della prima infanzia che in questo modo si trovano a essere sessualizzati *a posteriori*. (Cfr. *Die Traumdeutung* [L'interpretazione dei sogni] cit., p.49 e *Bemerkungen über einen Fall von Zwangsneurose* [Osservazioni su un caso di nevrosi ossessiva], 1908). Se, malgrado ciò, ho fatto mia la concezione più difficile e meno verosimile, l'ho fatto con argomenti che alla ricerca vengono imposti dal caso qui descritto, come da ogni altro caso di nevrosi infantile, e che io qui presento al lettore perché ne valuti egli stesso la portata.

IX
ZUSAMMENFASSUNGEN UND PROBLEME

Ich weiß nicht, ob es dem Leser des vorstehenden Analysenberichtes gelungen ist, sich ein deutliches Bild von der Entstehung und Entwicklung des Krankseins bei meinem Patienten zu machen. Vielmehr ich fürchte, es ist nicht der Fall gewesen. Aber, so wenig ich sonst für die Kunst meiner Darstellung Partei genommen habe, diesmal möchte ich doch auf mildernde Umstände plaidieren. Es ist eine Aufgabe gewesen, die noch niemals zuvor in Angriff genommen wurde, in die Beschreibung so frühe Phasen und so tiefe Schichten des Seelenlebens einzuführen, und es ist besser, man löst sie schlecht, als man ergreift vor ihr die Flucht, was ja überdies mit gewissen Gefahren für den Verzagten verbunden sein soll. Man zeigt also lieber kühnlich, daß man sich durch das Bewußtsein seiner Minderwertigkeiten nicht hat abhalten lassen.

Der Fall selbst war nicht besonders günstig. Was den Reichtum der Auskünfte über die Kindheit ermöglichte, daß man das Kind durch das Medium des Erwachsenen studieren konnte, mußte mit den ärgsten Zerstücklungen der Analyse und den entsprechenden Unvollständigkeiten in der Darstellung erkauft werden. Persönliche Eigentümlichkeiten, ein dem unsrigen fremder Nationalcharakter, machten die Einfühlung mühsam. Der Abstand zwischen der liebenswürdig entgegenkommenden Persönlichkeit des Kranken, seiner scharfen Intelligenz, vornehmen Denkungsart und seinem völlig ungebändigten Triebleben machte eine überlange Vorbereitungs- und Erziehungsarbeit notwendig, durch welche die

IX

RICAPITOLAZIONI E PROBLEMI

Non so se il lettore del presente resoconto d'analisi sia riuscito a farsi un quadro chiaro dell'origine e dell'evoluzione della malattia nel mio paziente. Temo più di no che di sì. Ma, nonostante io abbia preso sempre scarsamente partito per la mia capacità espositiva, questa volta vorrei invocare le circostanze attenuanti. Quello di addentrarci nella descrizione di fasi così primordiali e strati così profondi della vita dell'anima è stato un compito che ancora nessuno si era mai proposto e che è meglio eseguire male piuttosto che rifuggire, perché, oltre tutto, chi si scoraggia va incontro a precisi pericoli. Tanto vale dimostrare l'audacia di non essere stati trattenuti dalla consapevolezza della propria inadeguatezza.

Il caso stesso non era particolarmente favorevole. Un esasperante sminuzzamento dell'analisi, e la conseguente difettosità espositiva, fu il prezzo che si dovette pagare per la gran messe di informazioni sull'infanzia resa disponibile dall'opportunità di studiare il bambino attraverso il *medium* dell'adulto. Peculiarità personali e un carattere nazionale estraneo al nostro resero faticosa l'immedesimazione. Il divario, esistente nel paziente, tra la personalità affabile e gentile, l'intelligenza viva, il modo di pensare nobile da una parte e la sua incontrollabile vita istintiva dall'altra costrinse a uno spropositato lavoro di preparazione e di educazione che rese difficile la visione d'insieme. Ma di

Übersicht erschwert wurde. An dem Charakter des Falles, welcher der Beschreibung die härtesten Aufgaben stellte, ist der Patient selbst aber völlig unschuldig. Wir haben es in der Psychologie des Erwachsenen glücklich dahin gebracht, die seelischen Vorgänge in bewußte und unbewußte zu scheiden und beide in klaren Worten zu beschreiben. Beim Kinde läßt diese Unterscheidung uns beinahe im Stiche. Man ist oft in Verlegenheit anzugeben, was man als bewußt und was man als unbewußt bezeichnen möchte. Vorgänge, die die herrschenden geworden sind, und die nach ihrem späteren Verhalten den bewußten gleichgestellt werden müssen, sind beim Kinde dennoch nicht bewußt gewesen. Man kann leicht verstehen, warum; das Bewußte hat beim Kinde noch nicht alle seine Charaktere gewonnen, es ist noch in der Entwicklung begriffen und besitzt nicht recht die Fähigkeit, sich in Sprachvorstellungen umzusetzen. Die Verwechslung, deren wir uns sonst regelmäßig schuldig machen, zwischen dem Phänomen, als Wahrnehmung im Bewußtsein aufzutreten, und der Zugehörigkeit zu einem angenommenen psychischen System, das wir irgendwie konventionell benennen sollten, das wir aber gleichfalls Bewußtsein (System *Bw*) heißen, diese Verwechslung ist harmlos bei der psychologischen Beschreibung des Erwachsenen, aber irreführend für die des kleinen Kindes. Auch die Einführung des „Vorbewußten" nützt hier nicht viel, denn das Vorbewußte des Kindes braucht sich mit dem des Erwachsenen ebensowenig zu decken. Man begnügt sich also damit, die Dunkelheit klar erkannt zu haben.

Es ist selbstverständlich, daß ein Fall wie der hier beschriebene Anlaß geben könnte, alle Ergebnisse und Probleme der Psychoanalyse in Diskussion zu ziehen. Es wäre eine unendliche und eine ungerechtfertigte Arbeit. Man muß sich sagen, daß man aus einem einzigen Fall nicht alles erfahren, an ihm nicht alles entscheiden kann, und sich darum begnügen, ihn für das zu verwerten, was er am deutlichsten zeigt. Die Erklärungsaufgabe in der Psychoanalyse ist überhaupt enge begrenzt. Zu erklären sind die auffälligen Symptombildungen durch Aufdeckung ihrer Genese; die psychischen Mechanismen und Triebvorgänge, zu denen man so geführt wird, sind nicht zu erklären, sondern zu beschreiben.

quella caratteristica del caso che impose alla descrizione il compito più arduo, il paziente non aveva alcuna colpa. Se nella psicologia dell'adulto abbiamo condotto a buon esito la separazione dei processi dell'anima in consci e inconsci, riuscendo anche a descriverli entrambi in termini chiari, nel bambino questa distinzione ci pianta praticamente in asso. Ci troviamo nell'imbarazzo a indicare cosa debba essere definito conscio e cosa inconscio. Processi che sono diventati dominanti e che in base al loro andamento successivo devono essere equiparati a quelli consci, nel bambino non sono mai stati coscienti. Si può facilmente capirne il perché: la coscienza nel bambino non ha ancora acquisito tutte le proprie caratteristiche, è ancora in via di sviluppo e non possiede perfettamente la capacità di tradursi in concetti verbali. La confusione, di cui generalmente ci rendiamo colpevoli, tra il fenomeno di comparire alla coscienza come percezione e quello di appartenere a un supposto sistema psichico, che dovremmo in qualche modo denominare convenzionalmente ma che invece designiamo ugualmente "coscienza" (sistema C), questa confusione, innocua nella descrizione psicologica degli adulti, è invece fuorviante nel caso di bambini piccoli. Anche l'introduzione del "preconscio" non serve a molto perché il preconscio del bambino non coincide necessariamente con quello dell'adulto. Perciò dobbiamo accontentarci di aver riconosciuto chiaramente questa oscurità.

È ovvio che un caso come questo che descriviamo potrebbe costituire l'occasione per mettere in discussione tutti i risultati e i problemi della psicoanalisi. Sarebbe un lavoro interminabile e ingiustificato. Bisogna riconoscere che da un singolo caso non si può apprendere tutto né risolvere tutto, ma ci si deve accontentare di utilizzare quello che esso fa risaltare nel modo più chiaro. Il compito esplicativo in psicoanalisi è, del resto, strettamente delimitato. La spiegazione riguarda le formazioni sintomatiche appariscenti e concerne la scoperta della loro genesi; i meccanismi psichici e i processsi istintivi a cui in questo modo si viene condotti, non vanno spiegati ma descritti. Per rica-

Um aus den Feststellungen über diese beiden letzteren Punkte neue Allgemeinheiten zu gewinnen, sind zahlreiche solche gut und tief analysierte Fälle erforderlich. Sie sind nicht leicht zu haben, jeder einzelne verbraucht jahrelange Arbeit. Der Fortschritt in diesen Gebieten kann sich also nur langsam vollziehen. Die Versuchung liegt freilich sehr nahe, sich damit zu begnügen, daß man bei einer Anzahl von Personen die psychische Oberfläche „ankratzt", und das Unterlassene dann durch Spekulation ersetzt, die man unter die Patronanz irgend einer philosophischen Richtung stellt. Man kann auch praktische Bedürfnisse zu Gunsten dieses Verfahrens geltend machen, aber die Bedürfnisse der Wissenschaft lassen sich durch kein Surrogat befriedigen.

Ich will versuchen, eine synthetische Übersicht der Sexualentwicklung meines Patienten zu entwerfen, bei der ich mit den frühesten Anzeichen beginnen kann. Das erste, was wir über ihn hören, ist die Störung der Eßlust, die ich nach anderen Erfahrungen, aber doch mit aller Zurückhaltung, als den Erfolg eines Vorgangs auf sexuellem Gebiet auffassen will. Als die erste kenntliche Sexualorganisation habe ich die sogenannte kannibale oder orale betrachten müssen, in welcher die ursprüngliche Anlehnung der Sexualerregung an den Eßtrieb noch die Szene beherrscht. Direkte Äußerungen dieser Phase werden nicht zu erwarten sein, wohl aber Anzeichen bei eingetretenen Störungen. Die Beeinträchtigung des Eßtriebs — die natürlich sonst auch andere Ursachen haben kann — macht uns dann aufmerksam, daß eine Bewältigung sexueller Erregung dem Organismus nicht gelungen ist. Das Sexualziel dieser Phase könnte nur der Kannibalismus, das Fressen sein; es kommt bei unserem Patienten durch Regression von einer höheren Stufe her in der Angst zum Vorschein: vom Wolf gefressen zu werden. Diese Angst mußten wir uns ja übersetzen: vom Vater koitiert zu werden. Es ist bekannt, daß es in weit vorgerückteren Jahren, bei Mädchen in den Zeiten der Pubertät oder bald nachher, eine Neurose gibt, welche die Sexualablehnung durch Anorexie ausdrückt; man wird sie in Beziehung zu dieser oralen Phase des Sexuallebens bringen dürfen. Auf der Höhe des verliebten Paroxysmus („ich könnte dich

vare nuove generalità dalle osservazioni dei fatti relativi ai due ultimi punti, è necessario un gran numero di casi simili analizzati altrettanto bene e a fondo. Non è facile trovarne, e ciascuno richiede anni di lavoro. Perciò il progresso in questi settori si realizza soltanto lentamente. È chiaro che si è fortemente tentati di limitarsi a "raschiare" in superficie la psiche di un certo numero di persone e a rimpiazzare quello che è stato tralasciato con una riflessione, posta sotto il patrocinio di un qualche orientamento filosofico. Questo modo di procedere può anche essere giustificato da necessità pratiche, ma nessun surrogato può soddisfare le esigenze scientifiche.

Tenterò di abbozzare una veduta d'insieme sintetica dello sviluppo sessuale del mio paziente, cominciando dai sintomi più remoti. Il primo sintomo di cui siamo venuti a conoscenza è il disturbo dell'appetito che, attenendomi anche ad altre esperienze, pur con tutte le riserve possibili, sono propenso a interpretare come il risultato di un processo avvenuto in campo sessuale. In base alla mia esperienza la prima organizzazione sessuale riconoscibile è quella cosiddetta *cannibalesca* od *orale*, in cui a dominare la scena è ancora l'appoggio originario dell'eccitazione sessuale sull'istinto di nutrizione. Di questa fase, più che averne manifestazioni dirette, cogliamo bene gli indizi qualora si instaurino dei disturbi. L'alterazione dell'istinto di nutrizione – che naturalmente può anche avere altre cause – ci informa che l'organismo non è riuscito a controllare l'eccitazione sessuale. L'obiettivo sessuale di questa fase non può essere che il cannibalismo, il divoramento; nel nostro paziente, per via della regressione da uno stadio superiore, si presenta sotto forma di una paura: quella di venir divorato dal lupo. Questa paura dobbiamo ritradurla in un'altra, quella di farsi fare l'amore dal padre. È noto che in età più matura, in ragazze nel periodo della pubertà o subito dopo, può manifestarsi una nevrosi che esprime con l'anoressia il rifiuto della sessualità; la si deve mettere in relazione con questa fase orale. L'obiettivo affettivo dell'organizzazione orale si ripresenta al culmine del parossismo da

fressen vor Liebe“) und im zärtlichen Verkehr mit kleinen Kindern, wobei der Erwachsene sich selbst wie infantil gebärdet, tritt das Liebesziel der oralen Organisation wieder auf. Ich habe an anderer Stelle die Vermutung ausgesprochen, daß der Vater unseres Patienten selbst das „zärtliche Schimpfen“ gehabt, mit dem Kleinen Wolf oder Hund gespielt und ihn im Scherz mit dem Auffressen bedroht hat. (S. 102.) Der Patient hat diese Vermutung durch sein auffälliges Benehmen in der Übertragung nur bestätigt. So oft er vor Schwierigkeiten der Kur auf die Übertragung zurückwich, drohte er mit dem Auffressen und später mit allen anderen möglichen Mißhandlungen, was alles nur Ausdruck von Zärtlichkeit war.

Der Sprachgebrauch hat gewisse Prägungen dieser oralen Sexualphase dauernd angenommen, er spricht von einem „appetitlichen“ Liebesobjekt, nennt die Geliebte „süß“. Wir erinnern uns, daß unser kleiner Patient auch nur Süßes essen wollte. Süßigkeiten, Bonbons vertreten im Traume regelmäßig Liebkosungen, sexuelle Befriedigungen.

Es scheint, daß zu dieser Phase auch eine Angst gehört (im Falle von Störung natürlich), die als Lebensangst auftritt und sich an alles heften kann, was dem Kinde als geeignet bezeichnet wird. Bei unserem Patienten wurde sie dazu benützt, um ihn zur Überwindung seiner Eßunlust, ja zur Überkompensation derselben anzuleiten. Auf die mögliche Quelle seiner Eßstörung werden wir geleitet, wenn wir — auf dem Boden jener vielberedeten Annahme — daran erinnern, daß die Koitusbeobachtung, von welcher so viele nachträgliche Wirkungen ausgingen, in das Alter von 1½ Jahren, sicherlich vor der Zeit der Eßschwierigkeiten fällt. Vielleicht dürfen wir annehmen, daß sie die Prozesse der Sexualreifung beschleunigt und so auch direkte, wenn auch unscheinbare Wirkungen entfaltet hat.

Ich weiß natürlich auch, daß man die Symptomatik dieser Periode, die Wolfsangst, die Eßstörung anders und einfacher erklären kann, ohne Rücksicht auf die Sexualität und eine prägenitale Organisationsstufe derselben. Wer die Zeichen der Neurotik und den Zusammenhang der Erscheinungen gern vernachlässigt,

infatuazione ("ti amo che ti mangerei") e nel rapporto di tenerezza verso i bambini piccoli, in cui l'adulto assume un atteggiamento infantile. Ho avuto già modo di esprimere il sospetto (vedi a p. 103) che anche il padre del nostro paziente avesse praticato "la sgridata affettuosa", e giocando col bambino al lupo o al cane lo avesse minacciato per scherzo di divorarlo. Il paziente non fece che confermare questo sospetto con il suo eclatante comportamento nel transfert. Ogni volta che, di fronte alle difficoltà della cura, retrocedeva nel transfert, esprimeva la minaccia di divorare e, più tardi, anche quella di provocare ogni sorta di maltrattamenti, che erano tutte solo espressioni di tenerezza.

Il linguaggio comune porta impresse stabilmente precise tracce di questa fase sessuale orale, quando parla di un oggetto d'amore "appetitoso", o chiama l'amata "dolce". Ricordiamoci che anche il nostro paziente da piccolo voleva mangiare solo dolci. Dolci e *bonbon* nei sogni rappresentano, di regola, carezze e appagamenti sessuali.

Sembra che a questa fase appartenga anche una paura (in caso di disturbi, naturalmente) che si manifesta come paura per la propria vita e che può fissarsi su qualsiasi cosa venga dichiarata al bambino appropriata. Nel nostro paziente venne utilizzata per insegnargli a superare l'inappetenza, in realtà, a ipercompensarla. Si può individuare la probabile fonte della sua inappetenza ricordando che, in base alla nostra ipotesi, quell'osservazione del coito da cui scaturirono in seguito così tante conseguenze, accadde a un anno e mezzo, sicuramente prima delle difficoltà legate alla nutrizione. Forse è lecito supporre che essa abbia accelerato il processo di maturazione sessuale e che quindi abbia anche sviluppato effetti diretti, per quanto poco vistosi.

Naturalmente so anche che si può spiegare la sintomatologia di questo periodo, la paura del lupo, l'inappetenza, in un modo diverso e più semplice, senza tener conto della sessualità e di uno stadio pregenitale della sua organizzazione. Chi è portato a trascurare i segni di nevrosi e il modo in cui i fenomeni si riconnettono l'un l'altro, si atterrà a

wird diese andere Erklärung vorziehen und ich werde ihn daran nicht hindern können. Es ist schwer, über diese Anfänge des Sexuallebens anders als auf den angezeigten Umwegen etwas Zwingendes zu eruieren.

Die Szene mit der Gruscha (um $2^1/_2$ Jahre) zeigt uns unseren Kleinen zu Beginn einer Entwicklung, welche die Anerkennung als normal verdient, vielleicht bis auf ihre Vorzeitigkeit: Identifizierung mit dem Vater, Harnerotik in Vertretung der Männlichkeit. Sie steht ja auch ganz unter dem Einfluß der Urszene. Die Vateridentifizierung haben wir bisher als eine narzißtische aufgefaßt, mit Rücksicht auf den Inhalt der Urszene können wir es nicht abweisen, daß sie bereits der Stufe der Genitalorganisation entspricht. Das männliche Genitale hat seine Rolle zu spielen begonnen und setzt sie unter dem Einfluß der Verführung durch die Schwester fort.

Man bekommt aber den Eindruck, daß die Verführung nicht bloß die Entwicklung fördert, sondern sie noch in höherem Grade stört und ablenkt. Sie gibt ein passives Sexualziel, welches mit der Aktion des männlichen Genitales im Grunde unverträglich ist. Beim ersten äußeren Hindernis, bei der Kastrationsandeutung der Nanja, bricht (mit $3^1/_2$ Jahren) die noch zaghafte genitale Organisation zusammen und regrediert auf die ihr vorhergehende Stufe der sadistisch-analen Organisation, welche vielleicht sonst mit ebenso leichten Anzeichen wie bei anderen Kindern durchlaufen worden wäre.

Die sadistisch-anale Organisation ist leicht als Fortbildung der oralen zu erkennen. Die gewaltsame Muskelbetätigung am Objekt, die sie auszeichnet, findet ihre Stelle als vorbereitender Akt für das Fressen, das dann als Sexualziel ausfällt. Der vorbereitende Akt wird ein selbständiges Ziel. Die Neuheit gegen die vorige Stufe besteht wesentlich darin, daß das aufnehmende, passive Organ, von der Mundzone abgesondert, an der Analzone ausgebildet wird. Biologische Parallelen oder die Auffassung der prägenitalen menschlichen Organisationen als Reste von Einrichtungen, die in manchen Tierklassen dauernd festgehalten werden, liegen hier sehr nahe. Die Konstituierung des Forscher-

questa spiegazione e io non potrò impedirglielo. È difficile fondare qualcosa di solido, per quanto riguarda gli esordi della vita sessuale, seguendo vie diverse da quelle tortuose che ho indicato.

La scena con Gruša (a due anni e mezzo) ci mostra il piccolo all'inizio di uno sviluppo che si merita l'appellativo di normale, a parte forse la precocità: si identifica con il padre e attua una manifestazione di erotismo uretrale a rappresentare la virilità. Ma è anche uno sviluppo influenzato interamente dalla scena originaria. L'identificazione col padre, che finora abbiamo definito narcisistica, in relazione al contenuto della scena originaria non possiamo negare che corrisponda già a uno stadio dell'organizzazione genitale. Il genitale maschile ha cominciato a giocare il proprio ruolo e continua a giocarlo sotto l'influsso della seduzione operata dalla sorella.

Tuttavia si ha l'impressione che la seduzione non si limiti a favorire lo sviluppo, ma che in misura ancora maggiore lo disturbi e lo devii, arrecando uno scopo sessuale passivo, che è fondamentalmente incompatibile con l'attività del genitale maschile. Al primo ostacolo esterno – l'accenno della nanja alla castrazione – l'organizzazione genitale, ancora incerta, crolla (a tre anni e mezzo) e regredisce allo stadio precedente, quello dell'organizzazione sadico-anale, che, altrimenti, sarebbe stata forse superata con sintomi altrettanto lievi che negli altri bambini.

È facile vedere che l'organizzazione sadico-anale è un perfezionamento di quella orale. La violenta attività muscolare rivolta all'oggetto che la caratterizza ha luogo come atto preparatorio a quello di mangiare, che in questo modo cessa di essere un obiettivo sessuale. L'atto preparatorio diventa uno scopo autonomo. La novità nei confronti dello stadio precedente consiste essenzialmente nel fatto che l'organo ricettivo passivo, sottratto alla zona orale, viene sviluppato nella zona anale. È naturale tracciare dei paralleli biologici o concepire l'organizzazione pregenitale umana come il residuo di orientamenti che in diverse specie di animali si sono mantenuti in forma stabile. Altrettanto ca-

triebes aus seinen Komponenten ist für diese Stufe gleichfalls charakteristisch.

Die Analerotik macht sich nicht auffällig bemerkbar. Der Kot hat unter dem Einfluß des Sadismus seine zärtliche gegen seine offensive Bedeutung vertauscht. An der Verwandlung des Sadismus in Masochismus ist ein Schuldgefühl mitbeteiligt, welches auf Entwicklungsvorgänge in anderen als den sexuellen Sphären hinweist.

Die Verführung setzt ihren Einfluß fort, indem sie die Passivität des Sexualziels aufrechthält. Sie verwandelt jetzt den Sadismus zu einem großen Teil in sein passives Gegenstück, den Masochismus. Es ist fraglich, ob man den Charakter der Passivität ganz auf ihre Rechnung setzen darf, denn die Reaktion des 1½ jährigen Kindes auf die Koitusbeobachtung war bereits vorwiegend eine passive. Die sexuelle Miterregung äußerte sich in einer Stuhlentleerung, an der allerdings auch ein aktiver Anteil zu unterscheiden ist. Neben dem Masochismus, der seine Sexualstrebung beherrscht und sich in Phantasien äußert, bleibt auch der Sadismus bestehen und betätigt sich gegen kleine Tiere. Seine Sexualforschung hat von der Verführung an eingesetzt, wesentlich zwei Probleme in Angriff genommen, woher die Kinder kommen, und ob ein Verlust des Genitales möglich ist, und verwebt sich mit den Äußerungen seiner Triebregungen. Sie lenkt seine sadistischen Neigungen auf die kleinen Tiere als Repräsentanten der kleinen Kinder.

Wir haben die Schilderung bis in die Nähe des vierten Geburtstages geführt, zu welchem Zeitpunkt der Traum die Koitusbeobachtung von 1½ Jahren zur nachträglichen Wirkung bringt. Die Vorgänge, die sich nun abspielen, können wir weder vollständig erfassen, noch sie hinreichend beschreiben. Die Aktivierung des Bildes, das nun dank der vorgeschrittenen intellektuellen Entwicklung verstanden werden kann, wirkt wie ein frisches Ereignis, aber auch wie ein neues Trauma, ein fremder Eingriff analog der Verführung. Die abgebrochene genitale Organisation wird mit einem Schlage wieder eingesetzt, aber der

ratteristico di questo stadio è il costituirsi dell'istinto di ricerca a partire dalle sue componenti.

L'erotismo anale non è un fenomeno appariscente. Le feci, sotto l'influsso del sadismo, hanno cambiato il loro significato di tenerezza in quello di oltraggio. Alla metamorfosi del sadismo in masochismo concorre un sentimento di colpa che è indice di processi evolutivi in sfere diverse da quella sessuale.

La seduzione prosegue la sua influenza operando la conservazione della passività dell'obiettivo sessuale. Adesso trasforma gran parte del sadismo nel suo *pendant* passivo, il masochismo. Ci si può domandare se sia giusto addebitare completamente a essa il carattere della passività, dato che già a un anno e mezzo, al momento dell'osservazione del coito, la reazione del bambino era stata prevalentemente passiva. L'eccitazione sessuale di accompagnamento si manifestò con una evacuazione, nella quale, del resto, è ravvisabile anche una componente attiva. Accanto al masochismo, che domina le sue tendenze sessuali e si manifesta in fantasie, continua a sussistere anche il sadismo, all'opera su animali piccoli. La ricerca in campo sessuale, innescata dalla seduzione, ha essenzialmente preso di mira due questioni: quella sulla provenienza dei bambini e quella sulla possibilità di perdita del genitale, e si intreccia con le manifestazioni dei suoi impulsi istintivi. Essa orienta le sue inclinazioni sadiche verso animali piccoli in quanto rappresentanti dei bambini piccoli.

Riepilogando siamo arrivati fin quasi al compimento del quarto anno d'età, momento in cui il sogno realizza l'effetto ritardato dell'osservazione del coito, avvenuta a un anno e mezzo. I processi che accadono a questo punto non possono essere né completamente compresi né adeguatamente descritti. L'attivazione dell'immagine, che adesso, grazie al progresso dello sviluppo intellettuale, può venir compresa, opera come un evento appena accaduto, ma anche come un nuovo trauma, come un'interferenza estranea, analogamente alla seduzione. L'organizzazione genitale, che era crollata, di colpo viene di nuovo innescata, ma

im Traum vollzogene Fortschritt kann nicht festgehalten werden. Es kommt vielmehr durch einen Vorgang, den man nur einer Verdrängung gleichstellen kann, zur Ablehnung des Neuen und dessen Ersetzung durch eine Phobie.

Die sadistisch-anale Organisation bleibt also auch in der jetzt einsetzenden Phase der Tierphobie fortbestehen, nur sind ihr die Angsterscheinungen beigemengt. Das Kind setzt die sadistischen wie die masochistischen Betätigungen fort, doch reagiert es mit Angst gegen einen Teil derselben; die Verkehrung des Sadismus in sein Gegenteil macht wahrscheinlich weitere Fortschritte.

Aus der Analyse des Angsttraumes entnehmen wir, daß die Verdrängung sich an die Erkenntnis der Kastration anschließt. Das Neue wird verworfen, weil seine Annahme den Penis kosten würde. Eine sorgfältigere Überlegung läßt etwa Folgendes erkennen: Das Verdrängte ist die homosexuelle Einstellung im genitalen Sinne, die sich unter dem Einfluß der Erkenntnis gebildet hatte. Sie bleibt nun aber fürs Unbewußte erhalten, als eine abgesperrte tiefere Schichtung konstituiert. Der Motor dieser Verdrängung scheint die narzißtische Männlichkeit des Genitales zu sein, die in einen längst vorbereiteten Konflikt mit der Passivität des homosexuellen Sexualzieles gerät. Die Verdrängung ist also ein Erfolg der Männlichkeit.

Man käme in Versuchung, von hier aus ein Stück der psychoanalytischen Theorie abzuändern. Man glaubt doch mit Händen zu greifen, daß es der Konflikt zwischen männlichen und weiblichen Strebungen, also die Bisexualität, ist, aus der die Verdrängung und Neurosenbildung hervorgeht. Allein diese Auffassung ist lückenhaft. Von den beiden widerstreitenden Sexualregungen ist die eine ichgerecht, die andere beleidigt das narzißtische Interesse; sie verfällt darum der Verdrängung. Es ist auch in diesem Falle das Ich, von dem die Verdrängung ins Werk gesetzt wird, zu Gunsten einer der sexuellen Strebungen. In anderen Fällen existiert ein solcher Konflikt zwischen Männlichkeit und Weiblichkeit nicht; es ist nur eine Sexualstrebung da, die Annahme heischt, aber gegen gewisse Mächte des Ichs verstößt

il progresso realizzato nel sogno non può venir fissato stabilmente. Piuttosto, attraverso un processo che si può equiparare solo a una rimozione, conduce al rigetto del nuovo e alla sua sostituzione con una fobia.

L'organizzazione sadico-anale continua perciò a permanere anche nella fase, che si sta ora insediando, della zoofobia, solo che vi si frammischiano anche le manifestazioni di angoscia. Il bambino prosegue sia nelle attività sadiche che in quelle masochistiche, sicuramente reagisce con angoscia a una parte di esse; la trasformazione del sadismo nel suo contrario fa probabilmente altri progressi.

Dall'analisi del sogno d'angoscia rileviamo che la rimozione si connette al riconoscimento della castrazione. Il nuovo viene rigettato, perché il pene sarebbe il prezzo da pagare per la sua accettazione. Da una riflessione accurata si ricava più o meno quanto segue: a essere rimosso è l'atteggiamento omosessuale in senso genitale, il quale si era formato per influsso della conoscenza. Ma nell'inconscio esso viene mantenuto, costituendo uno strato isolato più profondo. Il motore di questa rimozione sembra essere la virilità narcisistica del genitale che incorre in un conflitto, preparato già da lungo tempo, con la passività dell'obiettivo omosessuale. La rimozione è perciò un successo della virilità.

Si potrebbe essere tentati di modificare, a partire da qui, una parte della teoria psicoanalitica. Sembra davvero palese che è dal conflitto fra impulsi maschili e femminili, quindi dalla bisessualità, che scaturisce la rimozione e la formazione delle nevrosi. Solo che questa concezione è lacunosa. Dei due moti sessuali contrari, uno è accetto all'Io, l'altro è un affronto per l'interesse narcisistico; perciò cade sotto la rimozione. Anche in questo caso è dall'Io che viene messa all'opera la rimozione in favore di uno degli impulsi sessuali. In altri casi non esiste un simile conflitto fra maschile e femminile; è presente un solo impulso sessuale che esige di essere accettato ma contrasta con-

und darum selbst verstoßen wird. Weit häufiger als Konflikte innerhalb der Sexualität selbst finden sich ja die anderen vor, die sich zwischen der Sexualität und den moralischen Ichtendenzen ergeben. Ein solcher moralischer Konflikt fehlt in unserem Falle. Die Betonung der Bisexualität als Motiv der Verdrängung wäre also zu enge; die des Konflikts zwischen Ich und Sexualstreben (Libido) deckt alle Vorkommnisse.

Der Lehre vom „männlichen Protest", wie sie Adler ausgebildet hat, ist entgegenzuhalten, daß die Verdrängung keineswegs immer die Partei der Männlichkeit nimmt und die Weiblichkeit betrifft; in ganzen großen Klassen von Fällen ist es die Männlichkeit, die sich vom Ich die Verdrängung gefallen lassen muß.

Eine gerechtere Würdigung des Verdrängungsvorganges in unserem Falle würde übrigens der narzißtischen Männlichkeit die Bedeutung des einzigen Motivs bestreiten. Die homosexuelle Einstellung, die während des Traumes zu stande kommt, ist eine so intensive, daß das Ich des kleinen Menschen an ihrer Bewältigung versagt und sich durch den Verdrängungsvorgang ihrer erwehrt. Als Helfer bei dieser Absicht wird die ihr gegensätzliche narzißtische Männlichkeit des Genitales herangezogen. Daß alle narzißtischen Regungen vom Ich aus wirken und beim Ich verbleiben, die Verdrängungen gegen libidinöse Objektbesetzungen gerichtet sind, soll nur zur Vermeidung von Mißverständnissen ausgesprochen werden.

Wenden wir uns von dem Vorgang der Verdrängung, dessen restlose Bewältigung uns vielleicht nicht geglückt ist, zu dem Zustand, der sich beim Erwachen aus dem Traum ergibt. Wäre es wirklich die Männlichkeit gewesen, die während des Traumvorganges über die Homosexualität (Weiblichkeit) gesiegt hat, so müßten wir nun eine aktive Sexualstrebung von bereits ausgesprochen männlichem Charakter als die herrschende finden. Davon ist keine Rede, das Wesentliche der Sexualorganisation hat sich nicht geändert, die sadistisch-anale Phase setzt ihren Bestand fort, sie ist die herrschende geblieben. Der Sieg der Männlichkeit zeigt sich bloß darin, daß nun auf die passiven Sexualziele der herrschenden Organisation (die masochistisch, aber nicht weiblich sind) mit Angst

tro certe forze dell'Io e per questo viene a sua volta contrastato. Di gran lunga più frequentemente dei conflitti interni alla sessualità stessa si ripropongono gli altri, quelli che si producono tra la sessualità e le tendenze morali dell'Io. Un conflitto morale di questo genere nel nostro caso manca. Porre l'accento sulla bisessualità come motivo della rimozione sarebbe perciò troppo restrittivo, mentre il porlo sul conflitto tra Io e impulsi sessuali (libido) copre tutti i casi.

Alla dottrina della "protesta maschile" così come Adler l'ha sviluppata, c'è da opporre che la rimozione non prende affatto sempre partito per il maschile a scapito del femminile; in tutta una grossa fetta di casi è il maschile che soccombe alla rimozione operata dall'Io.

Un giudizio più corretto sul processo di rimozione avvenuto nel nostro caso contesterebbe alla virilità narcisistica il significato di motivo unico. L'atteggiamento omosessuale che durante il sogno si instaura è talmente intenso che l'Io del maschietto rinuncia a dominarlo e se ne difende con il processo di rimozione. A sostegno di questo scopo si ricorre all'aiuto del suo contrario, della virilità narcisistica del genitale. Che tutti gli impulsi narcisistici traggano origine dall'Io e nell'Io restino, che le rimozioni siano rivolte contro gli investimenti libidici sull'oggetto, deve essere detto solo per evitare equivoci.

Dal processo della rimozione, che forse non padroneggiamo completamente, passiamo all'esame dello stato derivato dal sogno al momento del risveglio. Se davvero, durante i processi del sogno, il maschile avesse sconfitto l'omosessualità (il femminile), a questo punto avremmo dovuto riscontrare la predominanza di una tendenza sessuale attiva di carattere già decisamente maschile. Invece niente: il carattere essenziale dell'organizzazione sessuale non è mutato, la fase sadico-anale perdura ed è rimasta predominante. La vittoria del maschile si manifesta solo nel fatto che ora la reazione di fronte agli obiettivi sessuali passivi dell'organizzazione predominante (che sono maso-

reagiert wird. Es ist keine sieghafte männliche Sexualregung vorhanden, sondern nur eine passive und ein Sträuben gegen dieselbe.

Ich kann mir vorstellen, welche Schwierigkeiten die ungewohnte, aber unerläßliche scharfe Scheidung von aktiv-männlich und passiv-weiblich dem Leser bereitet und will darum Wiederholungen nicht vermeiden. Den Zustand nach dem Traume kann man also in folgender Art beschreiben: Die Sexualstrebungen sind zerspalten worden, im Unbewußten ist die Stufe der genitalen Organisation erreicht und eine sehr intensive Homosexualität konstituiert, darüber besteht (virtuell im Bewußten) die frühere sadistische und überwiegend masochistische Sexualströmung, das Ich hat seine Stellung zur Sexualität im ganzen geändert, es befindet sich in Sexualablehnung und weist die herrschenden masochistischen Ziele mit Angst ab, wie es auf die tieferen homosexuellen mit der Bildung einer Phobie reagiert hat. Der Erfolg des Traumes war also nicht so sehr der Sieg einer männlichen Strömung, sondern die Reaktion gegen eine feminine und eine passive. Es wäre gewaltsam, dieser Reaktion den Charakter der Männlichkeit zuzuschreiben. Das Ich hat eben keine Sexualstrebungen, sondern nur das Interesse an seiner Selbstbewahrung und der Erhaltung seines Narzißmus.

Fassen wir nun die Phobie ins Auge. Sie ist auf dem Niveau der genitalen Organisation entstanden, zeigt uns den relativ einfachen Mechanismus einer Angsthysterie. Das Ich schützt sich durch Angstentwicklung vor dem, was es als übermächtige Gefahr wertet, vor der homosexuellen Befriedigung. Doch hinterläßt der Verdrängungsvorgang eine nicht zu übersehende Spur. Das Objekt, an das sich das gefürchtete Sexualziel geknüpft hat, muß sich vor dem Bewußtsein durch ein anderes vertreten lassen. Nicht die Angst vor dem V a t e r, sondern die vor dem W o l f wird bewußt. Es bleibt auch nicht bei der Bildung der Phobie mit dem einen Inhalt. Der Wolf ersetzt sich eine ganze Weile später durch den Löwen. Mit den sadistischen Regungen gegen die kleinen Tiere konkurriert eine Phobie vor ihnen als Vertreter

chistici, ma non femminili) è l'angoscia. Non c'è una tendenza sessuale maschile vittoriosa, ma una tendenza passiva e una opposizione a essa.

Posso immaginare quali difficoltà possa creare al lettore la netta distinzione, inconsueta ma indispensabile, tra attivo-maschile e passivo-femminile e perciò non mancherò di ripetermi. Lo stato dopo il sogno può essere descritto come segue: le tendenze sessuali sono state dissociate, nell'inconscio è stato raggiunto lo stadio genitale e si è costituita una omosessualità molto intensa, su questo (virtualmente nella coscienza) permane la precedente corrente sadica, e soprattutto masochistica, l'Io ha completamente mutato la sua posizione nei confronti della sessualità, trovandosi a contrastarla e respingendo con angoscia gli obiettivi masochistici dominanti, così come ha reagito con la formazione di una fobia agli obiettivi omosessuali più profondi. Più che la vittoria di una corrente maschile, il risultato del sogno è stato la reazione a una corrente femminile e passiva. Sarebbe una forzatura ascrivere a questa reazione il carattere della virilità. L'Io non ha affatto tendenze sessuali, ma solo l'interesse all'autoconservazione e al mantenimento del proprio narcisismo.

Occupiamoci adesso della fobia. Formatasi al *niveau* dell'organizzazione genitale, essa ci mostra il meccanismo relativamente semplice di un'isteria d'angoscia. L'Io, sviluppando l'angoscia, si difende da quello che valuta un pericolo preponderante: il soddisfacimento omosessuale. Ma il processo di rimozione si lascia dietro una traccia non proprio trascurabile. L'oggetto al quale si era legato l'obiettivo sessuale temuto, davanti alla coscienza deve essere sostituito con un altro. Non sarà la paura del *padre,* ma quella del *lupo* a diventare cosciente. Ma nella formazione della fobia non ci si ferma a quest'unico contenuto. Dopo un certo lasso di tempo, il lupo viene sostituito dal leone. In competizione con gli impulsi sadici contro animali piccoli subentra la fobia degli stessi animali come rappresentanti

der Nebenbuhler, der möglichen kleinen Kinder. Besonders interessant ist die Entstehung der Schmetterlingsphobie. Es ist wie eine Wiederholung des Mechanismus, der im Traum die Wolfsphobie erzeugt hat. Durch eine zufällige Anregung wird ein altes Erlebnis aktiviert, die Szene mit Gruscha, deren Kastrationsdrohung nachträglich zur Wirkung kommt, während sie, als sie vorfiel, ohne Eindruck geblieben war.[1]

Man kann sagen, die Angst, welche in die Bildung dieser Phobien eingeht, ist Kastrationsangst. Diese Aussage enthält keinen Widerspruch gegen die Auffassung, die Angst sei aus der Verdrängung homosexueller Libido hervorgegangen. In beiden Ausdrucksweisen meint man den nämlichen Vorgang, daß das Ich der homosexuellen Wunschregung Libido entzieht, welche in freischwebende Angst umgesetzt wird und sich dann in Phobien binden läßt. In der ersten Ausdrucksweise hat man nur das Motiv, welches das Ich treibt, mitbezeichnet.

Bei näherem Zusehen findet man nun, daß diese erste Er-

[1] Die Gruschaszene war, wie erwähnt, eine spontane Erinnerungsleistung des Patienten, an welcher eine Konstruktion oder Anregung des Arztes keinen Anteil hatte; die Lücke in ihr wurde von der Analyse in einer Weise ausgefüllt, die tadellos genannt werden muß, wenn man auf die Arbeitsweise der Analyse überhaupt Wert legt. Eine rationalistische Aufklärung dieser Phobie könnte nur sagen: Es sei nichts Ungewöhnliches, daß ein zur Ängstlichkeit disponiertes Kind auch einmal vor einem gelbstreifigen Schmetterling einen Angstanfall bekomme, wahrscheinlich infolge einer ererbten Angstneigung. (Vgl. Stanley Hall, A synthetic genetic study of fear. Amer. J. of Psychology XXV, 1914). In Unwissenheit dieser Ursache suche es nun nach einer Kindheitsanküpfung für diese Angst und benütze den Zufall der Namensgleichheit und der Wiederkehr der Streifen, um sich die Phantasie eines Abenteuers mit dem noch erinnerten Kindermädchen zu konstruieren. Wenn aber die Nebensachen der an sich harmlosen Begebenheit, Aufwaschen, Kübel, Besen im späteren Leben die Macht zeigen, dauernd und zwanghaft die Objektwahl des Menschen zu bestimmen, so fällt der Schmetterlingsphobie eine unbegreifliche Bedeutung zu. Der Sachverhalt wird mindestens ebenso merkwürdig wie der von mir behauptete, und der Gewinn aus der rationalistischen Auffassung dieser Szenen ist zerronnen. Die Gruschaszene wird uns also besonders wertvoll, da wir an ihr unser Urteil über die minder gesicherte Urszene vorbereiten können.

dei rivali, dei possibili fratellini piccoli. Particolarmente interessante è l'insorgere della fobia della farfalla. È come una ripetizione del meccanismo che nel sogno ha prodotto la fobia del lupo. Un impulso accidentale riattiva un'antica esperienza, la scena con Gruša, la cui minaccia di castrazione produce l'effetto retrospettivamente, mentre non aveva fatto nessuna impressione nel momento in cui era avvenuta.[1]

Si può dire che è la paura di castrazione a presiedere alla formazione di queste fobie. Questa affermazione non contrasta affatto con la concezione secondo cui l'angoscia scaturì dalla rimozione della libido omosessuale. Con entrambe le fraseologie si intende lo stesso processo, quello per cui l'Io sottrae all'aspirazione omosessuale libido, la quale viene trasformata in angoscia fluttuante allo stato libero che poi si fissa in fobie. Nella prima fraseologia si è semplicemente definito insieme anche il motivo che spinge l'Io ad agire.

Osservando le cose più da vicino si trova ora che questa

[1] Come abbiamo accennato, la scena di Gruša fu ricordata del tutto spontaneamente dal paziente, senza che vi intervenisse una costruzione o un suggerimento del medico; in essa le lacune vennero colmate dall'analisi in un modo che può essere definito impeccabile, se in generale si annette valore al metodo di lavoro dell'analisi. Una spiegazione razionalista di questa fobia potrebbe dire solo questo: non c'è niente di straordinario nel fatto che un bambino predisposto a soffrire di paure anche davanti a una farfalla striata di giallo abbia una crisi di paura, probabilmente per una tendenza ereditaria. (Cfr. STANLEY HALL, *A synthetic genetic study of fear*, in "Amer. J. of Psychology", XXV,1914.) Ignorando questa causa, il paziente avrebbe cercato nell'infanzia un aggancio per la paura e utilizzato la casuale coincidenza dei nomi e l'analogia dovuta alla presenza delle strisce per costruirsi la fantasia di un'avventura con la bambinaia, che ricordava ancora. Ma se i dettagli di questa vicenda, di per sé innocente, quali il lavare, il secchio, la scopa, si dimostrano in grado di determinare in modo permanente e coattivo la scelta dell'oggetto nel corso della vita dell'uomo, allora la fobia della farfalla assume un significato incomprensibile. Quantomeno lo stato di cose diventa altrettanto sorprendente di quello che ho prospettato io e il vantaggio dell'interpretazione razionalistica della scena svanisce. La scena di Gruša acquista, dunque, per noi un valore particolare perché sulla sua base possiamo prepararci a giudicare la scena originaria, meno sicura.

krankung unseres Patienten (von der Eßstörung abzusehen) durch das Herausgreifen der Phobie nicht erschöpft wird, sondern als eine echte Hysterie verstanden werden muß, der neben Angstsymptomen auch Konversionserscheinungen zukommen. Ein Anteil der homosexuellen Regung wird in dem bei ihr beteiligten Organ festgehalten; der Darm benimmt sich von da an und ebenso in der Spätzeit wie ein hysterisch affiziertes Organ. Die unbewußte, verdrängte Homosexualität hat sich in den Darm zurückgezogen. Gerade dieses Stück Hysterie hat dann bei der Lösung des späteren Krankseins die besten Dienste geleistet.

Nun soll es uns auch nicht am Mute mangeln, die noch komplizierteren Verhältnisse der Zwangsneurose in Angriff zu nehmen. Halten wir uns nochmals die Situation vor: eine herrschende masochistische und eine verdrängte homosexuelle Sexualströmung, dagegen ein in hysterischer Ablehnung befangenes Ich; welche Vorgänge wandeln diesen Zustand in den der Zwangsneurose um?

Die Verwandlung geschieht nicht spontan, durch innere Fortentwicklung, sondern durch fremden Einfluß von außen. Ihr sichtbarer Erfolg ist, daß das im Vordergrund stehende Verhältnis zum Vater, welches bisher in der Wolfsphobie Ausdruck gefunden hatte, sich nun in Zwangsfrömmigkeit äußert. Ich kann es nicht unterlassen, darauf hinzuweisen, daß der Vorgang bei diesem Patienten eine unzweideutige Bestätigung einer Behauptung liefert, die ich in „Totem und Tabu" über das Verhältnis des Totemtieres zur Gottheit aufgestellt habe.[2] Ich entschied mich dort dafür, daß die Gottesvorstellung nicht eine Fortentwicklung des Totem sei, sondern sich unabhängig von ihm aus der gemeinsamen Wurzel beider zu seiner Ablösung erhebe. Der Totem sei der erste Vaterersatz, der Gott aber ein späterer, in dem der Vater seine menschliche Gestalt wiedergewinne. So finden wir es auch bei unserem Patienten. Er macht in der Wolfsphobie das Stadium des totemistischen Vaterersatzes durch, welches nun ab-

[2] Totem und Tabu, p. 137, 1913. [Enthalten in Bd. IX. der Gesamtausgabe.]

prima malattia del nostro paziente (a prescindere dall'inappetenza) non si esaurisce enucleando fobie, ma deve essere considerata anche come una vera e propria isteria, alla quale, accanto ai sintomi di angoscia, si convengono anche fenomeni di conversione. Una parte dell'impulso omosessuale si fissa nell'organo relativo: l'intestino, da questo momento come anche in seguito, si comporta come un organo affetto istericamente. La sessualità inconscia, rimossa, si è ritirata in quest'organo. Proprio questa parte di isteria ha reso i servizi migliori alla soluzione della malattia ulteriore.

Adesso troveremo anche il coraggio di imbarcarci nell'esame dello stato, ancor più complicato, della nevrosi ossessiva. Ricordiamo ancora una volta la situazione: una corrente masochistica predominante e una corrente omosessuale rimossa, e, per contro, un Io occupato nel loro ripudio isterico; quali processi trasformano questo stato in quello della nevrosi ossessiva?

La metamorfosi non accade spontaneamente, per una evoluzione interiore, ma per un influsso esterno di natura estrinseca. Il suo risultato visibile è che il rapporto di tipo preferenziale con il padre, che fino a quel momento aveva trovato espressione nella fobia del lupo, si manifesta ora in religiosità ossessiva. Non posso far a meno di sottolineare come il processo che si è svolto nel nostro paziente confermi in modo inequivocabile una considerazione, enunciata in *Totem e tabù*,[2] sul rapporto tra animale totemico e divinità. In quest'opera ho sostenuto che l'idea di Dio non è una evoluzione del totem ma sorge indipendentemente da esso, subentrandogli a partire da una radice comune. Il totem è il primo sostituto del padre, Dio un sostituto successivo in cui il padre riconquista la forma umana. Questo lo ritroviamo anche nel caso del nostro paziente. Con la fobia del lupo attraversa lo stadio del sostituto totemico del padre,

[2] *Totem und Tabu* (Totem e tabù), p. 137, 1913, bd. IX.

bricht und infolge neuer Relationen zwischen ihm und dem Vater durch eine Phase von religiöser Frömmigkeit ersetzt wird.

Der Einfluß, welcher diese Wandlung hervorruft, ist die durch die Mutter vermittelte Bekanntschaft mit den Lehren der Religion und mit der heiligen Geschichte. Das Ergebnis wird das von der Erziehung gewünschte. Der sadistisch-masochistischen Sexualorganisation wird ein langsames Ende bereitet, die Wolfsphobie verschwindet rasch, an Stelle der Angstablehnung der Sexualität tritt eine höhere Form der Unterdrückung derselben. Die Frömmigkeit wird zur herrschenden Macht im Leben des Kindes. Allein diese Überwindungen gehen nicht ohne Kämpfe vor sich, als deren Zeichen die blasphemischen Gedanken erscheinen, und als deren Folge eine zwanghafte Übertreibung des religiösen Zeremoniells sich festsetzt.

Wenn wir von diesen pathologischen Phänomenen absehen, können wir sagen, die Religion hat in diesem Falle alles das geleistet, wofür sie in der Erziehung des Individuums eingesetzt wird. Sie hat seine Sexualstrebungen gebändigt, indem sie ihnen eine Sublimierung und feste Verankerung bot, seine familiären Beziehungen entwertet und damit einer drohenden Isolierung vorgebeugt, dadurch, daß sie ihm den Anschluß an die große Gemeinschaft der Menschen eröffnete. Das wilde, verängstigte Kind wurde sozial, gesittet und erziehbar.

Der Hauptmotor des religiösen Einflusses war die Identifizierung mit der Christusgestalt, die ihm durch die Zufälligkeit seines Geburtsdatums besonders nahe gelegt war. Hier fand die übergroße Liebe zum Vater, welche die Verdrängung notwendig gemacht hatte, endlich einen Ausweg in eine ideale Sublimierung. Als Christus durfte man den Vater, der nun Gott hieß, mit einer Inbrunst lieben, die beim irdischen Vater vergeblich nach Entladung gesucht hatte. Die Wege, auf denen man diese Liebe bezeugen konnte, waren von der Religion angezeigt, an ihnen haftete auch nicht das Schuldbewußtsein, das sich von den individuellen Liebesstrebungen nicht ablösen ließ. Wenn so die tiefste, bereits als unbewußte Homosexualität niedergeschlagene Sexualströmung noch drainiert werden konnte, so fand die oberflächlichere masochistische Strebung eine unvergleichliche Subli-

stadio che ora si interrompe e viene sostituito da una fase di devozione religiosa in seguito alle nuove relazioni stabilitesi col padre.

L'influsso che suscita questa trasformazione consiste nella dimestichezza con le dottrine religiose e la storia sacra, acquisita grazie alla madre. Il risultato era stato quello richiesto a una simile istruzione. L'organizzazione sadico-masochistica viene lentamente a fine, la fobia del lupo scompare rapidamente, al posto del rifiuto della sessualità operato con l'angoscia subentra una forma di repressione più elevata. La religiosità diviene la forza dominante nella vita del bambino. Solo che questi superamenti accadono attraverso lotte di cui sono indice i pensieri blasfemi e il cui risultato è un'esagerazione ossessiva del cerimoniale religioso.

Prescindendo da questi fenomeni patologici possiamo dire che in questo caso la religione ha compiuto tutto ciò per cui essa viene inserita nell'educazione dell'individuo. Ha frenato i suoi impulsi sessuali, offrendo loro una sublimazione e un solido ancoraggio, svalutando le relazioni familiari e proteggendolo così da un pericoloso isolamento, in modo che gli fosse consentito l'accesso alla grande comunità umana. Il bambino selvaggio e ansioso diventa sociale, civile ed educabile.

Il motore principale dell'influsso religioso fu l'identificazione con la figura di Cristo, straordinariamente facilitata dal caso fortuito della sua data di nascita. L'amore eccessivo per il padre, che aveva reso necessaria la rimozione, trovò qui, finalmente, sbocco in una sublimazione ideale. Essendo Cristo poteva amare il padre, che ora si chiamava Dio, con una passione intima che inutilmente aveva cercato di rivolgere al padre terreno. Le vie attraverso cui si poteva manifestare questo amore erano indicate dalla religione ed erano avulse da quel senso di colpa inseparabile dalle aspirazioni affettive individuali. Poiché la corrente sessuale più profonda, già ridotta a omosessualità inconscia, poteva ancora subire un drenaggio, la tendenza masochistica, più superficiale, senza bisogno di

mierung ohne viel Verzicht in der Leidensgeschichte Christi, der sich im Auftrage und zu Ehren des göttlichen Vaters hatte mißhandeln und opfern lassen. So tat die Religion ihr Werk bei dem kleinen Entgleisten durch Mischung von Befriedigung, Sublimierung, Ablenkung vom Sinnlichen auf rein geistige Prozesse, und die Eröffnung sozialer Beziehungen, die sie dem Gläubigen bietet.

Sein anfängliches Sträuben gegen die Religion hatte drei verschiedene Ausgangspunkte. Erstens war es überhaupt, wovon wir schon Beispiele gesehen haben, seine Art, alle Neuheiten abzuwehren. Er verteidigte jede einmal eingenommene Libidoposition in der Angst vor dem Verlust bei ihrem Aufgeben und im Mißtrauen gegen die Wahrscheinlichkeit eines volles Ersatzes durch die neu zu beziehende. Es ist das eine wichtige und fundamentale psychologische Besonderheit, die ich in den drei Abhandlungen zur Sexualtheorie als Fähigkeit zur Fixierung aufgestellt habe. Jung hat sie unter dem Namen der psychischen „Trägheit" zur Hauptverursachung aller Mißerfolge der Neurotiker machen wollen. Ich glaube, mit Unrecht, sie reicht viel weiter hinaus und spielt auch im Leben nicht Nervöser ihre bedeutsame Rolle. Die Leichtbeweglichkeit oder Schwerflüssigkeit der libidinösen, und ebenso der andersartigen Energiebesetzungen ist ein besonderer Charakter, der vielen Normalen und nicht einmal allen Nervösen eignet, und der bisher noch nicht in Zusammenhang mit anderem gebracht ist, etwas wie eine Primzahl nicht weiter zerteilbares. Wir wissen nur das eine, daß die Eigenschaft der Beweglichkeit psychischer Besetzungen mit dem Lebensalter auffällig zurückgeht. Sie hat uns eine der Indikationen für die Grenzen der psychoanalytischen Beeinflussung geliefert. Es gibt aber Personen, bei denen diese psychische Plastizität weit über die gewöhnliche Altersgrenze hinaus bestehen bleibt, und andere, bei denen sie sehr frühzeitig verloren geht. Sind es Neurotiker, so macht man mit Unbehagen die Entdeckung, daß unter scheinbar gleichen Verhältnissen bei ihnen Veränderungen nicht rückgängig zu machen sind, die man bei anderen mit Leichtigkeit bewältigt hat. Es ist also auch bei den Umsetzungen psychischer Vorgänge der Begriff

molte rinunce trovava una sublimazione incomparabile nella passione di Cristo, che si era lasciato maltrattare e sacrificare su incarico e in onore del padre divino. Così la religione operò sul piccolo sbandato attraverso un miscuglio di soddisfacimento, sublimazione, deviazione della sensualità verso processi meramente spirituali e attraverso quell'apertura alle relazioni sociali che essa offre al credente.

La sua iniziale resistenza verso la religione aveva tre diversi punti di partenza. In primo luogo c'era quel comportamento difensivo verso il nuovo di cui abbiamo già visto esempi. Difendeva ogni posizione libidica raggiunta, spaventato dalla perdita cui poteva dar luogo il rinunciarvi e diffidente sulla possibilità di trovare nel nuovo un adeguato sostituto. Si tratta di quella importante e fondamentale particolarità psicologica che nei miei *Tre saggi sulla teoria sessuale* ho denominato "capacità di *fissazione*". Jung, sotto il nome di "inerzia psichica" ha voluto farne la causa principale di tutti i fallimenti dei nevrotici. Secondo me a torto, perché va molto al di là e gioca un ruolo significativo anche nella vita dei non nevrotici. La facile mobilità o la difficile fluidità degli investimenti libidici, come di quelli energetici in genere, è un carattere particolare, che non tutti i nevrotici hanno, mentre lo possiedono anche le persone normali, e che finora non è stato posto in relazione ad altri caratteri, una sorta di numero primo non ulteriormente divisibile. Sappiamo solo questo, che la proprietà della mobilità degli investimenti psichici diminuisce visibilmente con l'età. Essa ci ha fornito una delle indicazioni sui limiti di influenza del trattamento psicoanalitico. Ma ci sono persone che conservano questa plasticità psichica ben oltre gli abituali limiti di età, e altre che la perdono molto precocemente. Se poi si tratta di nevrotici, si scopre con disappunto che, a parità di condizioni, in loro non è possibile far regredire alterazioni che in altri sono state superate facilmente. Perciò anche nel caso delle transazioni dei processi psichici bisogna prendere in

einer Entropie in Betracht zu ziehen, deren Maß sich einer Rückbildung des Geschehenen widersetzt.

Einen zweiten Angriffspunkt bot ihm die Tatsache, daß die Religionslehre selbst kein eindeutiges Verhältnis zu Gott-Vater zu ihrer Grundlage hat, sondern von den Anzeichen der ambivalenten Einstellung durchsetzt ist, welche über ihrer Entstehung gewaltet hat. Diese Ambivalenz spürte er mit der hochentwickelten eigenen heraus und knüpfte an sie jene scharfsinnige Kritik, welche uns von einem Kinde im fünften Lebensjahr so sehr Wunder nehmen mußte. Am bedeutsamsten war aber gewiß ein drittes Moment, auf dessen Wirkung wir die pathologischen Ergebnisse seines Kampfes gegen die Religion zurückführen dürfen. Die zum Manne drängende Strömung, welche von der Religion sublimiert werden sollte, war ja nicht mehr frei, sondern zum Teil durch Verdrängung abgesondert und damit der Sublimierung entzogen, an ihr ursprüngliches sexuelles Ziel gebunden. Kraft dieses Zusammenhanges strebte der verdrängte Anteil sich den Weg zum sublimierten Anteil zu bahnen oder ihn zu sich herabzuziehen. Die ersten Grübeleien, die die Person Christi umspannen, enthielten bereits die Frage, ob dieser sublime Sohn auch das im Unbewußten festgehaltene sexuelle Verhältnis zum Vater erfüllen könne. Die Abweisungen dieses Bestrebens hatten keinen anderen Erfolg, als scheinbar blasphemische Zwangsgedanken entstehen zu lassen, in denen sich die körperliche Zärtlichkeit für Gott in der Form seiner Erniedrigung durchsetzte. Ein heftiger Abwehrkampf gegen diese Kompromißbildungen mußte dann zur zwanghaften Übertreibung aller der Tätigkeiten führen, in denen die Frömmigkeit, die reine Liebe zu Gott, ihren vorgezeichneten Ausweg fand. Endlich hatte die Religion gesiegt, aber ihre triebhafte Fundierung erwies sich unvergleichlich stärker als die Haftbarkeit ihrer Sublimierungsprodukte. Sowie das Leben einen neuen Vaterersatz brachte, dessen Einfluß sich gegen die Religion richtete, wurde sie fallen gelassen und durch anderes ersetzt. Gedenken wir noch der interessanten Komplikation, daß die Frömmigkeit unter dem Einfluß von Frauen entstand (Mutter

considerazione il concetto di una *entropia*, il cui grado si oppone a una reversibilità degli avvenimenti.

Un secondo punto contro cui resistere glielo forniva il fatto che la stessa dottrina religiosa non si fonda su un rapporto univoco col Dio-padre, ma è impregnata dei sintomi di quell'ambivalente disposizione d'animo che ha presieduto al suo instaurarsi. In questa ambivalenza egli riconobbe la propria, notevolmente sviluppata, e a essa legò quella acuta critica che ci aveva sorpreso così tanto in un bambino di cinque anni. Ma ancora più significativo fu certamente un terzo punto, al cui effetto dobbiamo ricondurre gli esiti patologici della sua lotta contro la religione. La corrente sessuale diretta verso l'uomo, che avrebbe dovuto venir sublimata dalla religione, non era più libera, ma in parte deviata dalla rimozione e perciò sottratta alla sublimazione, fissata al suo obiettivo sessuale originario. In forza di questo contesto, la parte rimossa cercava di farsi strada verso la parte sublimata o di abbassare quest'ultima fino a sé. Le sue prime congetture sulla figura del Cristo contenevano già la questione se quel figlio sublime potesse anche soddisfare il tipo di relazione sessuale con il padre, che lui serbava nel proprio inconscio. Il rifiuto di questa aspirazione non dette altro risultato che la produzione di pensieri ossessivi apparentemente blasfemi, in cui la tenerezza fisica nei confronti di Dio si riproponeva in forma di denigrazione. Fu una impetuosa lotta difensiva contro queste forme di compromesso che condusse alla esagerazione ossessiva di tutti quegli atti in cui la religiosità, il puro amore verso Dio, trovava sbocco nelle vie prescritte. Alla fine vinse la religione, ma il suo fondamento istintivo si dimostrò incomparabilmente più solido della garanzia fornita dai suoi prodotti di sublimazione. Non appena la vita gli fornì un nuovo sostituto del padre, il cui influsso contrastava quello della religione, quest'ultima fu lasciata perdere e sostituita con altro. Si tenga anche presente l'interessante complicazione per cui la religiosità insorse per l'influenza esercitata da figure femminili (la madre e la bambinaia),

und Kinderfrau), während männlicher Einfluß die Befreiung von ihr ermöglichte.

Die Entstehung der Zwangsneurose auf dem Boden der sadistisch-analen Sexualorganisation bestätigt im ganzen, was ich an anderer Stelle „über die Disposition zur Zwangsneurose“[3] ausgeführt habe. Aber der vorherige Bestand einer starken Hysterie macht unseren Fall in dieser Hinsicht undurchsichtiger. Ich will die Übersicht über die Sexualentwicklung unseres Kranken beschließen, indem ich ein kurzes Streiflicht auf deren spätere Wandlungen werfe. Mit den Pubertätsjahren trat bei ihm die normal zu nennende, stark sinnliche, männliche Strömung mit dem Sexualziel der Genitalorganisation auf, deren Schicksale die Zeit bis zu seiner Späterkrankung füllen. Sie knüpfte direkt an die Gruschaszene an, entlehnte von ihr den Charakter zwanghafter, anfallsweise kommender und schwindender Verliebtheit und hatte mit den Hemmungen zu kämpfen, die von den Resten der infantilen Neurosen ausgingen. Mit einem gewaltsamen Durchbruch zum Weib hatte er sich endlich die volle Männlichkeit erkämpft; dies Sexualobjekt wurde von nun an festgehalten, aber er wurde des Besitzes nicht froh, denn eine starke, nun völlig unbewußte Hinneigung zum Manne, die alle Kräfte der früheren Phasen in sich vereinigte, zog ihn immer wieder vom weiblichen Objekt ab und nötigte ihn, in den Zwischenzeiten die Abhängigkeit vom Weib zu übertreiben. Er legte der Kur die Klage vor, daß er es beim Weibe nicht aushalten könne, und alle Arbeit richtete sich darauf, sein ihm unbewußtes Verhältnis zum Manne aufzudecken. Seine Kindheit war, um es formelhaft zusammenzufassen, durch das Schwanken zwischen Aktivität und Passivität ausgezeichnet gewesen, seine Pubertätszeit durch das Ringen um die Männlichkeit, und die Zeit von seiner Erkrankung an durch den Kampf um das Objekt der männlichen Strebung. Der Anlaß

[3] Internat. Zeitschrift für ärztliche Psychoanalyse, I. Band, 1913, S. 525 ff. [Enthalten im Bd. VIII. dieser Gesamtausgabe.]

mentre fu un influsso maschile quello che gli permise di liberarsene.

L'insorgenza della nevrosi ossessiva sul terreno dell'organizzazione sadico-anale conferma del tutto ciò che ho affermato altrove sulla "predisposizione alla nevrosi ossessiva".[3] Ma la preesistenza di una grave isteria rende il nostro caso, sotto questo aspetto, meno trasparente. Voglio chiudere questa esposizione d'insieme dell'evoluzione sessuale del nostro paziente esaminando brevemente i mutamenti avvenuti in seguito. Con gli anni della pubertà subentrò in lui, in concomitanza con l'obiettivo sessuale dell'organizzazione genitale, una corrente maschile fortemente sensuale, che può essere definita normale, le cui vicissitudini si estendono anche al periodo che si protrae fino alla malattia ulteriore. Questa corrente si riallacciava direttamente alla scena con Gruša, desumeva da essa il carattere dell'infatuazione ossessiva suscitata e spenta fortuitamente e doveva lottare contro le inibizioni derivanti dai residui delle nevrosi infantili. Fu con una violenta irruzione verso la femmina che alla fine conquistò la sua piena virilità; questo oggetto sessuale doveva rimanere, d'ora in poi, fisso ma il possesso non lo rese felice perché c'era una forte inclinazione verso l'uomo, ormai completamente inconscia, che riuniva in sé tutte le forze delle prime fasi, la quale lo allontanava sempre di nuovo dall'oggetto femminile, costringendolo, negli intervalli, a esagerare la sua dipendenza dalla femmina. Durante la cura si lamentò di non poter sopportare la donna, e tutto il lavoro si indirizzò a fargli scoprire la sua tendenza inconscia verso l'uomo. La sua infanzia, riassumendo in una formula, era stata caratterizzata dall'oscillazione tra attività e passività, la pubertà da una lotta per la virilità, e l'epoca della malattia da una lotta per l'oggetto della sua tendenza maschile. Il movente occasionale della sua malattia non rien-

[3] *Die Disposition zur Zwangsneurose* (Predisposizione alla nevrosi ossessiva), in "Internat. Zeitschrift für ärztliche Psychoanalyse", I. Band, 1913.

seiner Erkrankung fällt nicht unter die „neurotischen Erkrankungstypen", die ich als Spezialfälle der „Versagung" zusammenfassen konnte,[4] und macht so auf eine Lücke in dieser Reihenbildung aufmerksam. Er brach zusammen, als eine organische Affektion des Genitales seine Kastrationsangst aufleben machte, seinem Narzißmus Abbruch tat und ihn zwang, die Erwartung einer persönlichen Bevorzugung durch das Schicksal aufzugeben. Er erkrankte also an einer narzißtischen „Versagung". Diese Überstärke seines Narzißmus stand in vollem Einklang mit den anderen Anzeichen einer gehemmten Sexualentwicklung, daß seine heterosexuelle Liebeswahl bei aller Energie so wenig psychische Strebungen in sich konzentrierte, und daß die homosexuelle Einstellung, die dem Narzißmus um so vieles näher liegt, sich als unbewußte Macht bei ihm mit solcher Zähigkeit behauptet hatte. Natürlich kann die psychoanalytische Kur bei solchen Störungen nicht einen momentanen Umschwung und eine Gleichstellung mit einer normalen Entwicklung herbeiführen, sondern nur die Hindernisse beseitigen und die Wege gangbar machen, damit die Einflüsse des Lebens die Entwicklung nach den besseren Richtungen durchsetzen können.

Als Besonderheiten seines psychischen Wesens, die von der psychoanalytischen Kur aufgedeckt, aber nicht weiter aufgeklärt und dementsprechend auch nicht unmittelbar beeinflußt werden konnten, stelle ich zusammen: die bereits besprochene Zähigkeit der Fixierung, die außerordentliche Ausbildung der Ambivalenzneigung, und als dritten Zug einer archaisch zu nennenden Konstitution die Fähigkeit, die verschiedenartigsten und widersprechendsten libidinösen Besetzungen alle nebeneinander funktionsfähig zu erhalten. Das beständige Schwanken zwischen denselben, durch welches Erledigung und Fortschritt lange Zeit ausgeschlossen erschienen, beherrschten das Krankheitsbild der Spätzeit, das ich ja hier nur streifen konnte. Ohne allen Zweifel war dies ein Zug aus der Charakteristik des Unbewußten, der sich bei ihm in die bewußt gewordenen Vorgänge fortgesetzt hatte; aber er

[4] Zentralblatt für Psychoanalyse, II, 6, 1912. [Über neurotische Erkrankungstypen. Enthalten in Bd. VIII. dieser Gesamtausgabe.]

tra fra quei "modi tipici di contrarre la malattia nervosa" che ho potuto raggruppare come casi particolari della "frustrazione"[4] e ci fa scoprire una lacuna presente in quella classificazione. Crollò quando un'affezione organica del genitale ravvivò la sua paura di castrazione, colpì il suo narcisismo e lo costrinse ad abbandonare l'idea di essere personalmente favorito dal destino. Si ammalò perciò di una "frustrazione" narcisistica. Questa strapotenza del suo narcisismo concordava pienamente con gli altri sintomi di uno sviluppo sessuale inibito, col fatto che la sua scelta eterosessuale dell'oggetto, nonostante l'impiego di energia, concentrasse così poche tendenze psichiche, e col fatto che l'atteggiamento omosessuale, che si avvicina molto al narcisismo, si fosse affermato in lui, come forza inconscia, tanto tenacemente. In presenza di simili disturbi la cura psicoanalitica non può, naturalmente, produrre un ribaltamento repentino e ristabilire l'equivalente di un'evoluzione normale, può soltanto rimuovere gli ostacoli e rendere la strada di nuovo agibile, in modo che gli influssi della vita possano avviare l'evoluzione nelle direzioni migliori.

Citerò le particolarità della sua natura psichica che furono scoperte, ma non spiegate dalla cura psicoanalitica e che pertanto non godettero di un'influenza diretta: la tenacia della fissazione, già più volte menzionata; lo straordinario sviluppo della tendenza all'ambivalenza; e, come terzo tratto di una costituzione che può definirsi arcaica, la capacità di mantenere in funzione gli uni accanto agli altri i più svariati e contraddittori investimenti libidici. Le costanti oscillazioni dagli uni agli altri, che per molto tempo esclusero ogni risoluzione e progresso, dominarono il quadro della malattia del periodo più tardo, che posso menzionare solo di sfuggita. Senza alcun dubbio questo era un tratto caratteristico dell'inconscio che nel suo caso si era mantenuto anche nei processi divenu-

[4] *Über neurotische Erkrankungstypen* (Modi tipici di contrarre la malattia nervosa) in "Zentralblatt für Psychoanalyse", II, 6, 1912.

zeigte sich nur an den Ergebnissen affektiver Regungen, auf rein logischen Gebieten bewies er vielmehr ein besonderes Geschick in der Aufspürung von Widersprüchen und Unverträglichkeiten. So empfing man von seinem Seelenleben einen Eindruck, wie ihn die altägyptische Religion macht, die dadurch für uns so unvorstellbar wird, daß sie die Entwicklungsstufen neben den Endprodukten konserviert, die ältesten Götter und Gottesbedeutungen wie die jüngsten fortsetzt, in eine Fläche ausbreitet, was in anderen Entwicklungen zu einem Tiefengebilde wird.

Ich habe nun zu Ende gebracht, was ich über diesen Krankheitsfall mitteilen wollte. Nur noch zwei der zahlreichen Probleme, die er anregt, scheinen mir einer besonderen Hervorhebung würdig. Das erste betrifft die phylogenetisch mitgebrachten Schemata, die wie philosophische „Kategorien" die Unterbringung der Lebenseindrücke besorgen. Ich möchte die Auffassung vertreten, sie seien Niederschläge der menschlichen Kulturgeschichte. Der Ödipuskomplex, der die Beziehung des Kindes zu den Eltern umfaßt, gehört zu ihnen, ist vielmehr das bestgekannte Beispiel dieser Art. Wo die Erlebnisse sich dem hereditären Schema nicht fügen, kommt es zu einer Umarbeitung derselben in der Phantasie, deren Werk im einzelnen zu verfolgen, gewiß nutzbringend wäre. Gerade diese Fälle sind geeignet, uns die selbständige Existenz des Schemas zu erweisen. Wir können oft bemerken, daß das Schema über das individuelle Erleben siegt, so wenn in unserem Falle der Vater zum Kastrator und Bedroher der kindlichen Sexualität wird, trotz eines sonst umgekehrten Ödipuskomplexes. Eine andere Wirkung ist es, wenn die Amme an die Stelle der Mutter tritt oder mit ihr verschmolzen wird. Die Widersprüche des Erlebens gegen das Schema scheinen den infantilen Konflikten reichlichen Stoff zuzuführen.

Das zweite Problem liegt von diesem nicht fernab, es ist aber ungleich bedeutsamer. Wenn man das Verhalten des vierjährigen

ti consci; ma riguardava solo gli esiti dei moti affettivi, perché in campo puramente logico egli si dimostrava particolarmente abile nel rilevare le contraddizioni e le incompatibilità. La sua vita psichica produceva un'impressione analoga a quella che produce la religione dell'antico Egitto, che ci appare incomprensibile perché ha conservato tutti gli stadi evolutivi accanto ai loro prodotti finali, lasciando coesistere gli dèi e i significati divini più antichi accanto a quelli più recenti, dispiegando insomma su una superficie ciò che in altre evoluzioni è stratificato in profondità.

A questo punto ho terminato la mia relazione su questo caso clinico. Fra i tanti problemi che esso solleva, due in particolare mi sembrano ancora degni di attenzione. Il primo riguarda gli schemi filogenetici innati, che, come le "categorie" filosofiche, presiedono alla classificazione delle impressioni empiriche. Sono propenso a credere che si tratti di precipitati della storia della civiltà umana. Il più noto esempio di questi schemi è senz'altro il complesso edipico, che abbraccia i rapporti del bambino con i genitori. Se le esperienze individuali non si adattano a questo schema, viene compiuta una loro rielaborazione fantastica, che sarebbe utile poter seguire nei particolari. Sono proprio questi, infatti, i casi più appropriati a farci rilevare l'esistenza autonoma dello schema. Spesso si può notare che lo schema prevale sull'esperienza individuale, come quando, nel nostro caso, il padre diventa l'eviratore e colui che minaccia la sessualità del bambino, nonostante che il complesso edipico, per tutti gli altri aspetti, sia capovolto. Un processo analogo si verifica quando la bambinaia prende il posto della madre o si confonde con lei. Le contraddizioni tra l'esperienza individuale e lo schema sembrano fornire molto materiale ai conflitti infantili.

Il secondo problema, che non si discosta molto da questo, è però incomparabilmente più significativo. Se si prende in considerazione il comportamento del bambino di

Kindes gegen die reaktivierte Urszene in Betracht zieht,[5] ja wenn man nur an die weit einfacheren Reaktionen des 1½jährigen Kindes beim Erleben dieser Szene denkt, kann man die Auffassung schwer von sich weisen, daß eine Art von schwer bestimmbarem Wissen, etwas wie eine Vorbereitung zum Verständnis, beim Kinde dabei mitwirkt.[6] Worin dies bestehen mag, entzieht sich jeder Vorstellung; wir haben nur die eine ausgezeichnete Analogie mit dem weitgehenden instinktiven Wissen der Tiere zur Verfügung.

Gäbe es einen solchen instinktiven Besitz auch beim Menschen, so wäre es nicht zu verwundern, wenn er die Vorgänge des Sexuallebens ganz besonders beträfe, wenngleich er auf sie keineswegs beschränkt sein kann. Dieses Instinktive wäre der Kern des Unbewußten, eine primitive Geistestätigkeit, die später durch die zu erwerbende Menschheitsvernunft entthront und überlagert wird, aber so oft, vielleicht bei allen, die Kraft behält, höhere seelische Vorgänge zu sich herabzuziehen. Die Verdrängung wäre die Rückkehr zu dieser instinktiven Stufe, und der Mensch würde so mit seiner Fähigkeit zur Neurose seine große Neuerwerbung bezahlen und durch die Möglichkeit der Neurosen die Existenz der früheren instinktartigen Vorstufe bezeugen. Die Bedeutung der frühen Kindheitstraumen läge aber darin, daß sie diesem Unbewußten einen Stoff zuführen, der es gegen die Aufzehrung durch die nachfolgende Entwicklung schützt.

Ich weiß, daß ähnliche Gedanken, die das hereditäre, phylogenetisch erworbene Moment im Seelenleben betonen, von verschiedenen Seiten ausgesprochen worden sind, ja ich meine, daß

5 Ich darf davon absehen, daß dies Verhalten erst zwei Dezennien später in Worte gefaßt werden konnte, denn alle Wirkungen, die wir von der Szene ableiten, haben sich ja in Form von Symptomen, Zwängen usw. bereits in der Kindheit und lange vor der Analyse geäußert. Dabei ist es gleichgültig, ob man sie als Urszene oder als Urphantasie gelten lassen will.

6 Von neuem muß ich betonen, daß diese Überlegungen müßig wären, wenn Traum und Neurose nicht der Kindheitszeit selbst angehörten.

quattro anni di fronte alla scena originaria riattivata,[5] o se si pensa anche soltanto alle reazioni, ben più semplici, del bambino di un anno e mezzo quando osservò la scena, è difficile trattenersi dal supporre che fin da allora nel bambino agisse una specie di sapere di difficile definizione, qualcosa come un preparativo alla comprensione.[6] In che cosa possa consistere, non possiamo immaginarlo; come termine di raffronto abbiamo solo la notevole analogia con il vasto sapere istintivo degli animali.

Se anche l'uomo possiede un sapere istintivo del genere, non c'è da stupirsi che riguardi in modo particolare i processi della vita sessuale, anche se non deve necessariamente limitarsi a questi soltanto. Questo patrimonio istintivo costituirebbe il nucleo dell'inconscio, una specie di attività spirituale primitiva in seguito spodestata e sommersa dall'avvento della ragione, ma che così spesso, forse per tutti noi, conserva la forza di attrarre a sé processi psichici più elevati. La rimozione sarebbe il ritorno a questo stadio istintivo: così l'uomo, con la suscettibilità alla nevrosi, pagherebbe il suo nuovo grande acquisto, e, con la possibilità della nevrosi, dimostrerebbe l'esistenza degli stadi anteriori di tipo istintivo. Il significato dei traumi della prima infanzia si troverebbe nel fatto che essi arrecano all'inconscio un materiale che lo protegge dall'usura durante la successiva evoluzione.

So che considerazioni di questo genere, che pongono l'accento sul momento ereditario della vita dell'anima, acquisito filogeneticamente, sono già state svolte da molti, e anzi penso che ci sia stata perfino un'eccessiva disponibilità a dar loro posto nella critica psicoanalitica. A me sem-

[5] Posso prescindere dal fatto che questo comportamento ricevesse la sua espressione linguistica solo due decenni più tardi poiché tutti gli effetti dedotti dalla scena si erano manifestati sotto forma di sintomi, coazioni ecc. già nell'infanzia, e molto tempo prima dell'analisi. Perciò che la si reputi scena originaria o fantasia originaria non fa differenza.

[6] Devo sottolineare ancora una volta che queste riflessioni sarebbero vane se tanto il sogno come la nevrosi non appartenessero all'infanzia stessa.

man allzu bereit war, ihnen einen Platz in der psychoanalytischen Würdigung einzuräumen. Sie erscheinen mir erst zulässig, wenn die Psychoanalyse in Einhaltung des korrekten Instanzenzuges auf die Spuren des Ererbten gerät, nachdem sie durch die Schichtung des individuell Erworbenen hindurchgedrungen ist.[7]

[7] [*Zusatz 1923:*] Ich stelle hier nochmals die Chronologie der in dieser Geschichte erwähnten Begebenheiten zusammen:

Geboren am Weihnachtstag.

1 1/2 Jahre: Malaria. Beobachtung des Koitus der Eltern oder jenes Beisammenseins derselben, in das er später die Koitusphantasie eintrug.

Kurz vor 2 1/2 Jahren: Szene mit Gruscha.

2 1/2 Jahre: Deckerinnerung an Abreise der Eltern mit Schwester. Sie zeigt ihn allein mit der Nanja und verleugnet so Gruscha und Schwester.

Vor 3 1/4 Jahren: Klage der Mutter vor dem Arzt.

3 1/4 Jahre: Beginn der Verführung durch die Schwester, bald darauf Kastrationsdrohung der Nanja.

3 1/2 Jahre: Die englische Gouvernante, Beginn der Charakterveränderung.

4 Jahre: Wolfstraum, Entstehung der Phobie.

4 1/2 Jahre: Einfluß der biblischen Geschichte. Auftreten der Zwangssymptome.

Kurz vor 5 Jahren: Halluzination des Fingerverlustes.

5 Jahre: Verlassen des ersten Gutes.

Nach 6 Jahren: Besuch beim kranken Vater.

8 Jahre: } Letzte Ausbrüche der Zwangsneurose.
10 Jahre: }

Meine Darstellung hat es leicht gemacht zu erraten, daß der Patient Russe war. Ich entließ ihn nach meiner Schätzung als geheilt wenige Wochen vor dem unerwarteten Ausbruch des Weltkrieges und sah ihn erst wieder, als die Wechselfälle des Krieges den Zentralmächten den Zugang nach Südrußland eröffnet hatten. Dann kam er nach Wien und berichtete von einem unmittelbar nach Beendigung der Kur aufgetretenen Bestreben, sich vom Einfluß des Arztes loszureißen. In einigen Monaten Arbeit wurde nun ein noch nicht überwundenes Stück der Übertragung bewältigt; seither hat Patient, dem der Krieg Heimat, Vermögen und alle Familienbeziehungen geraubt hatte, sich normal gefühlt und tadellos benommen. Vielleicht hat gerade sein Elend durch die Befriedigung seines Schuldgefühls zur Befestigung seiner Herstellung beigetragen.

brano valide solo quando la psicoanalisi giunga sulle tracce dell'elemento ereditario rispettando l'ordine delle istanze, dopo aver percorso, cioè, il cammino attraverso le stratificazioni di ciò che gli uomini hanno acquisito individualmente.[7]

[7] [Appendice del 1923]. Riepilogo la cronologia degli avvenimenti riferiti in questa storia:

Nascita il giorno di Natale.

Un anno e mezzo: malaria. Osservazione del coito dei genitori o della scena tra loro in cui più tardi inserì la fantasia del coito.

Poco prima dei due anni e mezzo: scena con Gruša.

Due anni e mezzo: ricordo di copertura della partenza dei genitori con la sorella. Il ricordo lo mostra solo con la nanja ed è perciò un ripudio di Gruša e della sorella.

Prima dei tre anni e tre mesi: lamentela della madre al medico.

Tre anni e tre mesi: inizio della seduzione da parte della sorella e, poco dopo, minaccia di castrazione da parte della nanja.

Tre anni e mezzo: la governante inglese, inizio del mutamento caratteriale.

Quattro anni: sogno del lupo, insorgenza della fobia.

Quattro anni e mezzo: influsso del racconto biblico. Comparsa dei sintomi ossessivi.

Poco prima dei cinque anni: allucinazione della perdita del dito.

Cinque anni: partenza dalla prima proprietà.

Dopo i sei anni: visita al padre ammalato.

Dagli otto anni ai dieci anni: ultime manifestazioni della nevrosi ossessiva.

Dalla mia descrizione si è potuto facilmente indovinare che il paziente era russo. Lo dimisi, a mio avviso guarito, poche settimane prima dell'inatteso scoppio della guerra mondiale e lo rividi solo quando le vicende belliche ebbero aperto alle Potenze Centrali il sud della Russia. Allora venne a Vienna e riferì di essersi sforzato, immediatamente dopo la fine della cura, di liberarsi dell'influsso del medico. In pochi mesi di lavoro venimmo a capo di una parte di transfert che ancora rimaneva; da allora il paziente, al quale la guerra era costata la patria, il patrimonio e tutte le relazioni familiari, si sentì normale e si comportò irreprensibilmente. Forse proprio la disgrazia, soddisfacendo il suo senso di colpa, ha contribuito al consolidamento della sua guarigione.

Indice

Ultimi volumi pubblicati in
"Universale Economica" – I CLASSICI

Virginia Woolf, *Flush*. Una biografia. A cura di I. Plescia. Introduzione di N. Fusini
Arthur Conan Doyle, *Le avventure di Sherlock Holmes*. A cura di G. Carlotti
William Shakespeare, *La commedia degli errori*. A cura di N. Fusini
Cesare Pavese, *Dialoghi con Leucò*. A cura di S. Ritrovato
Cesare Pavese, *La luna e i falò*. A cura di S. Scioli
George Orwell, *Fattoria degli animali*. A cura di F. Cavagnoli
George Orwell, *1984*. A cura di F. Cavagnoli
Vittorio Alfieri, *Vita*. A cura di C. Forno
Fernando Pessoa, *Il libro dell'inquietudine* di Bernardo Soares. Prefazione di A. Tabucchi. Cura di M.J. de Lancastre. Traduzione di M.J. de Lancastre e A. Tabucchi. Nuova edizione rivista
Marcel Schwob, *Vite immaginarie*. A cura di L. Salvatore
Søren Kierkegaard, *In vino veritas*. A cura di I. Basso
H.G. Wells, *La Macchina del Tempo*. A cura di M. Esposito
Giovanni Boccaccio, *Decameron*. A cura di M. Veglia
Francis Scott Fitzgerald, *Al di qua del paradiso*. Traduzione di P.F. Paolini. Postfazione di S. Antonelli
Alexandre Dumas, *La guerra delle donne*. Traduzione di G. Panfili

Victor Hugo, *William Shakespeare*. A cura di D. Feroldi. Con uno scritto di A. Serra

Montesquieu, *Lettere persiane*. A cura di D. Felice

Emma Orczy, *La Primula rossa*. A cura di G. Carlotti

Nikolaj Gogol', *Racconti di Pietroburgo*. A cura di D. Rebecchini

Mark Twain, *Wilson Testa-di-rapa. Quei gemelli fuori dell'ordinario*. A cura di M. Maffi

Friedrich Nietzsche, *Al di là del bene e del male*. Preludio a una filosofia dell'avvenire. A cura di S. Mati. Traduzione di S. Mati e O. Abu Dbei

Giorgio Caproni, *"Pianto per Ignazio". Versioni da García Lorca e altri poeti ispanici*. A cura di L. Dolfi

Fëdor Dostoevskij, *Note invernali su impressioni estive*. A cura di S. Prina

Oscar Wilde, *Vera o i nichilisti*. A cura di E. Terrinoni. Testo originale a fronte

Giovanni Verga, *Eva*. A cura di G. Rosa

Johan Huizinga, *L'Autunno del Medioevo*. A cura di F. Paris

Apuleio, *La favola di Amore e Psiche*. Prefazione di A. Torino, a cura di S. Sacchini

Alexandre Dumas, *Vent'anni dopo*. Traduzione di C. Diez condotta sul testo francese stabilito da C. Schopp. Con una Introduzione e un Dizionario dei personaggi di C. Schopp

Jane Austen, *Mansfield Park*. Traduzione di B. Amato, postfazione di G. Montanaro

Fëdor Dostoevskij, *Netočka Nezvanova*. A cura di S. Prina

Hans Magnus Enzensberger (a cura di), *Colloqui con Marx e Engels*. Testimonianze sulla vita di Marx e Engels. Postfazione di E. Donaggio e P. Kammerer. Traduzione di A. Casalegno

Guy de Maupassant, *Racconti dell'incubo e del mistero*. A cura di L. Salvatore

Jules Verne, *Viaggio al centro della Terra*. Traduzione e postfazione di S. Valenti. Con un saggio di G. Sassone. Ilustrazioni di É. Riou

Søren Kierkegaard, *Il diario del Seduttore*. A cura di I. Basso

Platone, *Repubblica o Sulla Giustizia*. Introduzione di H. Kohlenberger. Traduzione e commento di M. Vitali. Testo originale a fronte

Giosue Carducci, Annie Vivanti, *Addio caro Orco*. Lettere e ricordi (1889-1906). A cura di A. Folli

Stendhal, *Passeggiate romane*. Prefazione di E. Trevi. Traduzione e note di D. Feroldi. Incisioni di G. Vasi

Euripide, *Alcesti*. A cura di G. Greco. Testo originale a fronte

Oscar Wilde, *L'importanza di far l'onesto*. Una commedia frivola per gente seria. A cura di A. Bibbò. Testo originale a fronte

Le mille e una notte. Edizione italiana condotta sul più antico manoscritto arabo stabilito da M. Mahdi. Traduzione di R. Denaro e M. Casari

Itzhak Katzenelson, *Canto del popolo yiddish messo a morte*. Traduzione e cura di E. De Luca

Jack London, *Zanna Bianca*. A cura di D. Sapienza. Nota storico-letteraria di M. Maffi

Friedrich Nietzsche, *Poesie*. A cura di S. Mati. Testo originale a fronte

Colette, *L'ingenua libertina*. Traduzione di D. Selvatico Estense. Postfazione di L. Scarlini

William Shakespeare, *La bisbetica domata*. A cura di I. Plescia. Introduzione di N. Fusini. Testo originale a fronte

Francis Scott Fitzgerald, *Belli e dannati*. A cura di E. Pantaleo

Arthur Conan Doyle, *La Valle della paura*. Traduzione di G. Carlotti. Postfazione di E. Terrinoni

H.G. Wells, *L'isola del Dottor Moreau*. A cura di M. Esposito

Giacomo Leopardi, *Zibaldone di pensieri*. Nuova edizione tematica condotta sugli Indici leopardiani. A cura di F. Cacciapuoti. Con un Preludio di A. Prete

Fëdor Dostoevskij, *L'eterno marito. La moglie di un altro e il marito sotto il letto*. A cura di S. Prina

Emily Dickinson, *Lettere*. 1845-1886. A cura di B. Lanati. Postfazione di V. Gennero

Guy de Maupassant, *Racconti neri*. A cura di L. Salvatore

Mark Twain, *Contro i luoghi comuni*. Racconti cattivi, grotteschi, irriverenti. A cura di M. Maffi

Louisa May Alcott, *Piccole donne* o Meg, Jo, Beth e Amy. A cura di S. Sacchini. Prefazione di N. Terranova

John Cleland, *Fanny Hill*. Memorie di una donna di piacere. A cura di F. Garnero

Guillaume Apollinaire, *Le undicimila verghe*. Traduzione di R. Rossi Testa. Postfazione di L. Aragon. Con uno scritto di M. Décaudin

Franz Kafka, *Quaderni in ottavo*. A cura di I.A. Cusano

Oscar Wilde, *Il Principe felice e altre storie - Una casa dei melograni*. A cura di E. Terrinoni

Igino Ugo Tarchetti, *Fosca*. Postfazione di G. Rosa

Edgar Lee Masters, *Antologia di Spoon River*. A cura di E. Terrinoni

Fëdor Dostoevskij, *Umiliati e offesi*. A cura di S. Prina

La felicità degli antichi. Idee e immagini di una buona vita. A cura di D. Susanetti

Karl Marx, *Manoscritti economico-filosofici del 1844* e altre pagine su lavoro e alienazione. A cura di E. Donaggio e P. Kammerer

William B. Yeats, *Verso Bisanzio*. Poesie scelte. A cura di R. Mussapi. Testo originale a fronte

Lev Nikolaevič Tolstoj, *Sulla vita*. A cura di I. Sibaldi

Edwin A. Abbott, *Flatlandia*. Un racconto fantastico a più dimensioni. A cura di G. Carlotti

Francesco Petrarca, *Guida al viaggio da Genova alla Terra Santa*. Itinerarium Syriacum. A cura di U. Dotti

Lewis Carroll, *La caccia allo Snark*. A cura di R. Sanesi. Illustrazioni di H. Holiday

Jules Verne, *Ventimila leghe sotto i mari*. Traduzione di S. Valenti. Postfazione di E. Trevi. Incisioni originali di A. de Neuville e É. Riou

Émile Zola, *Lo scannatoio*. L'Assommoir. A cura di L. Salvatore. Postfazione di L.F. Céline

Friedrich Nietzsche, *L'anticristo*. Maledizione del cristianesimo. A cura di S. Mati

Epitteto, *Manuale*. Traduzione di G. Leopardi. Postfazione e commento di A. Banfi

Virginia Woolf, *Orlando*. A cura di S. Rota Sperti. Introduzione di T. Swinton. Con le foto di L. Woolf di Vita Sackville-West nella parte di Orlando

Luigi Natoli, *I Beati Paoli*. Postfazione di M. Onofri

Karl Marx, Friedrich Engels, *Manifesto del partito comunista*. A cura di E. Donaggio e P. Kammerer

Henry James, *Il giro di vite*. A cura di L. Lunari

Frances Hodgson Burnett, *Il giardino segreto*. A cura di G. Carlotti

Eloisa e Abelardo, *Lettere*. A cura di N. Cappelletti Truci

Erasmo da Rotterdam, *Dolce è la guerra per chi non ne ha esperienza*. Storie politiche tratte dagli Adagia. A cura di U. Dotti

Giuseppe Tomasi di Lampedusa, *I racconti*. Nuova edizione rivista e accresciuta. A cura di N. Polo. Introduzioni e note di G. Lanza Tomasi

Fëdor Dostoevskij, *Memorie da una casa di morti*. A cura di S. Prina

William Shakespeare, *Le allegre madame di Windsor*. A cura di N. Fusini

Henry David Thoreau, *Disobbedienza civile*. A cura di F. Meli. Traduzione di L. Gentili

Edith Wharton, *L'età dell'innocenza*. A cura di S. Antonelli

Daniel Defoe, *Moll Flanders*. A cura di A. Bibbò

Jane Austen, *Emma*. A cura di B. Amato

Ippolito Nievo, *Le confessioni di un italiano*. A cura di U.M. Olivieri

Arthur Conan Doyle, *Il segno dei quattro*. A cura di G. Carlotti

Luigi Pirandello, *Quaderni di Serafino Gubbio operatore*. A cura di S. Micali

Seneca, *La brevità della vita*. A cura di U. Dotti. Testo originale a fronte

Friedrich Nietzsche, *Così parlò Zarathustra*. Un libro per tutti e per nessuno. A cura di S. Mati
Charles Dickens, *Il canto di Natale*. A cura di B. Amato
Jack London, *Martin Eden*. Prefazione di M. Maffi. A cura di S. Sacchini
James Joyce, *Un ritratto dell'artista da giovane*. A cura di F. Cavagnoli
Aristofane, *Lisistrata*. A cura di G. Greco. Testo originale a fronte
Robert Louis Stevenson, *La Freccia Nera*. Una storia delle Due Rose. A cura di G. Carlotti. Testi critici di G.K. Chesterton
Sheridan Le Fanu, *Carmilla*. La vampira e il detective dell'occulto. A cura di S. Sacchini
Thomas Hardy, *Tess dei d'Urberville*. A cura di M. Esposito
Marcel Proust, *Il piacere della lettura*. Prefazione di E. Trevi. Traduzione di D. Feroldi
Howard Phillips Lovecraft, *Il profeta dell'incubo*. Il Ciclo del sogno. A cura di S. Altieri
Guillaume de Lorris, Jean de Meun, *Il Romanzo della Rosa*. A cura di M. Jevolella
Alexandre Dumas, *I tre moschettieri*. Introduzione e Dizionario dei personaggi di C. Schopp. Traduzione di C. Diez, condotta sul testo francese stabilito da C. Schopp
Fëdor Dostoevskij, *Povera gente*. A cura di S. Prina
Thomas More, *Utopia*. A cura di U. Dotti
Charles Dickens, *Il Circolo Pickwick*. A cura di A. Ceni
Michel de Montaigne, *L'etica dei piaceri*. Antologia dai *Saggi*. A cura di C. Montaleone. Traduzione di S. Ferrari
Mark Twain, *Le avventure di Tom Sawyer*. A cura di S. Sacchini
Lucrezio, *La natura delle cose*. A cura di U. Dotti. Testo originale a fronte
William Shakespeare, *Troilo e Cressida*. Introduzione di N. Fusini. A cura di I. Plescia. Testo originale a fronte
Jack London, *Il vagabondo delle stelle*. A cura di D. Sapienza. Postfazione di J. Williams
Horace Walpole, *Il castello di Otranto*. Prefazione di P. Éluard. A cura di G. Carlotti

Charles Dickens, *Tempi difficili*. A cura di B. Amato
Honoré de Balzac, *Eugénie Grandet*. A cura di F. Ieva
Francis Scott Fitzgerald, *Tenera è la notte*. A cura di E. Pantaleo
Gabriele d'Annunzio, *Il piacere*. Postfazione di S. Micali
Jane Austen, *Persuasione*. Traduzione di M. Baiocchi e S. Tagliavini. Postfazione di S. Poledrelli. In appendice il capitolo soppresso dall'Autrice
Eleusis e Orfismo. I Misteri e la tradizione iniziatica greca. A cura di A. Tonelli. Testo originale a fronte
Friedrich Nietzsche, *La nascita della tragedia*. A cura di S. Mati
Lev Nikolaevič Tolstoj, *Guerra e rivoluzione*. Prefazione di G.P. Serino. Cura di R. Coaloa
Tucidide, *I discorsi della democrazia*. A cura di D. Susanetti. Testo originale a fronte
Fëdor Dostoevskij, *Le notti bianche - La cronaca di Pietroburgo*. A cura di S. Prina
Arthur Conan Doyle, *Uno studio in rosso*. A cura di G. Carlotti. In appendice l'autobiografia di Conan Doyle
Sibilla Aleramo, Dino Campana, *Un viaggio chiamato amore*. Lettere 1916-1918. A cura di B. Conti
Virginia Woolf, *Gli anni*. A cura di A. Bibbò. In appendice le parti omesse dall'Autrice
Antoine de Saint-Exupéry, *Il Piccolo Principe*. Con le illustrazioni dell'autore. Prefazione di C. Gamberale. Traduzione e postfazione di Y. Melaouah
D.A.F. de Sade, *Le centoventi giornate di Sodoma*. Introduzione di D.A.F. de Sade. Con uno scritto di G. Bataille. A cura di G. De Col
Ester. Traduzione e cura di E. De Luca. Illustrazioni di S. Martini
Joseph Conrad, *La linea d'ombra*. A cura di S. Barillari
Nathaniel Hawthorne, *La lettera scarlatta*. A cura di E. Terrinoni
François de La Rochefoucauld, *Massime morali*. A cura di F. Ieva
Émile Zola, *Nanà*. A cura di D. Feroldi
Charles Dickens, *Oliver Twist*. A cura di B. Amato

Lev Nikolaevič Tolstoj, *Guerra e pace*. A cura di G. Pacini
Irène Némirovsky, *Suite francese*. A cura di C. Bigliosi
L. Frank Baum, *Il meraviglioso mago di Oz*. A cura di S. Sacchini. Postfazione di R. Bradbury
Rudyard Kipling, *Il libro della giungla*. A cura di S. Rota Sperti
Panait Istrati, *Kyra Kyralina*. Prefazione di G. Fofi. Nota introduttiva di R. Rolland. Traduzione di G. Lupi
William Shakespeare, *Cimbelino*. A cura di P. Boitani. Testo originale a fronte
Catullo, *Carmina*. Il libro delle poesie. A cura di N. Gardini. Testo originale a fronte
Emily Dickinson, *Sillabe di seta*. A cura di B. Lanati. Testo originale a fronte
Charlotte Brontë, *Jane Eyre*. A cura di S. Sacchini. Postfazione di R. Ceserani
Étienne de la Boétie, *Discorso della servitù volontaria*. A cura di E. Donaggio. Interventi di M. Benasayag e M. Abensour
Fëdor Dostoevskij, *I fratelli Karamazov*. A cura di S. Prina
Jack London, *Zanna Bianca*. A cura di D. Sapienza
Jules Verne, *Il giro del mondo in ottanta giorni*. A cura di S. Valenti. Postfazione di D. Bidussa
Italo Svevo, *La coscienza di Zeno*. A cura di C. Benussi. Prefazione di F. Marcoaldi
Giovanni Verga, *I Malavoglia*. A cura di E. Ghidetti. Prefazione di E. Sanguineti
Emily Dickinson, *Silenzi*. A cura di B. Lanati. Testo originale a fronte
Johann Wolfgang Goethe, *I dolori del giovane Werther*. A cura di P. Capriolo
Johann Wolfgang Goethe, *Faust e Urfaust*. A cura di G.V. Amoretti. Testo originale a fronte. Nuova edizione in un unico volume
Lev Nikolaevič Tolstoj, *La morte di Ivan Il'ič*. A cura di P. Nori
W.A. Mozart, *Lettere alla cugina*. Traduzione di C. Groff. Postfazione e note di Juliane Vogel. Testo originale a fronte

Platone, *Fedro*. A cura di S. Mati. Testo originale a fronte
Alexandre Dumas, *La signora delle camelie*. A cura di C. Bigliosi
Lewis Carroll, *Alice nel paese delle meraviglie*. A cura di L. Lunari
Jaroslav Hašek, *Il buon soldato Sc'vèik*. Traduzione di B. Meriggi e R. Poggioli. Illustrazioni di J. Lada. Nuova edizione in un unico volume
Sofocle, *Antigone*. A cura di G. Greco. Testo originale a fronte
Alain-Fournier, *Il grande Meaulnes*. A cura di Y. Melaouah
Émile Zola, *Germinale*. A cura di S. Valenti
Stendhal, *Il Rosso e il Nero*. Traduzione di L.M. Sponzilli. Cura di F. Bertoni
Edgar Allan Poe, *Le avventure di Gordon Pym*. A cura di D. Sapienza
Nathaniel Hawthorne, *Tutti i racconti*. A cura di S. Antonelli e I. Tattoni. Con tre prefazioni dell'autore, tre recensioni di E.A. Poe e un saggio di H. Melville
Francis Scott Fitzgerald, *Racconti*. A cura di F. Cavagnoli
Henry James, *Ritratto di signora*. A cura di L. Lunari
Lev Nikolaevič Tolstoj, *Anna Karenina*. A cura di G. Pacini
David Herbert Lawrence, *L'amante di Lady Chatterley*. A cura di S. Rota Sperti
Fëdor Dostoevskij, *Delitto e castigo*. A cura di D. Rebecchini
Giovenale, *Satire*. Traduzione e cura di U. Dotti. Testo originale a fronte
Jules-Amédée Barbey D'Aurevilly, *Le diaboliche*. Traduzione di C. Sbarbaro. Postfazione e note di M. Praz
Cicerone, *La vecchiaia*. Traduzione e cura di O. Fuà. Testo originale a fronte
Hans Christian Andersen, *Fiabe e storie*. Edizione integrale. Traduzione e cura di B. Berni. Introduzione di V. Cerami
Gandhi, *Pensieri sulla vita*. Con un saggio di G. Fofi. A cura di S. Poledrelli
Cartesio, *Discorso sul metodo*. Introduzione di E. Frigieri. Traduzione e note di R. Campi. Con un saggio di É.

Made in United States
Troutdale, OR
11/03/2026

56845235R00187